湛庐 CHEERS

与最聪明的人共同进化

HERE COMES EVERYBODY

CHEERS
湛庐

引爆新锐品牌

吴志刚 著

中国财经出版传媒集团
中国财政经济出版社
北京

你是否了解新锐品牌？

扫码加入书架
领取阅读激励

扫码获取全部测试题
及答案，
一起看看你是否了
解新锐品牌

- 如果一些传统品牌以数字化营销能力或销售渠道为主导，那它们是不是新锐品牌？

  A. 是

  B. 否

- 新锐品牌与用户之间最核心的联结是：

  A. 爆品

  B. 超级单品

- 新锐品牌要想从短期爆发转变为长效增长，最应该做的是：（单选题）

  A. 攫取短期流量

  B. 洞察用户需求

  C. 打造爆品

  D. 从线下迁移到线上

扫描左侧二维码查看本书更多测试题

推荐序

把握数字原生时代产业突围的关键

江南春

分众传媒 CEO

我和吴老师相识多年，最初认识是在 2010 年，当时吴老师在一个头部电商品牌做总裁，我们同在营销领域，一见如故。这些年里，我们经常交流在这个行业的感受和对品牌的看法。

这些年，行业发生了几次重大变革，从分众传媒主力客户的变化就能感受到。2010—2020 年，大家的生活方式从线下向线上转移，这是新经济十年，很多品牌在这个阶段崛起：首先是天猫、京东这样有代表性的公司，接着是 2014—2015 年的网约车大战，再到后来瓜子、优信、K12、在线教育。

到了 2018—2019 年，互联网进入下半场，新经济慢慢开始往新消费过渡。

也是在这几年，吴老师陆续跟天猫美妆、天猫母婴、天猫国际、天猫内衣、腾讯超新星等平台推动这个阶段崛起的新消费品品牌的孵化工作，当时行业里还没有人做这样的赛事，"新锐品牌创业大赛"可以说是中国 DTC 品牌创业浪潮的开局。

DTC 与中国国情的结合，形成了独具中国特色的新锐品牌。中国数字化渠道的发展，提供了全新的供给关系、创造了全新的价值：数字化渠道去中间商化的渠道特性、数字化渠道高浓度聚集年轻消费群体的环境以及数字化渠道线上展现信息的方式，激发了新需求、新场景的诞生，创造了推动新锐品牌创新崛起的核心力量。

但创新不易，《创新者的窘境》一书提到了"持续性创新"和"破坏性创新"两大类型，但往往大企业难以实现破坏性创新。吴老师在《引爆新锐品牌》这本书中，将中国新锐品牌梳理为 7 大创新类型，或可为品牌创新提供一些思路：无差别品牌、新品类品牌、本土文化品牌、新功能品牌、新消费场景品牌、新人群品牌和新设计品牌。这 7 类创新品牌，均是基于数智化环境下产生的新机会，以及针对数智化环境下消费者的痛点解决而诞生的新品牌创新模型。

这 7 类模型，代表了这个时代下的品牌机会，也是这个时代下品牌的必选之路。

我曾经总结过不同商业阶段的品牌机会：商业战争的第一阶段是在短缺经济的时候，谁有优质的供应谁就赢。第二阶段是平衡经济的时候，谁的渠

推荐序　把握数字原生时代产业突围的关键

道点多面广、渠道渗透率高、渠道牌面大，谁就赢。第三阶段是过剩时代，这时消费者面对太多的选择，所以真正要打赢的是消费心智的选择权之战、认知之战。

在这个阶段，企业首先要做的就是成为消费者心智首选，这 7 类品牌模型也是基于消费的心智首选在不同领域突围的模型。同时吴老师在这本书中提出了一个非常重要的新锐品牌飞轮增长模型——C-PRO-B 模型。

吴老师公司服务了 ubras、参半、袋鼠妈妈、半亩花田、wonderlab、海洋至尊、东边野兽等众多新锐品牌，还长期服务波司登、猫人、自然堂、资生堂、汤臣倍健、乐摩吧这一批致力于新锐化的传统品牌，陪伴这些品牌成为品类冠军。吴老师分析过众多成功的新锐品牌案例，发现其成功的原因不仅在于它们抓住了短时的暴涨流量，更在于它们基于深度洞察用户需求，对产品及体验的创新，以及形成的一体化运营能力与增长型组织。

我认为，这个模型对当下想要创业的品牌和正在创建过程中的品牌都具有很好的参考价值和警醒作用，因为它不是教你如何搞定爆发性的流量，而是帮你找到品牌增长的源动力。

C-PRO-B 增长飞轮模型中，以消费者为中心，并通过产品、运营、营销一体化，才能创造与塑造品牌，并使品牌获得品牌性优势，完成心智记忆的势能积蓄。营销必须与产品、运营乃至组织实现一体化协同，以面共振，而点、线、链式的链接，才能真正实现增长飞轮的持续高速运转。

至此，中国的新锐品牌浪潮已经走过了第一个五年，回望这几年的消费市场，人口红利消失，流量成本越来越高，我们也目睹了过去 10 年营销的迷失，我们似乎学会了很多新技术、新算法、新营销的手段，但生意做得越来越艰难。

流量满了，品牌弱了；内容碎了，认知浅了；触点多了，关注少了。

新锐品牌遇到了迷思，但我认为，现在反而是到了品牌创新最好的时代。

如何走出增长的迷思？有 3 点非常关键。

一是品牌要有流量更要留心，人心是最大的红利，品效需要再平衡。

二是营销要种草更要种树，海量种草时代结束，品牌中心思想要真正让消费者记住，真正植入心智当中才是有效的。

三是媒体不是买触达而是买触动，增长的前提不仅仅是媒体高触达，更要高关注，还要高频次，才能有效触动消费者行为改变，成为销售增长的强大的助推器。

我们会越来越明确的感受到，这世界上来得快的去得也快，来得慢的去得也慢。不要用流量投放的勤奋，来掩盖品牌建设的不足。流量红利可以让品牌在短期内长大，但只有品牌复利才能持续变强。

吴老师这本《引爆新锐品牌》是对新锐品牌崛起这一现象的总结和梳理，更是提前对五年后新锐品牌应该怎么走的预判，狂欢过后，品牌真正赖以生存的关键力量才显现出来，这是我们要从 7 类品牌机会和新锐品牌飞轮增长模型中看到的品牌真谛。

这本书对于行业不同角色如何看待新锐品牌，如何做出有效决策、更好地融入数智化时代都显得尤为重要。

我推荐高效经营者、品牌创业者来读这本书，了解如何获得数字原生时代高速增长的底层能力，建构在数字原生时代能长期发展的基础要素；推荐价值投资者通过这本书，从中获得挖掘数字化原生时代最具潜力的商业模型的启发；也推荐行业破局者来读这本书，把握在数字原生时代产业突围的关键。

最后，我觉得，依然要坚信这个时代。过去很多年里，即便是不被看好的年代，我们也已经度过了，只有相信这个世界，在不确定的环境中找到确定性的优势，相信自己能量的人，才能走过来。

这是分众自创立以来这么多年历经变化依然向上生长，我在行业这么多年看过品牌沉沉浮浮后，深信不疑的一点：我们一定要相信未来，相信时代，去尽所有的努力，利益他人，利益社会，助推新商业文明。

前言

数智时代与崛起的新锐品牌

社会进入现代商业文明之后,每一个时代都有自己的代表性品牌。无论是可口可乐、路易威登(LV),还是欧莱雅、苹果、特斯拉,每个代表性品牌都是商业文明最好的旗帜,展现着商业创新者的时代精神。

我从事品牌市场营销工作已有二十多年,经历了中国从国有百货到民营流通,从现代商超到专业渠道,从经典电商到兴趣电商的多次商业转型与变革,见证了无数品牌的兴衰。从 2010 年开始,以电商渠道兴起为代表的全新品牌的崛起,是一次历时最久、变化最大的品牌供给与品牌模型塑造的大变革。

从 2009 年开始，我就一直在研究线上品牌的创建，但发现新锐品牌是我 2017 年去美国参加纽约时装周时的一个意外收获。在工作间隙，我走访了纽约 SOHO、布鲁克林区，看到很多融合了线上线下经营模式的新零售业态（如亚马逊线下商店），同时还发现了采用 DTC[①] 品牌模式的线下零售店。

我在全球第二家欧布斯（Allbirds）鞋店了解到，其创始人如何从制作一双最柔软的鞋开始，创造出一个全新的品牌。我走进了 Warby Parker，这是一家消费者可以随便试用且不用担心被打扰的眼镜店。之后我又走进了一家全新的 DTC 服饰品牌商店 Bonobos，它并不是传统的临街铺面，而是位于 SOHO 区内一栋普通办公楼的三层。店员告诉我，该品牌的目标是为那些处于上升期的纽约青年提供具有更高性价比的职业装备。

上升期是一个很妙的概念，也是如今的品牌与年轻人共同的特征。我浏览了很多关于 DTC 品牌的资讯后，发现在 2010 年前后，美国诞生了一批基于互联网的、全新的、服务于上升期年轻人的新一代品牌，我从中隐约看到了中国消费品牌的未来。

2017 年，我回到中国后，突然发现中国已经有了很多类似 DTC 的品牌。例如，HFP（Home Facial Pro）最早作为 O2O 平台美颜家的运营方，为客户提供线下上门美容服务，后因为线下销售遇到困难，所以推出了自己的产品，品牌名即"HFP"。之后这个品牌凭借在微信公众号上的内容营销一跃成为中国的 The Ordinary。

The Ordinary 在加拿大兴起后逐渐风靡美国，是一个开启了"成分党"

[①] DTC 全称"Direct To Consumer"，即直接面向消费者。这是一种当下关注度极高且已大获成功的品牌模式。关于这个模式的全面介绍可在《创造品牌奇迹》一书中了解到。这本书的中文简体字版已由湛庐引进，天津科学技术出版社于 2021 年出版。——编者注

护肤先河的新锐护肤品牌。以 The Ordinary 为代表的海外新锐品牌将"社交媒体＋关键意见领袖（Key Opinion Leader，KOL）推广＋内容营销"的营销方式展现给中国品牌。2018 年，中国第一代新锐美妆品牌借助小红书等内容媒体快速成长起来。

那一年，我们为天猫美妆提供了一个计划，以期在天猫这个超级电商平台扶持起全新的品牌增长局面，带动全新的品牌供给。当时，天猫美妆聚集了从国货到进口品牌、从小众品牌到大牌等诸多商品，但还缺乏一类品牌，即完全基于数字营销的、能够洞察新一代用户需求的、用互联网方式实现品牌创建的全新品牌。

之后，我创立的新消费战略性品牌管理公司——上海拜卓品牌管理有限公司（OIB.CHINA，OIB）迅速与天猫美妆达成合作，延续了天猫在 2017 年提出的消费者到企业（Customer to Business，C2B）模式，并于 6 月举办了中国第一届新锐品牌创业大赛。

在这个过程中，我们对比赛以及此类品牌的命名都有过讨论，但当时确实没想到合适的。最后，我们决定将这些品牌称为"新锐品牌"，以区别于传统品牌。这一称呼后来成为这类品牌的统一名称，由此拉开了中国新锐品牌浪潮的序幕。

2019—2022 年，我们与天猫母婴、天猫国际、天猫内衣、腾讯超新星等平台达成品牌孵化与赋能的合作，目的是吸引并帮助更多的创业者加入新锐品牌的创业行列。

作为造浪者，我们创立了新锐品牌的研究与孵化平台——新锐品牌研学社，以及专注赋能成长期新锐品牌的圈层组织——新锐 100 冠军俱乐部，继续推动中国新锐品牌的发展。在短短 5 年时间里，我们不仅有幸见证了众多新锐品牌的诞生，还看到一批批新锐品牌迎来融资大潮。

那么，到底什么是新锐品牌呢？其实这个名词主要有 3 种解释：

- 新锐品牌是一种 InnoBrand 创新品牌。在美国，主要是美妆、新消费领域出现的具有创新性和革新性的品牌被称为 InnoBrand。
- 新锐品牌是一种 DTC 品牌。
- 新锐品牌是一种数字原生创新品牌，即在数字营销环境下出现的一类全新品牌。

我认为，中国新锐品牌的含义更接近数字原生创新品牌，泛指以数字化为主要营销能力与销售渠道的全新一代创新品牌。如果一些传统品牌以数字化营销能力或者以数字化销售渠道为主导，那么也可称之为新锐品牌。

从本质上而言，新锐品牌主要基于新一代用户的需求，以数字化的沟通、交易、运营为特征。我们认为，随着数字化在大众生活中的地位越来越重要，数字化渠道在全渠道中占据的份额越来越大，数字化阅读在用户心智建立与信息获取过程中占据越来越多的时间，具有上述特征的新锐品牌必将会成为未来品牌的主流。

在更加久远的未来，数字化可能会推动人的进化。新锐品牌将与人类的数字化进程相伴，成为数字化时代关于消费价值的记录。

数字化成为推动新锐品牌崛起的核心力量。其背后本质是数字化渠道提供了新机会：数字化渠道去中间商化，更容易做到平价化、标品化；数字化渠道年轻人群浓度更高，数字化渠道持有的商品展现方式，为过往传统渠道不容易存在的新需求和新品类提供了生存环境。经济学家约瑟夫·熊彼特（Joseph Alois Schumpeter）曾指出，创新是创业活动的核心。新锐品牌，是数字化时代下的创新品牌，是对传统渠道大量未满足的需求创造的全新供给。

新锐品牌崛起的 5 个重要条件

数字原生品牌并不是今天才出现的，中国第一代数字原生品牌出现在 2010 年前后。当时伴随着电商的兴起，基于淘宝站外运营兴起的雅印、凡客诚品，以及基于淘宝站内运营发展起来的裂帛、芳草集、三只松鼠、御泥坊、韩都衣舍等品牌陆续出现。随着时间的推移，这些品牌中很多已经衰落了，只有少数得以幸存。第一代数字原生品牌的衰落主要有以下两个原因：

- 在独立获客、用户留存和交易方面的成本过高。
- 流量来源与创新手段单一，过了高速增长期之后没有持续的流量接应，品牌经验被迅速模仿，营销效能迅速衰退。

新一代数字原生创新品牌，即新锐品牌为什么会出现？为什么它们被预见会长期存在？其实，它们的崛起背后有 5 个重要条件。

第一，用户购买渠道大迁移。2010—2020 年是中国消费品渠道转型的历史性窗口期。在不到 10 年的时间内，中国消费品行业发生了有史以来最大规模的用户从线下向线上渠道的迁移，新的用户习惯和消费传统逐渐形成。

第二，线上交易环境改善。电商购物的良好发展离不开电商交易基础设施的完善。近 10 年来，中国数字经济发展迅速，数字化交易更加安全、便利、高效，交易方式也更多元化，直播购物这种全新的购物方式迅速流行起来。

第三，数字化内容生态繁荣。中国的数字化内容生态从过往的百度搜索与淘宝搜索、直通车、钻石展位，发展为如今由微博、微信公众平台、小红书、抖音、知乎、bilibili（以下简称"B 站"）等平台组成的多元内容生态，为品牌提供了滋养的土壤，使品牌的发展更加长效、多元、健康。

第四，新一代创业者成熟。很多新一代创业者都是"80 后"或者"90 后"，他们大多生活富足，有着更高学历，也有着清晰的自我认知，在梦想和使命的驱动下，给新一代消费者带来了非常不一样的商品表达。同时，他们拥有高知、高认知的特性，因此在创业时会更加理性地推动品牌的发展。

第五，竞争环境日益激烈。新锐品牌主要出现在美妆、功能性食品、内衣等品类中，这背后有重要的历史原因。首先，这些品类长期缺乏创新，传统品牌垄断现象严重，商品单价不高，而溢价较多，因此这些品类具备了去中间商化、给消费者带来实际利益的空间及高复购性等特征。其次，少数圈层人群的出现带来了新的用户需求，例如大码人群、"银发族"老年人等因需求在传统线下市场无法得到充分满足，而转向线上，并找到了解决方案。

新锐品牌必备的 4 大优势

与传统品牌相比，新锐品牌在媒介认知、商品选购链路、渠道等方面都发生了本质变化，它对应的是一种全新的消费路径。

区别于传统的线下路径，消费者如今的消费路径是：在抖音、小红书等平台看到可以满足需求的产品→去天猫搜索并查看产品详情→认为产品不错而收藏→咨询客服后下单购买→收到快递→打开快递盒后惊喜地发现除了产品还有温馨小卡片→试穿或试用之后发现效果不错并拍照分享→确认收货后留下五星好评，同时在小红书上晒照→商家返现。

消费路径的改变促成了新的用户习惯，因此大多数平台推出了新的用户体验模型，其中具有代表性的是阿里巴巴的 AIPL 模型[①]，这个模型强化了用户在购物过程中的搜索、社交分享等关键行为。这些数字化时代典型的用户行为成为新锐品牌发展的基石。

品牌的发展源于价值交换，因此品牌本质上要建立消费者长期选择优势。新锐品牌若想长期发展，就需要围绕以下 4 个方面建立优势。

产品优势，体现在产品创新上。产品创新是新锐品牌最基础的价值。在产品创新方面，很多新锐品牌都基于对新场景、新功能、新美学、新人群等方面的全新洞察，为新一代消费者创造了前所未有的产品需求。

渠道优势，体现在对渠道的选择上。品牌创建最根本的选择优势就是渠道。从传统流通渠道到终端渠道，再到专业渠道、电商渠道，以及如今的社交电商渠道，每一次渠道变迁都会促生一批品牌，并带来全新供给。

业务优势，体现在利润强求构和重组品牌关键价值要素上。新锐品牌创造了一种全新的利润结构。正如哈佛商学院教授、"竞争战略之父"迈克尔·波特（Michael E. Porter）所说："一切竞争战略本质上都是成本领先战略。"新锐品牌给市场带来的最直观的冲击就是去中间商化，把整个中间商价值让

[①] 包含认知（Awareness）、兴趣（Interest）、购买（Purchase）和忠诚（Loyalty）4 个维度，指用户从看到产品→产生兴趣→购买→忠于产品的过程。

渡给消费者。由此，新锐品牌形成了价格优势。不仅如此，相较于传统品牌，新锐品牌的关键价值要素也重新组合，使交易效率获得了极大的提升。中国新兴的直播带货，本质上就是一种能快速响应的全新优势业务模型。

认知优势，体现在建立新的消费者认知习惯上。认知优势是品牌最长期的核心优势，能降低品牌与消费者的沟通成本。从电视、杂志到微博、微信等，媒介形式的改变必然会带来消费者认知习惯的改变。

总之，在当下的环境中，新锐品牌压缩了产品供给、内容创作、销售交易的职能，去掉了中间环节，最大化地与消费者实现快速联结，并测试消费者的反馈。这是新锐品牌最革命性的变化，这场革命会愈演愈烈，且威力远比我们想象的要大。

新锐品牌的 4 大核心价值

新锐品牌给产业生态与企业利益相关方带来了深远的影响，所以如何站在不同视角看待新锐品牌的价值，帮助各个利益相关方做出有效决策，更好地融入数智化时代，就显得尤为重要。

本书主要从以下 4 个视角为新锐品牌的高效经营者、品牌创业者、行业破局者、价值投资者带来不同启发。

视角一，作为高效经营者，如何获得数字化时代高速增长所需的底层能力。

增长是所有企业的母题。在数字化时代下，新锐品牌最大的特点就是高速增长。高速增长的本质是效率的一体化，即多个要素最终会被压缩成单一且容易执行的要素。所有成功的新锐品牌背后都有一次典型的精益创业。每一次数字化品牌推广，都是一次最佳精益创业者测试，本质是对产品、流量、运营进行一体化的测试，让一个快速运行的机体为消费者做出选择、提供反馈，不断推出有效商品，进而形成飞轮增长。

视角二，作为品牌创业者，如何建构在数字化时代长期发展所需的基础要素。

品牌在数字化时代长期发展所需的基础要素主要有4个。

第一，新的产品运营能力，即打造品牌性产品的能力。区别于机会型"爆品"，新锐品牌更关注心智品类，希望某些产品能够承载品牌的核心心智，并重视产品特性与用户需求的长期一致性——这是品牌持续增长的关键。

第二，新的内容运营能力，即建立的内容供应链体系能力。如今，内容同产品一样，需要建立长效的供应机制：产生、控制、采购、投放不同于主要关注投放效率的传统媒介传播业务，新锐品牌更关注内容的供应，尤其是长期的内容生产机制，这种机制成为品牌与消费者持续高效沟通的核心。

第三，新的营销战役的组织与推动能力。围绕品牌的核心目标，不间断地组织营销战役，成为很多新锐品牌的日常。这里涉及4个关键要素：关键产品、关键渠道、关键场景和关键事件。要抓住不同时间点的关键要素，调动各种数字化营销资源，推动品牌实现更高渗透，以获取更多用户并构建用户心智。

第四，新的组织进化能力。组织进化能力也是新锐品牌的原生能力。在数字化时代，组织不再固化，所有组织个体共同进化出全新的数字化品牌能力。

视角三，作为行业破局者，如何把握在数字化时代实现产业突围所需的关键决策。

成功的新锐品牌创建者，都是品类开创者、市场推动者与产业矛盾的协调者。他们需要用更广阔的视野和更高的维度去关注品牌的生存背景与产业生态。具体地说，他们需要关注以下4个方面。

第一，行业周期。线上渗透率小于20%的时期，是成熟品牌的线上收割期；线上渗透率为20%～40%的时期，是新锐品牌涌入期；线上渗透率为40%～50%的时期，是垂直品牌、细分品牌、高价值品牌的成长期；线上渗透率为50%～60%的时期，是线上线下融合期。只有了解行业周期，才能采取不同的品牌策略，予以应对。

第二，赛道选择。机会赛道蕴含着消费者与时代的选择，如何从各种机会中辨别长期机会与短期机会，并采取不同的运营方式，是品牌创建过程中的基础课题。

第三，心智品类。不同品类有着不同的特征，要关注品类特征的变化，一旦发现有价值的品类特征，就要全力抢占，如此就有机会成为赛道中新的领导者。

第四，战略配称。要实现品牌战略，就需要战略配称。战略配称包括内部资源配称，如组织、人才的配称；外部资源配称，如平台资源、渠道资源、资本等的配称。只有全面把握战略配称资源，才能确保品牌具有长期竞争优势。

视角四，作为价值投资者，如何挖掘数字化时代最具潜力的商业模型。

新锐品牌一直是投资的热土，尽管它经历了很多波折，但还是有很多投资者坚定地看好消费投资在该领域的长期价值。然而，消费投资领域充满了假象，错将估值当成价值的事例比比皆是。究其原因，就是众多投资者视消费行为为跟风，没有看清新消费背后的长期价值模型。

我们针对中国的商业环境，将 500 多个新锐品牌首次精炼为 7 个类型：无差别品牌、新品类品牌、本土文化品牌、新功能品牌、新消费场景品牌、新人群品牌和新设计品牌。它们分别对应 7 种根植于中国市场的价值创造模型，体现了深刻的市场洞察，也带来了全新的供给和革新。

中国新锐品牌的未来与挑战

2010—2020 年是全球第一代数字化消费品牌崛起的黄金十年。在中国，先后出现了以御泥坊、韩都衣舍为代表的第一代新锐品牌的退潮，以完美日记为代表的第二代新锐品牌的登顶，以及第三代新锐品牌的蓄势崛起。新锐品牌与新一代消费者的生活更加融合，更契合数字化、智能化的用户体验。

从另一个角度来看，中国的数字化时代刚刚开启，新锐品牌的发展仍存在诸多短板和问题，其中最主要的就是品牌与用户还没有建立长期关系，品牌的长期价值被削弱。一些典型的问题非常普遍，比如，不少新锐品牌过于关注外在设计，忽略产品内在；过于关注短期数字化增长，忽略财务健康与长期回报；过于关注短期投资回报率（ROI），忽略用户依存度与客户生命周期价值（Customer Lifetime Value, CLV）；过于关注单一数字渠道，忽略高效的用户渗透与全面的、线下的体验；过于关注小众、窄众人群，忽略市场扩大后的大众需求；过于关注能带来短期高增长的市场和产品，忽略长期的品牌价值。

无论如何，从长远来看，数字化的生活方式必将成为主流，新锐品牌将成为更多人的选择，这是我们坚定地看好新锐品牌的原因，也是我历时5年观察新锐品牌的发展趋势，并花费近2年时间撰写本书的原因。本书是中国消费品历史上第一本完整记录、描绘与总结中国新锐品牌的"第一个五年计划"发展变迁的图书。希望通过对中国新锐品牌的发展起源、底层逻辑、增长模型以及7个类型的总结，为中国新锐品牌第一阶段的发展做出一个相对精准的定义；希望通过品牌性价值的回归，新锐品牌领军企业能够在整个中国消费品市场中成长为真正拥有长期价值的冠军品牌。这也是本书的创作初衷与美好设想。

品牌，要满足人们对美好生活的向往；要立足于对真实需求的长期价值创造；要创造长期的用户选择优势。期待各位读者与我一道，在构建品牌长期价值的征途中，挖掘品牌性增长的真谛。

目 录

推荐序　把握数字原生时代产业突围的关键

江南春

分众传媒 CEO

前　言　数智时代与崛起的新锐品牌

引　言　新锐品牌长效增长的核心　　　　　　　　　　001

PART 1
第一部分
新锐品牌的 C-PRO-B 增长飞轮　　　　　　　　021

第1章　C，数字化时代下新一代消费者创新洞察　　023
　　　　不仅是功能，更是超越功能的心理慰藉　　　026
　　　　不仅是商品，还是塑造自我的"装备"　　　027
　　　　不仅是包装，还是表达阶层的社交工具　　　028
　　　　不仅是广告，还是"对我有用"的资讯内容　　029
　　　　不仅是电商，还是创造需求的全新供给　　　030
　　　　不仅是交易，还是激发兴趣的商品匹配　　　031
　　　　不仅是零售，还是复合体验的流量集合　　　033

第2章　P，契合内容营销的超级单品　035
　　超级单品必须自带内容营销属性　038
　　超级单品的3大关键特征　042
　　借助超级单品，4步成就品类第一　047
　　持续占领心智品类的4个营销阶段　054

第3章　R，以社交媒体为载体，以内容营销为特征　067
　　"内容营销＝优质流量＝品牌长效增长"　071
　　内容的主流形式与媒介　077
　　建立符合品牌发展的内容营销矩阵　090

第4章　O，快速反应、一体化协同的运营能力　095
　　组织运营能力＋产品运营能力＋用户运营能力　096
　　一体化的中台＋反应快速的前线　098
　　新锐品牌组织的生命周期　103
　　新锐品牌组织扩张的4大原则　106
　　从一个人的马拉松，到团队的接力赛　107

第5章　B，面向未来的长期品牌建设　113
　　借助品牌联想，占据用户长期记忆，让创新生根　114
　　功能向下，品牌向上，突破短期流量困境　120
　　调动消费者快思维，建立品牌心智　124
　　打破前后链路，实现全域一体化的整合营销　126
　　关键性营销的4大战役　130
　　以多个超级单品带动增长飞轮　138

PART 2
第二部分
新锐品牌的 7 大类型　　　　　　　　　　149

第 6 章　第一类，无差别品牌
为抹平线上线下的体验差异而生　　　　　151
无差别品牌的 3 大特征　　　　　　　　　　153
ubras：无尺码内衣，突破试穿的购买限制　　154
HFP：全肤质可享的极简护肤体验　　　　　　158
小米：打造极致性价比的科技产品　　　　　　159

第 7 章　第二类，新品类品牌
在变化的消费需求中寻求品类创新与升级　　163
新品类品牌的 3 大特征　　　　　　　　　　165
泡泡玛特：向渴望被治愈的大人贩卖玩具　　　167
每日黑巧：打造新一代健康巧克力　　　　　　169
蕉下：做第一个专门销售防晒伞的品牌　　　　172
觅光：从无到有，创造美妆镜品类　　　　　　175
有志者：填补中国篮球袜中档市场的空白　　　178
噢麦力：从"洋豆浆"到咖啡伴侣的高端逆袭　182

第 8 章　第三类，本土文化品牌
以中国文化为灵感　　　　　　　　　　　　185
本土文化品牌的 3 大特征　　　　　　　　　187
李子柒：用中国传统之美治愈人心　　　　　　188
花西子：雕刻在化妆品上的东方美学　　　　　190

3

观夏：讲述当代的东方香故事	193
梅见：复兴"中国梅酒文化"	195
稀物集：匠造新中式柔性护肤品牌	197
东边野兽：以东方草本塑造可持续的护肤与生活方式	200

第 9 章　第四类，新功能品牌
让产品功能可感、可知、可科学实证　205

新功能品牌的 3 大特征	206
元气森林：兼顾好喝与健康的"饮料哲学"	208
万益蓝：年轻世代的新营养解决方案	210
蕉内：实现体感、美学的极致平衡	212
静韵：在"柔软"上做到极致	215
海洋至尊：专注"绿色"护肤	218
幼岚：重新定义童装的舒适机能	220

第 10 章　第五类，新消费场景品牌
创新与拓展消费场景　223

新消费场景品牌的 3 大特征	225
三顿半：装在包里的"精品咖啡馆"	226
茶里：让喝茶变成时髦的社交方式	229
自嗨锅：兼具方便和仪式感的一人食	232
摩飞：小电器成就理想的精致生活	234
abyb charming：赋予日常饰品"高光美学"	236
贝瑞甜心：用情绪价值装满女性的酒杯	238

目 录

第 11 章　第六类，新人群品牌
与特定人群共创、共鸣　　　　　　　　　　　241

新人群品牌的 3 大特征　　　　　　　　　　　243
奶糖派：最懂大胸女性人群的专业解决方案　　　244
十三余：激发汉服圈的兴趣与共鸣　　　　　　　247
Babycare：与新生代妈妈形成精神共识　　　　　249
袋鼠妈妈：专为精致孕妈提供护肤产品　　　　　252
小猪托尼：专为小胖儿童提供全情景着装方案　　254
豪贝：为 2～12 岁儿童成长设计　　　　　　　　257

第 12 章　第七类，新设计品牌
将品牌的情绪价值融入设计　　　　　　　　　261

新设计品牌的 4 大特征　　　　　　　　　　　263
花知晓：让用户具象化感知"少女心"　　　　　264
moody："把情绪戴在眼睛里"　　　　　　　　267
古良吉吉：打造好看有趣的非功能包　　　　　　270
BEASTER：塑造新锐国潮服饰的超级符号　　　272
致知：赋予国风服饰极致的东方浪漫　　　　　　275
玺佳：更多元的新一代穿搭利器　　　　　　　　278
pidan：让养猫更精致　　　　　　　　　　　　280

5

PART 3 第三部分
新锐品牌如何应对成长的烦恼   283

第13章 CLOCK 模型
详解新锐内衣品牌发展路径   285
C，新锐品牌入局的产业思维   287
L，新锐品牌入局的赛道选择   293
O，不同阶段新锐内衣品牌的能力配置   299
C，超级单品运营   305
K，新锐内衣品牌的资产构建   311
新一代新锐内衣品牌的成长模型   315

后 记   让新消费成为传统，新锐品牌迎战新消费的下半场   321

引 言

新锐品牌长效增长的核心

每个时代的品牌都有那个时代的特征。一众新锐品牌能在数字化时代脱颖而出，其本质原因在于这些品牌在新一代消费者升级的需求中找到了创新机会，抓住了社交媒体涌现的营销机遇，以敏捷营销的方式收获了品牌的爆发性增长。客观上看，有很大一部分新锐品牌的成功都是短时的、机遇型的，但从更长远的角度来看，其成功背后展现出的数字化时代下全新的品牌塑造机制与能力是长期的、充满未来感的。

新锐品牌以满足新一代消费者的需求为导向，通过不断提升产品、传播、运营一体化的能力，以实现目标用户数量的有效增长和生意规模的持续拓展，最终进入长期性品牌的全新发展阶段。在创建模式方面，新锐品牌与传统线下品牌有着鲜明的区别。

传统线下品牌的典型模式往往是从渠道需求出发，提供能满足成熟用户需求的大众产品或服务，以传统媒介为载体，以相互制衡的、筒仓型组织结构为主要运营方式。这种模式面对的用户需求往往是间接的，销售渠道往往是多层级的，营销传播环境往往是长期固化的，组织结构往往是分工制衡式的。无数品牌通过实践证明，传统线下品牌的创建模式是难以在数字化时代获得成功的。

我们分析过众多成功的新锐品牌案例，发现其成功原因不仅仅在于抓住短时的暴涨流量，更在于基于深度洞察消费需求，对产品及体验的创新，以及形成一体化运营能力与增长型组织。当一个组织能高速运行并不断发现新的消费需求时，其增长之轮就会开始高速运转，品牌由此实现高速成长。

流量时代的增长机遇

品牌由心智塑造，心智由认知形成。当消费者的信息获取方式与浏览习惯发生变化时，创建品牌的方式就将发生变革。

2010—2020 年是创建全球数字化品牌的黄金时代，在 2017 年之后的短短几年内，承接全球 DTC 品牌浪潮之势，中国消费品领域也迎来新锐品牌的集中爆发。

自 20 世纪 90 年代末开始，中国消费者在线浏览的习惯不断演变，带来了新的品牌认知、塑造的机会。从新锐品牌元年 2017 年到如今，流量始终是绝大部分新锐品牌的核心增长密码。

新锐品牌之所以能快速实现从 0 到 1，很大程度上是因为它们都赌对了至少一个流量平台，以及新兴流量平台的发展呈现出"接力状"现象——一个平台衰退，另一个平台接力而起，所以这一时期新锐品牌的流量入口也相对多元。线上流量经历了三个阶段的变迁，纵览这个过程，可以深刻感受到，对流量的高效利用是新锐品牌成长最核心的能力。

第一阶段，门户网站与搜索营销时代

20 世纪 90 年代末至 21 世纪初是国内门户网站集中爆发的时期。搜狐

网成立的 1998 年，称得上中国门户网站元年，网易、凤凰网、新浪网也都在那一年集体"破壳"。那个时候门户网站就是互联网信息的入口，通过门户网站就可以获取用户需求信息。由于在第一次互联网大浪潮时期，用户获取信息的渠道还不像今天这样丰富，寻找信息的目标性也不强，因而门户网站的内容范围相对比较宽泛，涵盖新闻、财经、科技、体育、娱乐、时尚、教育等各个方面。之后，信息中心化、权威化性，这是门户网站迎来黄金时代的重要特征。

当然，随着互联网用户数量的增加以及用户认知的强化，信息搜索需求逐渐增多，使得搜索引擎的出现成为必然。2000 年 1 月 1 日，百度应运而生。搜索引擎的出现，是信息产业极大化发展的标志。面对越来越庞大的网络信息，用户需要更精准地获取信息。因此，在个人计算机（PC）时代，第一代数字化品牌（如凡客诚品等），借助独立门户网站与搜索引擎，掌握了用户搜索信息的巨大流量入口，这是"人寻找信息"的天然承接产物。

第二阶段，从博客到微博营销时代

2002 年，方兴东、王俊秀创立博客中国网站，"博客"这一中文译名首次出现。2003—2005 年，新浪、网易、天涯、腾讯陆续开通了博客，这段时期博客在中国成为主流。

博客的诞生有两方面意义：打破了门户网站信息中心化、权威化的局面，让每个单独的个体都有了发声、分享、交流的平台，这是一场关于个体声音的革命；让个体也能成为媒体，得以对社会公共事件发声。

2009 年，新浪微博上线，140 字的设定使个体的声音得到了更大的释放。这种设定的好处在于，再小的个体都可以自主发声，且发声空间更加充足和自由，信息的表达和传播门槛极大地降低。后来流行的用户原创内容

（User Generated Content，UGC）[①]模式，可以说萌芽于微博。

通过前期发展，使信息个体化的微博受到越来越多用户的关注。一方面，他们愿意把微博作为发布信息的平台；另一方面，他们也愿意去搜索自己感兴趣的内容。当主流的年轻用户大量聚集在一个平台，并且频繁互动时，平台的流量价值就会显现。于是在 2015 年之后，初代网红和一批新品牌有了新的生存与发展土壤。作为一个适合舆论发声、低成本营销的冷启动[②]之地，微博的商业价值开始彰显。

第三阶段，社交媒体与内容营销时代

流量入口就是用户找寻信息、解决问题的渠道，成为流量入口意味着获得巨量用户。所以在 PC 时代，基于电脑的浏览器、搜索引擎成为最大的争夺之地；而到了移动互联网时代，与手机适配的应用程序成为全民级的应用软件。

因此，在这一阶段，微信成为主流社交媒体平台。微信的受众以"90后"为主，他们的个体意识和自我发声的意识都更强。微信好友是朋友圈信息的接收者，带有浓厚的圈层色彩。2012 年 8 月推出的微信公众平台帮助微信逐渐成为国内最大的移动媒体信息分发平台，并推动了自媒体的兴盛繁荣，吸引了彼时的主流用户，培养出新的浏览习惯。

在风格上，公众号能够保证内容有一定的深度；在形式上，公众号使图文结合，能够承载更多的内容和信息。因此，公众号在相当长的周期内都是

[①] 指用户原创内容。在这种模式下，用户会将自己原创的内容在互联网平台上展示或分享给其他用户。——编者注

[②] 指与新的用户建立有效关系前，产品所处的状态。此时，还没有能持续生产内容的用户，因此产品与用户也还没有多少互动。——编者注

不少品牌最主要的营销推广渠道。

随着信息流动的速度加快，信息过载的现象更加显现，人们越来越追求阅读速度，深度阅读需求变得越来越稀有。为了迎合人们对即时满足的需求，信息转换姿态，以更浅层、更快速和更高密度的形式向用户袭来。小红书、快手、抖音等慢慢成为新的信息介质，并且能够以更丰富的形式展现个体化信息。

具有图文性质的小红书，是基于社交型分享社区而诞生的，它主要包含美妆、母婴、美食、家居四大分享品类。它的核心人群涵盖都市白领、都市中产阶层、精致妈妈、都市蓝领、都市 Z 世代群体。[①]

从纯文字到图文，再到短视频，用户浏览形式和传播媒介的演变是快速且剧烈的，用户越来越拒绝厚重的表达模式，追求轻量化、即时化。不断普及和优化的设备以及 4G、5G 移动网络，已经令众多互联网用户实现即时的视频记录和分享，以抖音和快手为首的短视频以及直播成为新的主流社交方式。

中国互联网络信息中心发布的第 48 次《中国互联网络发展状况统计报告》显示，截至 2021 年 6 月，中国有 10 亿人次的用户接入互联网，其中有 8.88 亿人是短视频用户，6.38 亿人是直播用户。可以说短视频和直播已经成为全民性的、新的娱乐载体。

作为最成熟的新锐品牌类目，美妆类目中就出现过不少利用流量成长的

---

① 天猫将用户划分为特征鲜明的 8 大策略人群：新锐白领、资深中产、精致妈妈、小镇青年、Z 世代、都市银发族、小镇中老年和都市蓝领。——编者注

典型品牌。比如 WIS，它的红利流量来自 2016 年的新浪微博；HFP 的核心红利期肇始于 2017 年的微信公众号；半亩花田从 2019 年的抖音运营中获得红利流量；在 2019 年，花西子则通过直播成为热门品牌。

花西子、元气森林、蕉内等一众耳熟能详的新锐品牌代表，几乎全部抓住了内容营销的流量红利，从而快速实现从 0 到 1。无论是微博、小红书还是抖音，社交平台流量红利的每一次爆发，都能成就一批亿级甚至 10 亿级品牌。

用户的注意力在哪里，哪里就有生产力；流量在哪里，哪里就能成为拥有超高热度的商业风口。面对快速暴涨与迭代的流量，如何有效利用与承接，是所有新锐品牌和初入数字化渠道的传统品牌必须回答的第一个问题。

流量背后的问题与隐患

增长的本质在于效率。若能先人一步获取资讯，以更高效的运营来截取、收割流量，就能形成增长态势。但正如战略大师波特所言："没有企业能在长时间内一直凭借运营效率方面的优势立于不败之地。在竞争日益激烈的今天，企业维持领先地位已经变得越来越困难，最主要的原因就在于最佳实践会迅速传播开来。"

另外，对流量的粗放利用绝不是长期品牌的胜利，而只是短期爆品的狂欢。这种成功模式的背后，是重要的时间窗口期和偶然性机会的作用，因而也存在问题和隐患，具体表现为机会用户与优势信息的短期性。[①]

机会用户的短期性

下沉市场中机会用户的短期性。一二线城市的流量竞争早已趋向饱和，所以越来越多的品牌将目光转向下沉市场。下沉市场主要包括居住在三线及以下城市的城镇居民、农民群体，以及居住在一二线城市的部分年轻群体等。下沉市场几乎涵盖中国近七成的人口。

随着移动互联网的普及和物流体系的完善，加之消费升级的影响，下沉市场庞大的消费潜力迅速被激发出来，其中的消费者成为新的红利人群。拼多多正是依托下沉市场而崛起的；京东借鉴拼多多的发展模式，推出了京喜App；阿里巴巴也在2020年上线了淘宝特价版。

下沉市场最大的特点是消费者对价格十分敏感，追求极致的性价比，再加上这个市场还处于野蛮生长阶段，用户黏性较低，所以其中的机会用户多是短期性的。

进阶人群中机会用户的短期性。除了下沉市场，新用户转向专业型用户的过程也为新品牌提供了机会。在护肤品类目中，不少强调产品成分的品牌崛起的背景就是，新用户进阶为讲求成分、功效的专业型用户时，不满足于现有产品的解决方案。

这些进阶人群亟须专业性、实质性内容的引导，他们有阅读或观看营销

[①] 机会用户是指，在新增渠道或用户消费转型过程中产生的增量人群。优势信息是指，由新媒体渠道或信息专业度不对称引发用户更大关注度的信息，如小红书、抖音等刚崛起时引发的热门信息。——编者注

内容的意愿，更容易被"种草"。一旦这类用户完成进阶转型，未能跟上其需求的品牌就极有可能被抛弃。短期的机会用户也有可能成长为像国际大牌的核心用户那样的标准成熟用户，因此，进阶人群中的机会用户同样存在短期性。

优势信息的短期性

资讯狂热期导致优势信息的短期性。从微信公众号、小红书的图文，到抖音、快手的短视频，再到各平台的直播，许多新兴社交媒体崛起都会引发新一轮的资讯狂热。不过，所有的社交媒体平台在经历资讯狂热期后都会回落到理性状态。例如，小红书的博主在2018年前后很容易向其他用户种草，且转化率较高，但现在小红书的用户已趋于理性，对内容的要求也越来越高，所以在小红书上种草、转化变得越来越难。

用户永远在成长，任何社交媒体电商平台都不会永远处于资讯狂热期。因此，优势信息带来的红利必然是短期的。

媒体定价被低估导致优势信息的短期性。通常，只有KOL或关键意见消费者（Key Opinion Consumer, KOC）以及平台媒体定价较低时，才会产生流量红利。此时各平台多处于起步期，尚未出现公平的定价市场和自由竞价的信息环境。简单来说，花10元能买到价值100元的产品或服务，就是红利。

但这种平台媒体定价被低估的时期终究是短暂的。例如，现在在淘宝上投放直钻淘[1]，已很难产生明显的转化，就是因为平台的定价模型和资讯已经完全公开、透明。再如，早期的抖音平台有固定的定价模型，但KOL的

---

[1] 指淘宝平台中最常用的3种引流方式：直通车、钻石展位、淘宝客。——编者注

价值和定价存在较大的认知差异。在这样的情况下尚有流量红利，但等到KOL也进入自由竞价阶段时，便几乎再无流量红利可言。

总之，机会用户和优势信息的短期性共同导致流量红利时代的短暂性，如果品牌只关注以短期价值为底层要素的爆发性增长，那么再璀璨的新星也会陨落，这就是品牌在前增长时代最大的困扰。

2021年，抖音的流量红利消退后，流量红利时代戛然而止，这是因为之后尚未出现类似的顶级流量平台。这也意味着，品牌通过新内容营销传播媒介的流量红利迅速实现规模化起盘的模式，已经彻底成为过去。回望历史，2017年后借助流量红利迅速发展起来的品牌，其增长路径与2010年前后淘品牌的爆发路径如出一辙。两者的共性在于，依赖一波突然爆发的新流量实现增长；不同的是，淘品牌在很大程度上依赖淘宝这个单一平台的流量，流量见顶后便迅速衰落。

如今的新锐品牌置身于更复杂的流量环境中，这决定了其成长路径必须更为多元和丰富。品牌要善于借力于流量，但不能"唯流量"。在数字化时代，品牌只有真正洞察长期用户需求，才能在历史给予的条件下创造历史。

从短期爆发到长效增长

一切品牌的成长都源自对用户需求的深度洞察。在DT[①]时代，新锐品牌要想从短期爆发转变为长效增长，最应该做的是用户需求洞察，即更全面

---

① 全称 Data Technology，意为数据处理技术，即以服务大众、激发生产力为主的技术。——编者注

地利用大数据、云计算、物联网、人工智能等平台与技术，使自己的商品和服务更加有效地满足用户需求。

传统的用户洞察方法是，进行市场走访、问卷调查、焦点访谈或查看民族志等；而新的用户洞察方法是，通过技术手段发掘用户需求，跟踪用户每次跳转和转化的路径，以指导后续的用户运营策略。

例如在今天，天猫已经可以根据每个人群的消费升级潜力和电商渗透率，将他们大致分为三类群体：主力军、新势力和蓝海人群。主力军主要包括习惯线上购物且注重品质生活的新锐白领、资深中产和精致妈妈；新势力包括"有钱有闲"的小镇青年和消费观念大胆的Z世代；蓝海人群则包括目前网购渗透率较低的小镇中老年、都市银发族和都市蓝领，但这部分人的消费潜力仍有一定的发掘空间。毫无疑问，像天猫这样利用数据洞察，就能在品类定位、渠道选择、产品推新等多方面做出更准确的判断。

在电商领域工作的人，无时无刻不在与数据打交道，要从很多维度获取数据。成功的新锐品牌都有一个显著的特点——非常重视对数据的收集和应用，并能利用数据来指导产品迭代与运营优化。很多新锐品牌公司已经专门设立了商业智能部门，为运营中心抓取各种数据，以及为优化运营策略乃至公司最核心的商业战略提供数据支持。

价格早就不是决定购买的唯一因素。随着生活方式的改变，新一代消费者不再局限于产品本身的功能，心理诉求、感性需求、场景需求、圈层文化等因素都可能成为新的消费驱动力。这个时候，对消费者的了解能成为品牌的核心增长点，品牌与消费者的距离直接决定了运营效率。品牌能否真正了解、洞察新消费的关键在于，能否从数字化洞察入手为消费者创造全新供给。

品牌可以利用电商数据识别品类核心战场并完成选品。也就是说，基于电商数据洞察消费者需求，从中发现消费者购买决策因素，选择以消费者需求为中心的品类作为核心市场，而非过往基于产品本身的属性划分市场。比如，商业软件魔镜市场情报调查发现，一些美妆品公司已经在利用机器学习和大数据技术来研究产品色号与销量的关系，从而找到最有可能成为爆款的色号。

综上所述，对新锐品牌而言，运用大数据底层技术来支撑整个体系的运作，不仅有助于人力成本、效率等方面得到大幅度改善，而且运用这一方法已经成为企业在数字化时代生存与发展的一种底层能力。

以社会化聆听智能挖掘用户需求

社会化聆听（social listening），就是在社会化媒体数据中提取有价值的信息，也称作客户之声（Voice of Customer，VOC）。具体来说就是，搜集、分析用户在社会化媒体上对品牌的态度和想法，并转化为完善营销策略、升级产品、升华品牌的重要建议。

大数据的发展已经使很多企业认识到数据整合在企业决策中的重要性。数据的来源之广泛远超许多企业的想象，天猫、京东、亚马逊等主流电商平台，抖音、B站、小红书、微博、快手等社交媒体平台，今日头条、豆瓣等用户覆盖率较高的平台等，都可以成为重要的数据来源。

借助社会化聆听工具，将全平台的数据进行整合、规范管理、深入分析，可以让营销策略的可操作性和落地性更强。另外，通过各个渠道的信息聚合及语义、情感分析，并运用大数据对用户进行精准画像，可以为用户提供更贴合其需求的服务和产品。

引　言　新锐品牌长效增长的核心

例如，花西子成功的一个重要原因，就是用数字化工具洞察目标用户。它一开始就把目标用户定位为喜爱国风的人群，并且对产品价格有明确的认知。它会定期收集网上各个国风社群中的用户对自家产品的讨论与相关热点议题，从而非常精准地抓住了目标用户的需求。洛花飞霞胭脂腮红、玉容睡莲裸妆气垫等产品的命名，就很明显地体现了这一点。

另外，花西子还从用户评论中逐步挖掘用户需求。在对外发声渠道上，无论是在官方微博，还是微信公众号、小红书上，花西子的客服IP小西都能及时回复用户的评论。正是有了这些互动内容的沉淀，花西子才能越来越懂用户。

通过社会化聆听，可以将用户体验管理拆解为核心三部曲——倾听反馈（listen）、挖掘价值（analyze）、指引行动（act），并形成闭环。

- 倾听反馈：在全渠道中，尽可能通过更多触点去接触用户，用心倾听用户需求，收集和分析用户反馈数据。
- 挖掘价值：有了大规模的用户反馈数据后，还要深刻洞察、挖掘价值。比如通过电话访问、问卷调查、电商平台上的评价、工单信息等获得用户反馈数据后，整理数据并通过比较先进的技术手段，如自然语言处理（Natural Language Processing, NLP）、人工智能引擎等，挖掘更深层次的分析指标。
- 指引行动：获得大量数据后，将这些数据落实到实践中是重中之重，并且要通过反馈来闭环跟踪这些实践行动是否正确，以及是否达到预期。最后，要根据反馈结果再次进行行动优化和迭代。

随着数字化技术的普及，如今市场上已经出现了不少提供社会化聆听服务的第三方数据公司，它们的数据分析往往能覆盖全平台，并细分到各个行业及其侧面。比如，它们可以在某个平台上搜索关键字、标签关键字或者输入其他语义，然后根据结果的出现频率，来判断用户关注的需求点并进行排序。为了深入需求点，它们往往还会分析使用场景、消费态度、驱动因素等多个维度。

如果企业的数据分析能力不够，那么与第三方数据公司合作也是一种好方法。通过这个方法，企业可以针对市场和用户进行宏观数据和行业大数据分析，然后把外部大数据与企业内部的行业数据进行对比验证，从而不断提高用户数据的准确度。

利用小数据挖掘更精细的用户需求

就零售业来说，大数据技术的流行让所有平台都开始重视并研究大数据。除了大数据，还有一类常被忽略和边缘化的数据，企业也可以获取，那就是用户行为数据，也可称之为"小数据"。它可以直接反映出背后的用户行为，因而具有真实性高和实践性强等特点。小数据一般包含用户的行为数据、社交数据、消费数据、金融数据、地理位置数据等。比如，天猫与京东平台上自有品牌旗舰店的用户访问、浏览、收藏的数据，门店每天的客流量数据、消费数据，微信、微博、美团、今日头条等社会化媒体上的浏览数据和用户兴趣数据等。

值得一提的是，小数据和大数据并非完全相对。前人在大数据方面的积极努力，才使得小数据的研究更有意义。

美国作者卢克·多梅尔（Luke Dormehl）在其著作《算法时代》（*The Formula*）中，介绍了一个通过分析用户行为和语言来实现高效服务的案例。

引言　新锐品牌长效增长的核心

其中包括一项基于客户算法的业务——可预测的行为路线，即呼叫中心根据来电客户的语言与问题所涉及的专业知识等维度，以及客户的某些性格特点，比如说话的模式、使用的特定词语，将客户分类。同理，也将话务员分类，从而为客户匹配合适的话务员。结果显示，当话务员和来电客户的性格匹配度高时，通话的平均时长为 5 分钟，解决问题的成功率为 92%，但如果通话双方性格迥异甚至相互冲突，通话时长就会增加 1 倍。

总而言之，从"流量运营"向"用户运营"转型，对用户的需求进行深度发掘，是新锐品牌的必修课。

掌握平台算法和规则，驱动用户营销

小米首席执行官雷军曾说，只要处在风口上，猪都能飞。对中小企业而言，选择一个或者多个拥有巨量流量的电商平台，就是选择一个猪都能飞的风口。

从深处看，中国新锐品牌并不是海外的 DTC 品牌，中国新锐品牌主要是基于几大电商平台预选的品牌模型，不同平台的算法和规则决定了不同的基础营销行为。这是由中国国情与市场环境决定的，是任何有志于在中国线上渠道成长的品牌需要深刻洞察的。

在当今时代，算法成为主导营销的核心力量。算法即用系统的方法描述解决问题的策略机制。无论是外表、语言还是浏览内容、关注内容、手机号、订餐信息、购物等方面，用户的一切行为都会被数据化、标签化，以便平台算法识别。比如，天猫的 8 大策略人群，成为品牌站内运营的核心指南。

随着短视频平台、生活分享平台、直播平台的兴起，流量开始重新分配，内容平台的崛起以及不同流量平台互相竞争，也给消费品牌带来更多机会。身处各个平台之中，要想获得更多流量扶持，就一定要熟悉平台规则，洞悉平台的流量玩法，同时还要懂得测试，逐渐摸索出一套属于自己的算法。

例如，抖音的用户画像是基于算法记录的用户行为，如阅读、转发、点赞、评论等，分析出用户的观看偏好、性格特征等。抖音系统的算法会给内容、用户和环境打上标签，用标签来刻画和理解内容、用户和环境，然后通过标签把特定的内容匹配推送给特定环境中特定的人。

数字化时代下，用户的所有信息都将被数据化，形成品牌的用户资产。只有能被标签化、能被算法识别、能被平台触达的信息，才能有效助力品牌营销。

读懂并了解各个平台的规则与算法，精准匹配目标用户群，分析用户的媒体偏好、购买习惯，发现触达用户的渠道，媒体渠道受众画像，可以更好地进行营销规划活动的监测与评估，并发现机会和瓶颈，进行动态调整。由平台算法驱动的信息推送，会成为新锐品牌的基础营销能力。

建立数据中台，留存用户资产

为了解决数据精细化的难题，一些品牌开始建立数据中台，打通全渠道用户数据，将用户身份、浏览行为和订单记录匹配到一起，由新客招募转向存量用户的精细化运营，为个体用户建立起清晰的用户画像。企业决策者将基于数据中台提供的统计信息，更精准地分析营销效果并根据营销情况制定相应决策。

数据中台可以在以下 3 个方面满足企业的精细化运营需要。

- 精准化：借助用户的详细数据，制定个性化、差异化的营销策略。
- 高效化：实现从广告投放到转化及用户反馈全流程的数据打通，便于高效制定决策。
- 可反馈：基于数据评估转化效果，反馈到策略端，对策略进行调整优化。

一般来说，从单个渠道获得用户的信息具有随机性和偶然性，但随着多平台数据的积累，就可以慢慢拼凑出完整的用户画像，一般包括年龄、性别、地域、收入水平等维度。随着数据的深度挖掘，还可以根据用户以往的付费水平、个人兴趣点等进行更精细化的用户标签管理。最终，基于标签化的用户分类，可以根据用户的活跃度、个人兴趣等设计不同的营销策略。在这个过程中，会形成一个靠数据驱动运营的良性循环，从而不断提高营销的精准度。

以孩子王为例，其独特的"数据赋能 + 顾问式服务"的模式就很值得品牌商参考。孩子王将会员资料数据化，形成清晰的用户标签，并在线上建立导购与用户的绑定关系，使导购了解自己服务的用户，提供精准的一对一服务。这一举措极大地提高了用户服务质量和满意度。据了解，老用户为孩子王贡献了 98% 的收入。

诸如此类的大量案例都证明，数字化时代下，会员的转化率明显高于非会员。会员管理逐渐从一个营销与运营层面的议题上升为战略议题，尤其是在美妆、母婴等会员价值和复购率都较高的行业，品牌商在任务规划、营销策略及品类策略等方面都会为会员提供更好的服务。

总而言之，数据化的用户资产能帮助企业更好地服务用户，成为企业增长的重要驱动因素。

建立长期性、品牌性全新发现模式

以流量红利变迁主导品牌更替的时代即"前增长时代"。在这一时期，品牌一味追求增长，而在很大程度上牺牲了稳定性和可持续性，且只考虑渠道规模的广泛渗透，却往往忽略了目标用户的精准性与长期运营。等到流量红利不再，品牌就必须从追逐短期流量转向塑造长期价值，这便形成了增长2.0时代，也可称之为"后增长时代"。

相比之下，后增长时代的主要特征在于，品牌以满足新一代消费者的需求为导向，通过不断提升产品、传播、运营一体化的能力，来实现目标用户规模的有效拓展和业务的稳定、可持续增长，最终建立长期性、品牌性全新发展模式。

战略大师波特指出，"运营效率并不是战略"。品牌必须超越短期效应，用更长远的眼光来看待数字化时代企业的核心能力，并形成新的企业战略。在此背景下，品牌需要以品牌性增长的全链路运营思维为基础，因此C-PRO-B增长飞轮模型应运而生。**值得强调的是，这个模型并非只适用于阿里系平台，它是一种基于数字化交易平台的基本营销方法，在不同的社交电商平台同样适用。**

管理学者吉姆·柯林斯（Jim Collins）在《飞轮效应》（*Turning The Fly Wheel*）一书中提出了"飞轮效应"。柯林斯采用这个概念帮助亚马逊建立了增长飞轮。亚马逊的出发点是通过优化成本结构来降低成本，从而使用户可以用更低或相对低的价格购买商品，这样就能提升用户体验、引起口碑传播。

引言　新锐品牌长效增长的核心

　　用户体验的提升与平台的优化是相辅相成、相互促进的：用户体验得到提升自然会形成口碑传播，带来更多用户，从而吸引更多卖家入驻；而竞争会促使卖家的产品和服务进一步提升，持续使用户体验提升，这就形成了增长飞轮，越滚越大、越滚越快。

　　在这样的背景下，我们发现并提炼出有助于新锐品牌成长的 C2B 优化模型，即 C-PRO-B 增长飞轮。

- C（Consumer）代表数字化时代下新一代消费者洞察。
- P（Product）代表契合内容营销的超级单品或品牌性商品。
- R（Resource）代表以社交媒体为载体、以内容营销为特征的营销资源杠杆。
- O（Operation）代表快速反应、一体化协同的运营能力。
- B（Branding）代表面向未来的长期品牌创建。

　　这一模型的出发点是：围绕快速暴涨、快速迭代的新流量资源，基于对数字化时代下消费者的敏锐洞察开发品牌性商品；通过消费者喜欢的内容，撬动以社交媒体为载体、以内容营销为特征的营销资源杠杆，并打造具备高效组织能力的增长引擎；面向全球与未来进行品牌塑造。这三个要素高效协同并实现一体化，能使品牌不断挖掘新型流量机遇，推出成功产品，留住优质消费者，并使短期增长机遇转化为长期心智资产，进而形成 C-PRO-B 增长飞轮。

　　这是一个全新的、稳定的品牌创生与业务增长模型，它强调以消费者为中心，形成产品、营销、运营的一体化，从而快速实现数字化时代下新品牌的创新和塑造。这里的一体化，具体指需求产品化、产品内容化、内容商业化、商业运营化和运营品牌化，所有环节环环相扣、不可割裂。

C-PRO-B 增长飞轮能帮助企业构建底层商业模式，找到持续增长的源动力，形成"越滚越大"的正向增长机制。数字化时代，品牌一旦"装上"C-PRO-B 增长飞轮，就能快速增长，驶向未来。

PART 1

第一部分

新锐品牌的 C-PRO-B 增长飞轮

第 1 章

C,数字化时代下新一代消费者创新洞察

过去十年，中国消费品市场发生了一次前所未有的用户迁移。消费品用户的基本购买行为从线下向线上迁移，带动各个品类线上渗透率的提升与创新需求出现，这股浪潮成为推动新锐品牌崛起的核心力量。但这种迁移并不是简单地将线下的商品平移到线上，也不仅是用户购物习惯的改变，而是基于对新一代消费者的全新洞察，为传统渠道大量未被满足的需求创造全新供给。

数字化时代下新一代消费者洞察，就是以新一代消费者为中心，从数字化洞察能力出发，增强品牌与消费者的共情能力，关注并挖掘消费者的真实需求，落地成好产品。这意味着，品牌要重视以下3个要点。

第一，要基于大的战略图景，找到能实现大渗透目标的战略用户。品牌可以借助各个平台的用户分析的策略工具，结合线上线下的拓展计划，锁定目标人群，包括核心战略用户、扩展用户以及影子用户等。其中，战略用户是指最理想、最核心、最能实现品牌长期价值的核心用户或原点用户；拓展用户是指可以扩展影响的机会用户；影子用户是指最广泛、能实现最大市场渗透目标的大众用户。这里可以参考天猫的8大策略人群，他们占天猫大快消平台用户数的80%，贡献了90%以上的销售额。

第二，要着重关注与这些用户有关的场景和需求：关注新的生活场景与使用场景，如瑜伽、露营、旅行、熬夜、追剧、一人食等；关注新的购买场景，如社交电商、小程序、私域、新零售等；关注新的内容场景，如直播平台上商品卖点的短视频讲解、公众号里产品成分的文字讲解等；关注新的产品需求，如鲜萃咖啡、防晒衣、安瓶、冻干粉面膜产品等；关注新的兴趣需求，如新国风、"三坑"消费、潮流玩具（简称"潮玩"）、二次元、元宇宙等。

第三，要深挖用户需求。阿里巴巴的数据银行、策略中心、生意参谋，以及凯度、小红书、各种语义分析等，都是品牌需要掌握的工具。既要基于大数据进行用户人群洞察，又要基于小数据进行用户行为偏好洞察，这两个维度的数据洞察要紧密融合，才能深挖用户需求。

在今天的中国市场，数字化渠道绝不只是线下渠道的补充，而是全渠道生意的引领。基于数字化时代下新一代消费者洞察，各个领域充满重大的品类创新与市场重新定义的机会，新锐品牌的创建将极大地改变各个消费产业的品牌面貌与市场竞争格局。

有一些非常重要的消费发展趋势，深刻影响着新锐品牌在营销、品牌塑造等方面的实操。基于线上交易的本质差异，这些新锐品牌的经验可以被总结为新消费思维。

新消费思维涉及市场营销中的很多基本词语，词语背后是人的思维。它们的语义在数字化的营销环境里发生了更新迭代。这种更新看似源于数字化渠道和数字营销能力，但实质上是由于消费者背后的购买驱动和购物行为发生了重大改变，从而使营销产生了新的定义。这些定义主要是基于新消费思维的以下7大创新洞察得出的。

不仅是功能，更是超越功能的心理慰藉

绝大多数消费品都拥有实际使用功能，2020年以后，中国消费者进入了一个全新的时代，仅仅能满足基本功能需求的产品终究会被迭代。

在这个时代下，我们需要了解的是新功能主义及其背后到底蕴藏着什么。其实，新功能主义体现在以下四方面的全新功能表达：更加美观、更多场景、更多抚慰、更多情绪。消费者的需求发生了本质的改变，好的产品必须能治愈人心。从产品的角度来看，品牌已经不能简单地用收入、年龄、区域等人口统计学的概念来区分新一代消费者，而应更多地关注消费行为背后的情感表达和生活方式。

在当今这种巨大的数字化变革中，未来的不确定性使得消费者的心理需求远远胜过实际的功能需求。因此，这个时代的"有用"被重新定义了。

潮玩品牌泡泡玛特之所以能够成长为市值破千亿港币的品牌，最重要的原因不只是其产品本身和盲盒的理念，还有当消费者面临内卷和焦虑时，桌上的小公仔治愈了他们的内心。公仔的情感价值远远大于其本身的价值。

同样，新锐童装品牌幼岚把"柔软"内化为品牌的核心心智，抓住了用户的情感需求；原创设计师箱包品牌古良吉吉设计出弱化功能且强调体验和个性表达的产品，推出了十分具有时代特色的、可以作为饰品的包；时尚彩瞳品牌moody，推动年轻人升级眼部时尚，它代表的已经不仅是隐形眼镜，更多的是通过隐形眼镜来传达情绪与情感。

总而言之，新一代消费者对产品的心理需求高于对实际功能的需求，情感抚慰是他们最真实的需要。新功能主义意味着产品超越功能，提供更多的

场景表达、心理抚慰和情绪表达。

不仅是商品，还是塑造自我的"装备"

新一代消费者正在改变原有的消费版图。一方面，消费者有了更多的可支配收入，受教育程度更高，自我的表达欲望更加强烈，对国家有着强烈的认同感。另一方面，宅、独居、少子化成为大多数人的生活状态。新一代消费者大多在虚拟世界中的生活丰富充实，在现实生活中却自我且孤独。新一代消费者是两个矛盾要素的高度融合。

消费者从来都是为目的消费，而不是为商品消费。在经济学研究中可以发现，消费者需要的是洞而不是钻头。消费者的目的到底是什么？新一代消费者会为了完善当下时代的自我人设而消费，他们需要的是人生阶段的全新"装备"。就像游戏玩家购买装备，就是为了在游戏中有更好的表现一样。新锐品牌如果能够成为新一代消费者的"人生装备"，就能获得极大的商品溢价。反之，如果品牌只能满足他们的基础功能需求，就只能陷入行业和市场的平均价格水准甚至消费降级的窘境。

前一个消费时代，许多品牌都在塑造一个"好妈妈"的理想人设，例如宝洁、汰渍、飘柔等，成功塑造了勤俭节约、追求幸福家庭生活的典型人设。而在这个物质资源极丰富的新消费时代，越来越多女性消费者的理想人设变成了相信美好生活、追求精致的单身高知女性。

互联网销售排名第一的营养代餐食品品牌 WODNERLAB 宣传的也并非代餐本身，它倡导消费者对自我人生负责的精神，其帮消费者打造的是为良好体态付出努力的精致女性人设，而这种人设足以为消费者带来更高的社交溢价。

不仅是包装，还是表达阶层的社交工具

数字化时代，随着数码产品的普及，手机和修图软件使每个人都成为"摄影师""设计师"乃至"艺术家"。艺术已经从云端真正进入大众化阶段，而我们随之进入了图像社交的时代。这个时代的消费者期望让自己看起来更好，相信美好生活等于避免"社死"——当一个人在社交圈失去关注，在朋友圈无人点赞时，就进入了"社死"阶段。未来的图像就是表达阶层的社交工具，朋友圈的图像就映射了社交阶层。

图像的视觉化对社交人设的表达极为重要。图像的社会价值在于它某种意义上标示着阶层和审美优越。以微信朋友圈、小红书为例，核心用户群体不断通过图像来展示自己的美好生活。在图像社交的时代，网红店最大的价值就在于好看，产品的审美价值超越了使用价值，但新一代消费者不只重视颜值，更重视自身的社交表达。

在未来的审美价值中，有3个方面尤为重要。

- 显著。线上的视野更小、更集中、更耀眼，产品图像越显著就越好卖。
- 显酷。"酷"就是吸引年轻人的重要特质和人设。
- 显贵。线上社交越来越内卷，购物体验的分享也不断升级，"贵"毫无疑问能彰显精英社交形象。

新锐内衣品牌蕉内，就是利用视觉创造流行起来的典型品牌。它将星际迷航的视觉形象应用到内衣上，使内衣更具审美价值。新锐精品咖啡品牌三顿半，则通过高颜值包装来提高成图率。"成图率"是在社交中表达商品的一个非常重要的词。一个好的产品，应该有着较高的成图率，使消费者愿意

拍图、秀图。充满"少女心"的彩妆品牌花知晓，在竞争激烈的美妆市场中，通过极具视觉冲击力的浪漫少女风产品，让消费者实现心中的公主梦。东方彩妆品牌花西子，则用东方美学让产品更显贵。这是一种典型的审美风格，将东方风格与贵气融为一体，增加了产品的价值感。

如今，品牌在设计产品时应从视觉的醒目性、冲击力方向切入，要判断新一代消费者是否会点击查看或选择其产品。在过去的5年，就连路易威登、博柏利（Burberry）、爱马仕等奢侈品牌，也为了迎合年轻消费者，对产品做了很多视觉上的改变。

不仅是广告，还是"对我有用"的资讯内容

在信息暴涨的时代，消费者期待看到的广告不再是单纯的广告，而是对他们有价值的内容。广告的内容化已经变成重要趋势和潮流。

品牌营销的基础问题已经变成：什么人想看什么内容，什么内容吸引什么样的人？提高品牌关注度的关键将是创造和目标用户需求一致的内容，这也是创造长期营销效率的关键。品牌需要在用户触点上多角度布设内容，方便用户获取，通过专业生产内容（Professional Generated Content，PGC）[1]、品牌生产内容（Brand Generated Content，BGC）[2]、UGC，令内容布局更完整，内容渠道更明确。

未来，不仅要有产品供应链，还需要有内容供应链。内容供应链将会成

---

[1] 泛指由专业的创作者、媒体机构或专业团队输出较为专业、权威的内容。——编者注
[2] 简单来说，就是品牌或商家在其官微、官博上生产内容。——编者注

为非常重要的企业生产化部门，激活内容的采买、供应，以及自有内容的组织和共创。随着人工智能与 ChatGPT 时代的来临，品牌需要与消费者一同迅速进化，建立能够使消费者自我创造、自我获取、自我组织、自我选择的全新内容供应机制。

例如，小米换标时，非常多的用户进行了内容参与，引发了一次非常有效的品牌传播。GirlCult 与 UP 主共创了商业电视广告（Television Commercial，TVC）级别的妆容教程。认养一头牛让顾客成为真正的养牛合伙人，加入品牌的内容创造过程，实现 UGC 共创。

不仅是电商，还是创造需求的全新供给

从产业发展的时空角度看，新锐品牌的崛起有以下几个关键的产业数字点：线上渗透率为 20% 时，是品类快速渗透期；线上渗透率为 20%～40% 时，会出现新锐品牌的大爆发；线上渗透率在 40%～50% 时，会出现垂直类品牌的诞生机会；线上渗透率为 50%～60% 时，会出现线上线下融合品牌的塑造机会。

很多传统品牌向线上迁移时增长不力，是因为它们往往会将线下的货平移到线上，这种增长是可以预见的，不会太成功。品牌需要深刻地认识到线上购物与线下购物的本质区别，这些区别也是这两类品牌最核心的增长要素：一是利用线上优势，满足用户在线下未得到满足的需求；二是弥补线上用户需求的空缺，分流传统线下用户需求。

新锐品牌几乎全部会经过以下三个阶段：第一阶段是成熟品的需求迁移；第二阶段是利用内容进行需求激发；第三阶段是围绕目标人群的需求创

造。在过去两三年内，绝大多数新锐品牌处于第二阶段，但是它们很快就将进入第三阶段。例如母婴品牌BabyCare，就是典型的以人群为中心开展商品运营的品牌，其规模如今已达到60亿元。其背后已经不再是传统意义上的内容和品类迁移的需求，而是人群聚合的商品爆发需求。

由此，品牌需要创造全新的供给。如今，新出现的无差别品牌、新消费场景品牌、新功能品牌、本土文化品牌等都是当下新锐品牌赛道中最核心的品牌，它们都致力于从本质上满足用户在线下未得到满足且在线上被极大释放的需求。基于人群需求的品牌近几年也频繁冒头，如潮玩、露营、新养生、香氛、汉服领域的品牌等，都和人群的兴趣、卷入相关，都代表着以兴趣为核心的品牌创建。未来，会出现以深度兴趣为中心形成核心驱动模型的品牌，这是下一代新锐品牌的重要机遇。这些品牌会以人群的兴趣爱好为核心进行商品聚合，并打破品类之间的局限，这个时候产品量会极大地扩充，进而形成一个综合的消费王国。

不仅是交易，还是激发兴趣的商品匹配

数字化为线上销售的逻辑带来了改变，线上销售需要聚焦目标消费者做重点化运营，从线下的"人找货"变成"货找人"，从千人一面变成千人千面。

线上零售就是要围绕目标人群做兴趣与产品的深度运营。商品的高度同质化使得激发消费者兴趣的经营成为零售最核心的任务，零售经营的不再是商品而是消费者的兴趣，产品本身不再重要，重要的是能在多大程度上激发消费者的交互、对内容的兴趣。

未来，新零售将更加接近传统线下的买手店，以深入洞悉消费者的偏好与品味为中心组织商品。兴趣电商将不再专属于抖音，而是属于所有线上零售商家和品牌，不能激发消费者兴趣的营销行为都将是无效的。兴趣电商的兴起，是从多人群运营聚焦到单一人群运营，最终聚焦消费者的底层需求运营，会极大地突破传统的品类经营与品牌经营界限，会衍生出众多新的零售业态模型。线上零售商品结构会形成一种独特的T形面貌：以优势品类为纵轴，实现渠道做深；以原点人群为横轴，实现商品做透，从而实现多渠道的结构型增长和人群运营的内生型增长的平衡。

欧莱雅就是在过去3年完成单一人群运营改造的最好案例。欧莱雅最核心的5个单品——小黑瓶精华、紫熨斗眼霜、熬夜眼霜、安瓶面膜、小金管防晒，都是围绕28～35岁的都市初抗老人群开发出来的产品。欧莱雅不断做人群加深，成了线上最核心、最具主导性的品牌之一。

此外，零售交易的选品逻辑需要结合品类的成长性与人群的相关性。零售商品是由渗透、连带、客单价提升组成的，未来零售商品也要相应地被分为促进渗透的优势品类产品、促进连带的生活化产品，以及促进客单价提升的科技与限量产品。

以身体护理品类破圈的半亩花田，于2018年在小红书走红后，2019年第一次销售额破10亿元，很重要的原因是其产品进入了身体护理用品的核心品类中，找到了核心要素。宠物护理品牌小壳的发展路径则刚好相反，其业务从宠物口腔扩展到全面宠物卫生护理，完成了由单一品类向多品类的拓展。在这个过程中，品牌要选择怎样的发展路径，最重要的不是产品，而是如何不断激发消费者的兴趣。

不仅是零售，还是复合体验的流量集合

当下，零售的本质发生了重要改变，零售是传统商业的终点，却是新商业的起点。

线上是有数据回流的精准客流，可以焦点人群为核心做深度商品运营；而线下是没有明确目的的自然客流，对应的是泛人群的商品。从"人找货"到"货找人"，从千人一面到千人千面，零售从一盘货的最大化人群成交，到聚焦精准人群的深度体验运营，整个运营方式全部改变。商品效能会面对非常大的挑战，聚焦核心人群做深度体验运营变成决定性因素。

品牌需要围绕每一个零售渠道进行精细化运营，设计体验流程，包括店铺设计、包裹体验、价格体系搭建、私域客服运营，并设置不同渠道的产品区隔，所有的用户体验点都需要进行全新的管理。

线下零售场景的建构自有一套逻辑。同样，线上零售场景，无论是经典电商、内容电商、社交电商、社群电商、兴趣电商还是直播电商，也都有各自的逻辑。在不同发展阶段，品牌所运用的渠道运营策略是不一样的：从单一渠道向多渠道、线上全渠道、O2O渠道、融合渠道，甚至海外渠道发展。在这个过程中，需要根据消费者对产品的选择机制来划分渠道，并根据消费者的多渠道购物行为，为他们提供不同的购物体验。

除了线上线下零售渠道的流量占有和营销推广，品牌更重要的价值在于形成自有流量。盲目购买的流量终将流失。零售的目标一定是强化品牌体验，用强关系、强人设、强互动、强黏性来保持长期且一致的品牌传播。只有长期运营自有流量，才能塑造长期的品牌价值。

第 2 章

P，契合内容营销的超级单品

数字化时代，产品处于品牌经营的核心，决定品牌的生态位、核心用户、商业模式、业务逻辑和核心业务，同时也是品牌与生态、用户、利益相关方的关键接口。

电商营销中经常会有一个概念，就是爆品。简而言之，爆品就是在短期获得爆发性增长，取得极大销量的商品。在初代新锐品牌小米的营销中，有人发现并提出了爆品这一概念，随后有众多品牌迅速效仿。利用爆品的短期流量或品类机会快速获得巨大销量，成为很多新锐品牌营销的必备战法。但是随着时间推移，爆品营销的弊端已经显露无遗。

首先，作为消费品而非耐用品的产品，不仅要畅销，更要长销。反复的用户购买使用习惯决定了并非一次或短期营销就足够，产品必须植入用户心智才能赢得长期增长。

其次，在电商运营环境中，新用户获客成本极高，如果不能实现用户的长期复用，那么对品牌持续运营来说，将缺乏盈利可能。为了追求多个爆品，不同的流量营销背后，多人群标签混杂，甚至相互抵触，难以实现有效的用户长期运营。

最后，爆品背后的流量机遇与品类机遇是短暂的，一旦一波机会流逝，品牌就会转向新的机会。在不断的产品与运营迁移过程中，品牌与组织缺乏持续积累。整个生意以短期机遇至上，难以有效维系，一旦机会过去，就会崩塌。

因此，新锐品牌营销必须有超越爆品短期爆发的营销思维，从关注短期商品交易总额与短期投资回报率，转变为关注用户的长期选择，从建立单品认知转变为建立心智品类，再形成品牌心智。这是新锐品牌的塑造路径与必由之路。

超级单品就是其中最基础的线上业务单元，承载了品牌商品销售的基础任务，同时也是新锐品牌赢得心智品类的重要抓手，更是品牌与用户之间最核心的联结。

超级单品是一种兼顾品类成长性与长期人群相关性的产品。爆品往往只抓住了品类成长性这一个维度，而忽略了另一个维度。只有交互考虑品类成长性与长期人群相关性，才能成为超级单品。超级单品加上品牌的强关联性（品牌价值主张、用户情感联系等），最终会成为品牌性商品，进而成为心智品类。

根据成长轨迹、作用表现，可以将超级单品成为心智品类的过程分为4个阶段。

- 第一阶段，成为店铺级超级单品。这类超级单口能够快速为品牌店铺拉新，带来高价值目标用户，销量贡献排在前列。
- 第二阶段，成为平台级超级单品。这类超级单品能够实现在某平台细分类目的卡位，为本类目吸引流量。

- 第三阶段，成为行业级超级单品。这类超级单品将在多渠道处于领先地位。一方面，它能够为品牌提高销量、拉升利润、强化用户心智；另一方面，它能够推动行业发展，实现平台流量与店铺流量的共振。
- 第四阶段，成为心智级超级单品。这类超级单品经过长期的心智传播与市场广泛渗透，确立了用户心智地位，成为心智品类，并为产品在各个渠道的长期运营带来自有流量与优质用户。

超级单品经历了这4个阶段，就能实现生意的有效增长，最终完成对品类的主导，成为用户选择的心智品类。归结而言，心智品类以品类增长为核心，抢占用户心智，进而实现销量的短期爆发与长期增长的协同。品牌主导品类，品类又能反哺、赋能品牌，使品牌实现从短效网红品牌到长效公众品牌的蜕变。

对新锐品牌而言，这场塑造心智品类的战役始于超级单品的打造，最终开创心智品类，赢得市场的解释权与用户心智的定义权，使品牌形成核心竞争力。

超级单品必须自带内容营销属性

新时代的产品开发不应该是开发完毕后才考虑营销，而应该在产品问世之初就精心设计营销方式，实现社交媒体与内容营销的流量契合，让产品赢在营销之前。这种产品开发的思维，叫作产品内容化。在这种思维下，品牌需要可以打造出契合内容营销的超级单品。

这里所说的内容，不仅包括图片、文字、视频、直播、评价、新闻等多种内容形式，还包括需要付费的 PGC、免费的 UGC 和基于品牌理念塑造的 BGC。其中，UGC 尤为重要，这是用户出于分享个人经历、兴趣等目的，进行生产和传播的内容。小红书笔记、微博评论、个人短视频、弹幕等都是 UGC。

这种内容的生产和发布不受时间、地点的限制，同时能调动最广泛的用户参与内容生产，生产者来源的广泛性会促使内容的规模更大、形式更丰富，更有利于产品及品牌的传播，赢得更多用户沟通的可能。

要打造自带内容营销属性的超级单品，也就是需要遵循产品内容化的 5S 原则：可查（Search）、可知（Selling point）、可视（Show）、可感（Sensasion）、可传（Spread）。

可查

产品内容化最直观的体现就是可查，也就是用户可主动搜索，这也是品牌价值最核心的体现和最有价值的销售线索。因此，品牌需要为产品打造关键词词云，围绕产品专属词、功能词、场景词，形成关键词的矩阵布局，并通过有效运营与投放进行关键词卡位。最关键的是，要为核心产品打造一个专属且方便查询的昵称。由此，要注意以下几点：

- 要符合用户习惯。这样的昵称将极大地提升产品的搜索效率。最好不要中英文混杂，因为这不符合用户单一输入法习惯。
- 尽量要可以注册。因为昵称是核心的品牌资产。
- 要口语化、谚语化、俗语化。因为和文字相比，声音、读音更加重要，这样的昵称更容易传播。

- 要能产生强功效联想。例如，纽西之谜水乍弹、欧莱雅紫熨斗、ubras小凉风等，能让用户对产品功效产生直接联想。
- 要体现品牌调性。例如，ubras小凉风很好地体现出夏日的身体舒适感。
- 对于难以表达的产品感受，可用文字通感表达。例如，气味图书馆的一款香氛"凉白开"、观夏的"昆仑煮雪"有很强的中国意境与韵味。

可知

可知是指可被认知、了解和知情。移动互联网让信息随处可得，产品内容应该遵循科学、客观、可认知的基本要求。这通常也是头部达人的选品评估标准之一。可知主要包括4个方面：

- 技术支撑，如生产工艺、核心科技、活性物含量、原料、自主研发成果、专利、权威文献等。
- 试验结果，如品牌方、第三方的测试结果。
- 专业测试部门的反馈，如感官测试、功效验证测试等的反馈。
- 相关技术类博主推荐、曾获奖项等。
- 自洽的推广逻辑，如产品故事、创始人背景、研发机构资质等。

可视

品牌可以通过具有设计感的图片、动态影像或视频素材，加强产品内容的可视化。视觉是人最主要的信息获取感官。在注意力稀缺的时代，良好的可视化产品内容对提升产品注意力、产品转化效率起着决定性作用。具体可通过3种途径实现可视化：

- 有价值的产品静态图片。产品包装设计、产品图片拍摄方式、模特、产品典型场景、产品质地等都可以产生有价值的产品静态图片。例如，蕉内极其具有辨识度的模特图像有效地提升了品牌价值，使用户留下了深刻的第一印象。要特别注意小红书语境偏好，即凸显用户优越的生活方式与独特的个性化选择。
- 新奇特的产品动态演示。开箱演示、产品互动与使用演示、产品效果演示、与竞品对比演示、借助道具的演示，都能产生新奇特的产品动态演示效果。要特别注意抖音语境偏好：产品的价值感，新奇特的表现方式。另外，B站上动画效果的产品演示也能得到用户喜爱。
- 强信任背书的可视化素材。头部达人、明星、专家、权威机构、专业机构、工厂与实验室细节等，都是强信任背书的可视化素材来源。

可感

近年来，很多人脑认知科学研究证明，人的知识需要借助五感的综合作用，尤其是触觉、嗅觉。基于五感的具身体验有助于强化学习，塑造长期的认知。通过为产品塑造可感的体验，可以强化用户的复购认知，从而达到产品内容化的长期效果。可感主要包括：

- 功能感，主要指强化、引导产品的特定功效与功能体验，便于用户后期创作有利的产品评价。
- 使用感，主要指增进与产品的互动，如使用仪式，强化产品质地、触感等综合感受，提升用户使用产品时对产品的综合满意度等，促进用户与产品的互动。
- 体验感，包括产品本身的开启方式、使用仪式、质地，以及客服、物流等。这些都是用户极关注的产品体验点与内容创作激发点。
- 场景感，包括典型使用场景、直播场景、礼品场景等。很多商品都会锁定情人节、"520"、七夕等送礼节点，有效扩大目标人群。

可传

可传意味着产品内容易于传播、巧于传播、符合传播规律。同时，还要契合平台传播特质，例如在小红书上要设置好关键词，在微博上要营造话题，在公众号上要制造热点，在B站上要造梗，在抖音上则要制造爆点。以下4个方面都有助于实现可传：

- 产品名称要易懂、易读、有特点，并易传播。
- 产品故事最好有冲突性与戏剧性，让产品自带故事性。
- 产品背书，通过代言人、明星使用者、典型用户、达人、研发专家、设计师等相关要素制造背书。
- 自带话题，如通过联名合作、广告效应、热点关联、突出的包装设计等产生社交话题。

由此可以想见，如果契合内容营销的超级单品，搭载可查、可视、可知、可感、可传属性，同时符合长期发展趋势，就有极大的可能成为用户长期选择的心智品类。

超级单品的3大关键特征

从建立单品认知到建立在某一品类的聚焦认知，再到形成用户心智，是塑造新锐品牌的路径。超级单品作为新锐品牌赢得心智品类的重要抓手，是品牌与用户之间最核心的联结。品牌要想借助超级单品逐渐构建起品牌的心智壁垒，促成用户对品牌价值的长期认可，就必须明确超级单品的3大关键特征。

第一，从产品的底层逻辑层面来看，超级单品是基于趋势性大品类及长期核心人群的集体共识而塑造出来的。

超级单品背后的核心力量不是短期流量机会，而是用户长期的、广泛的价值需求。超级单品的塑造既不是短期的流量机会捕捉，也不是所谓的追求一时新鲜的品类创新。新锐品牌的典型捷径就是为细分而细分，成为细分领域的冠军就代表区别于市场竞品的创新，反正总能找到一个细分领域并占据第一。这就陷入了一个无限细分的怪圈中，而这带来的直接结果就是品牌的利基人群变小，生意规模的天花板非常明显。所以，我们必须明确一个前提，一个产品要想成为具有大用户基础的超级单品，关键不是进入一个凭空臆想的"创新品类"，而是进入有长期认知和广大消费群体基础的品类。做大生意，就必定要扎根大品类，覆盖大人群，解决高需求。

"眼睛不向下，看不见大市场。"一个产品想要成为超级单品，首先需要回答的是关于"核心品类"及"赛道选择"的问题。

大品类必定源自目标大人群的高需求，这些需求也有两大特点：一方面，这些需求早已存在于消费者原有的认知中，比如"吃得好""用得好"等需求并非在相应产品诞生后被凭空捏造出来的；另一方面，大品类目标人群的需求反应的是他们的集体共识，而非个体的想法，只有主体性的消费人群形成有强烈共性的需求，才能产生强大的市场能动性，从而被品牌深刻洞察和把握。

第二，从产品的市场表现层面来看，流量逻辑带来短期爆发，超级单品延续后劲拉力依靠"留量"思维。

注意（Attention）、兴趣（Interest）、欲望（Desire）、行动（Action）构成了西方经典的营销法则——AIDA法则，这是如今广为人知的品牌种草行为的底层逻辑。"种草—蓄势—收割—爆单"，借助"双微一抖、一快一书、一直播"，这一套操作下来，一个品牌的爆品就能声名鹊起。网络上曾经流行一个新消费品牌崛起营销的"三板斧"：①邀请关键意见消费者在小红书发布5 000篇测评；②在知乎发布2 000个问答；③邀请超级头部主播以及抖音中腰部主播推广。完成这一套操作后，一个新品牌基本就有了雏形。

后来，这个三板斧发生了变化：①在小红书上发布20 000篇笔记；②在抖音上发布8 000个视频；③在B站上发布3 000个视频；④在知乎上发布1 500个问答；⑤找超级头部主播直播带货，拍有品质的视频放在得物上，花钱将产品推到天猫单品前10名的位置。做完这些事情后，一个品牌就诞生了。

如果去审视如今消费品领域近3～5年快速崛起的品牌，这样的营销逻辑似乎普遍适用。但这是典型的错误归因，将品牌成功归因于表象特征，而非真正的本质。

先不说如此庞大的营销素材所需的人力、物质资源及资金，一个明显的漏洞是，这套逻辑只谈论了如何"花钱"，却避开了"钱生出来多少钱"的赚钱问题，很容易陷入所谓的"完美日记陷阱"：短期内商品交易总额极致拉升，却无法摊平居高不下的流量及营销费用，无法扭亏为盈，同时面临流量后劲乏力的风险。

这是一场流量的内卷。随着流量成本的不断高涨、平台红利的逐渐消亡、用户心智更加成熟，这套方法已经逐渐失效。这背后折射出的是流量逻辑下新阶段的两种表现。

第一种表现是，在经历数字化营销的前期爆发后，消费者历经各类营销手段的洗礼，在信息量爆炸的当下，他们有限的注意力已经不够层出不穷的新品牌来分割了。特别是如今品牌的特色愈加趋同、品牌的种草形式千篇一律、信息杂质越来越多，令消费者出现了"反种草"的克制心理，这在无形中拉高了通过种草来影响消费者心智的成本及门槛。

第二种表现是，无论何种数字化营销手段，都已经不再是某些品牌的专项护城河，流量打法已经成为每个具备数字化意识和能力的品牌的底层能力要求，或者说是标配。这也意味着在整个数字化营销影响下，电商的发展由增长期进入成熟期，流量红利时代正在走向终结。品牌从认知到能力都需要与时俱进，品牌间的竞争也必须从抢流量转变为抢"留量"的复利竞争。

品牌需要将目光聚焦回超级单品应该被赋予的溢价和它带来的长期复购能力。爆品带来的是一次性的拉新增长，而超级单品沉淀的是围绕心智品类建立的品牌资产、品牌势能、用户口碑等。

流量逻辑解决的是精准的"货找人"问题，而不是如何成为消费者下意识的选择这一问题。而"留量"通达的是消费者有需求时条件反射式的"人找货"。正如分众传媒董事长江南春所说："流量解决的问题是买它、买它、低价买它，但品牌要解决的问题是爱它、爱它、为什么爱它，没有爱的买很难持久，消费品的终极战略是品牌战略。"

如果将品牌建设与品牌资产沉淀形容为"存钱"，那么过去的传统大媒体营销与如今的内容营销，都可以理解成"取钱"的过程。品牌"存的钱"越多，"取到的钱"才会越多。

所以从长期主义的角度看，心智方面的长期成本很低，而流量方面的长期成本很高，这是超级单品与爆品之间的天壤之别。

第三，从产品生命周期层面来看，超级单品是心智锚，能赋予品牌跨越周期的能力。

超级单品并不是数字化时代的独特产物，它只是在当下展现出更显性的价值。当下的无尺码内衣之于ubras、气泡水之于元气森林与上一时代的去火凉茶之于王老吉、椰汁饮料之于椰树集团，从本质上来说是相似的。它们都已经在消费者心中扎下一个心智锚，锚定了自己在特定品类中的专属位置。

就像在搜索领域，国外的习惯动作是"谷歌一下"，在中国则是"百度一下"。这背后的含义不仅是两个具有符号学意义的词组这么简单，而是更深层的心理锚定效应。从消费品的角度来看，这是企业经营的至高境界——产品能够深入生活。

超级单品赋能的超级品牌具有极其强大的跨越周期能力，因为超级单品是顺应时代与市场趋势的迭代升级版产品，能深度、持续地锚定用户心智。

全球高端美容化妆品巨头雅诗兰黛旗下的"小棕瓶"就完美诠释了这一论断。小棕瓶是精华类目中的超级单品，自1982年诞生以来，历经7次升级。自1946年创立以来，雅诗兰黛从只经营单一品牌成长为包含雅诗兰黛、海蓝之谜、倩碧等品牌以及知名护肤、彩妆、香水等类目的企业集团，但小棕瓶依然是该品牌最能打的单品之一。

每一名普通消费者提及雅诗兰黛时可能最先想到的都是小棕瓶。这就是成为超级单品的跨越周期、持续锚定用户心智的力量。新消费浪潮来势迅猛，许多有着成为超级单品能力和潜质的产品也随之诞生，相信时间能够检验它们真正的底色。

借助超级单品，4步成就品类第一

超级单品要想成为心智品类，第一个需要跨越的坎就是如何成为所在市场的品类领先者，即成为品类第一。没有成为品类第一的单品难以代言品类，也难以长期占据用户心智。

品牌在明确了可以通过打造超级单品来实现品类主导、成为用户心智之选这一核心路径后，需要进一步从运营思维的角度来分析应该如何凭借超级单品最高效地赢得品类第一，实现赛道卡位。归结而言，成为第一的品类之战主要有以下四步：看得准、拿得下、买得到和守得住。

第一步，看得准

所谓"看得准"，即品牌在核心单品与核心品类的赛道选择，对市场机会的把握、竞品流量的分析、自品定价的决断、产品卖点的策划与测试等方面，都要有精准的判断和不懈坚持。

看得准是品牌在战略准备阶段的关键，这一阶段的核心任务是围绕超级单品进行选品、打品和测品。选品主要基于两点：一是产品要满足用户的长期需求；二是产品概念要真正结合市场热点，并形成可视、可感、可知、可查、可传的内容化属性，以便于后续的产品传播和用户沟通。打品，要重点围绕品牌在分析对比产品的竞品后所制定的产品定价、毛利控制以及供应链准备计划。测品的重点是测试出产品相较于市场平均水平的转化率，并关注产品在出货、快递、开箱等整个体验流程中的用户反馈。

如今为人们所熟知的半亩花田，就是一个在品类选择上看得准的代表。半亩花田创立于2010年，蛰伏8年，直到2018年才在小红书平台走红。2019年，它又通过在抖音高频率地投放红人推广视频，以及信息流的加持，而火遍全网。2019年其业绩同比增长了5倍，跻身10亿级品牌的行列。

半亩花田最核心的增长要素来自对核心目标大人群——小镇青年群体的需求的深度洞察。虽然半亩花田的实际购买群体主要是18～24岁的年轻人群，但销售转化率最高的却是25～34岁的群体，占比超过50%。对这一年龄段的下沉市场用户来说，清洁类目的产品是最主要的需求。

但是，半亩花田并没有从一开始就切入洗发水、沐浴露等老牌清洁类目，而是把原本属于小众商品的磨砂膏、除螨皂等慢慢推成用户的大需求，从而打造出能够满足用户大需求的商品。这是因为半亩花田在发展早期就洞察到，虽然洗发水、沐浴露等老牌清洁类目的市场规模足够大，但外资巨头盘踞，而对磨砂膏这类细分产品，巨头较少关注，更好突围。要知道，半亩花田在2015年推出磨砂膏时，市场反应其实不太好，一天才卖十几单，一个月才卖三四百单，但半亩花田并没有"三心二意"，而是专注于这个品类核心战场。

消费者对这一品类的需求是明确的，在当时的市场中，可供用户选择的身体护理类产品并不多，肥皂、沐浴露等基础护理类产品还占据着主导地位。但部分用户对精致身体洗沐与护理的需求已经觉醒，对身体护理类产品的香型、功效、趣味性也有了新的要求。单从去角质这一功能需求来说，当时的中国市场中只有搓泥浴宝和浴盐这类使用起来较麻烦、效果也并不显著的产品，远远不能满足用户需求。

因此，半亩花田坚定地以磨砂膏为切入点，逐步将用户需求明显升级但巨头关注度较低的身体洗沐与护理板块延展丰满，陆续推出身体乳、除螨皂、去角质慕斯等产品，而这些产品在2019—2020年创造了月销量"30万+""40万+"乃至"60万+"的超高成绩。

这些成功的背后，是半亩花田对身体护理类目赛道的精准把握和坚定看好。大数据对这一论断给予了有力的支持：第一财经商业数据中心的调研数据显示，身体护理类产品的销量自2017年第三季度起高速增长，至2018年相应销售额已超过79亿元，这个数据暗合了半亩花田的起势阶段。

更值得注意的是，站在风口上的半亩花田不只是踩中了风口，它还精准地满足了风口人群——小镇青年的需求，这一点在打品层面的定价上体现得尤为明显。毫无疑问，对这一风口人群来说，"平价实惠"是一个非常重要的购买影响指标。在2020年半亩花田的一份店铺销量排行榜上，排名靠前的产品价格几乎全部低于100元，几大主要爆品的价格更是在69元以下。合适的价格，以及对用户需求的精准满足，让半亩花田销量排名前10的单品的业绩占到了全店的90%以上，其中排名前5的单品就贡献了全店70%以上的业绩。

匹配人群需求与目标单品依靠的是高频结合精准匹配的测试运营。以半亩花田除螨皂在抖音平台的测试为例：半亩花田推出这一单品时曾与时尚博主合作。半亩花田看重的是，这位博主曾是一名产品经理，他所发布的内容既能抓住产品特色，又能抓住消费者痛点。2019年3月，借助这种垂类

KOL，半亩花田除螨皂的投资回报率非常可观，再加上对其他美妆垂类KOL和信息流的投放，月销量为60万笔左右。

半亩花田每天都会测试上百个视频素材，每月的计划是发布500条左右素材。通过海量的素材测试，半亩花田找到了自己的营销方法，并受到众多品牌的高度认同：要想实现更好的效果转化，精准美妆垂类红人是优先选择；而进入扩大品牌影响力和声量的阶段后，补充扩展时尚类、剧情类等泛娱乐号是必不可少的，要形成"垂类红人＋泛娱乐达人＋素人"的营销矩阵。

看得准需要我们抛弃完美思维。在商品选品与测试阶段，要能接受不完美的产品。这并不是说应该生产劣品，而是说，我们可能需要在通过不完美产品快速进入市场和通过"完美"产品缓慢进入市场之间做出选择。快速进入市场可以尽快获得改良产品所需的反馈，但我们根据自己的直觉选择的产品，没有根据真实的用户反应和数据精心改良，很可能达不到目标，必须进行很大程度的更新换代。

理想情况是遵循环环紧扣的OODA循环[①]。速度的确很重要，而且尽早推出产品可以更快进行优质的产品迭代。通过不断测试调整，而非过于依赖经验判断，才是看得准的真正要义。

第二步，拿得下

所谓"拿得下"，是指超级单品必须以成为品类第一为核心目标。这是战略制定与实施阶段的关键。新锐品牌要想在数字化的大环境下做好站内外流量的拆解分配，就要在站外将强资源的点状击穿与饱和性的面式攻击相结

[①] 这原是一个军事理论，后来也在商业中广泛应用于决策制定和行动执行，主要包含观察（Observe）、定位（Orient）、决策（Decide）、行动（Act）四个维度。

合，在站内则应在做好流量的承接与转化的同时，必争成为超级单品的核心搜索词、长尾大词等的第一。运用站内外相配合的打法尽可能在各个平台获得更多的免费流量，是战略制定与实施阶段的核心任务。

在这一阶段，特别需要注意的是，在一定的周期内，必须投入充足的资金。因为一个产品的正常复购周期为 60～90 天，在这个时期要通过充足的资金与资源投入，反复触达消费者购买的几个关键时刻，令消费者形成持续的购买习惯。

东方芳疗护肤品牌逐本，是拿得下的代表品牌。2021 年天猫 "99 大促"，逐本的销量在天猫卸妆油类目大促活动 7 次蝉联第一名。但在 3 年前，逐本还面临着产品上市遇冷的困境。

逐本从 "酒香也怕巷子深" 到拿下天猫、抖音等多平台卸妆类目第一，除了极致打磨的产品，更关键之处在于，逐本在顶流红人带来的机遇之后，果断重仓直播+分销，并通过抖音、小红书、B 站等多个内容平台布局内容，以极致单品击穿卸妆市场的用户心智。

在选定卸妆赛道后，逐本洞察到 60% 以上的中国人有皮肤敏感问题，于是其第一款卸妆油产品就专门针对干敏肌，开发出 "温和卸妆、不伤皮脂膜" 的功效。逐本在美丽修行 App 上做的 100 人规模的产品内测中，干敏肌人群的好评率达 94%。但产品上线时并没有预期的火爆，转折点在 2018 年 10 月，某超级头部主播选中了逐本卸妆油，并创下了日后广为流传的销售纪录——1 分钟卖出 5 万瓶卸妆油。

逐本从中捕捉到了直播和分销的机会，并开始重仓布局。2019 年，逐本旗舰店在天猫正式上线，拓宽了淘系分销渠道。在这个过程中，逐步开始大量直播，并且创始人亲自为分销商和 KOL 做直播培训，从量和质上取胜，全网铺开销售。

逐本还通过头部 KOL 集中推广，覆盖抖音、小红书、B 站等多个内容平台和社交平台，且开始品牌自身的内容建设，比如通过品牌宣传片传播品牌的态度。这些举措逐渐让逐本成为消费者在卸妆油产品上的首选。

第三步，买得到

所谓"买得到"，是指在超级单品爆发后，持续围绕核心焦点人群做深度商品运营，提升自身与消费者的需求关联、品类关联、连带关联等，同时匹配消费者的多渠道购物行为，形成覆盖线上公域、品牌私域、线下适配渠道的全渠道 O2O 融合发展，达到品牌"多点陈列"、消费者"随处可买"的购买体验。这是品牌通过超级单品进一步增效的阶段。

过去三年以直播为代表的兴趣电商崛起，通过一个个特色鲜明的达人与网红，品牌联结了更多消费者，丰富的内容创作也极大地扩展了品牌资产与使用场景。达人店铺如同新时代的买手店，不仅让更多消费者买得到，也为消费者提供了更多差异化选择，是品牌线上增长的全新阵地。

在过去几年，线下零售因为没有拥有明确目的的自然客流而严重分流，线上零售则转换为有数据回流的精准客流、精准的"货找人"，能围绕目标人群开展兴趣和产品方面的深度运营，因而兴盛壮大。不过，线下零售业态中也逐渐诞生一批基于消费者兴趣以及可回流数据的新零售产物。可以说，线下零售复兴将带来新锐品牌成长的重要机会。零售的终局仍会是线上线下一盘棋，企业必须具备能够在全渠道运营的能力——这也是品牌增长的核心与基础能力，并围绕每一个渠道精细化运营，价格体系的搭建、私域资产的运营、不同渠道的产品区隔都需要全新的管理。

元气森林是"买得到"的典型案例。元气森林以苏打气泡水为切入点，打开了中国年轻消费群体的钱包。但这并不是元气森林的终点，因为饮料作为受众面最广泛的消费品之一，需要在最大的电商平台、一线城市的便利店以及四五线城市的街头巷尾都能让消费者买得到。"城市包围农村"，才能真正与可口可乐、农夫山泉等行业巨头对垒，成为国民级的品牌，并从一二线市场的年轻人群受众向更庞大的群体扩展。

元气森林于2018年正式推出苏打气泡水这款产品后，率先选择的销售渠道其实是线下，即高度契合年轻人的消费习惯和需求的便利店。那时也正是连锁便利店跑马圈地的黄金时期，元气森林首先进入了如全家、罗森、便利蜂、盒马这类连锁便利店或超市。根据公开数据，2022年元气森林的经销商数量增至1 000家以上，线下终端数量突破100万个，覆盖全国800多个县及城市。

同时，元气森林也开启了一场争夺线下小店与冰柜空间的"战争"，因为它有一半的销售渠道都在线下，除了大型商超和便利店还包括小型连锁商店、杂货铺等。对饮品来说，线下小店的空间才是见真章的战场，只有在有限的区域内得到足够的展示空间才有可能实现更大的销量。更重要的是，如今的线下小店也正在经历技术改造，品牌能够依靠"智能冰柜"在这些小店中完成数据的采集、监测与回流。

2022年5月，元气森林发布智能柜新品"M1智能柜"，并在全国20多个城市累计投放2 000多台。元气森林官方透露，智能柜业务已经在2023年9月实现盈利。只有在线下小店都能买得到，那么元气森林才能真正算得上气泡水的心智品类。

第四步，守得住

所谓"守得住"，是指超级单品实现了由心智品类向品牌心智的进阶，需要持续的传播投入，以维系品类第一的地位，助力品牌成为超级品牌。在这个过程中，通过聚焦原点人群持续运营，形成品牌关联，使超级单品进阶为品牌性商品，能拉动品牌增长、传递品牌价值、推动品牌渗透，促进复购与连带，这是品牌战略升级阶段的关键一跃。

以 ubras 为例。抢占无尺码的心智品类后，ubras 面临的是这一细分市场中越来越多的竞争者。比如，蕉内、内外、歌瑞尔、都市丽人、曼妮芬、蕨一等品牌也都纷纷推出了无尺码内衣。

当所有目光都聚焦于无尺码内衣时，ubras 要思考如何守住品牌心智。因此在 2021 年，ubras 从无尺码内衣再进化，提出了"新舒适关系"这一品牌核心概念。"新舒适内衣"才是 ubras 的超级品牌定位，这个定位是以"身体与衣物的舒适关系"和"新时代女性所追求的舒适关系"为思考原点所提出的。

ubras 通过打造小凉风、肌底衣等超级单品，以及相应的系列营销活动，来传达"找到与自己、他人、社会相处得更舒适"之道。ubras 以实践证明，品类可被进攻，用户情感联系心智不可夺。

持续占领心智品类的 4 个营销阶段

品牌通过超级单品拿下品类第一后，还需持续占领心智品类，继而带动品牌增长。这一过程看似复杂，但其实具体操作方法十分明确。品牌能不能增长，单品到底能不能成为超级单品，最核心的因素便是用户愿不愿意买单。

当某一品牌能够通过产品为用户提供愉悦、满意的体验时，就会促使他们产生第一次购买行为并给予短期的肯定。当某一品牌的产品能够持续地令用户产生兴奋的情绪共鸣，并锚定用户心智时，就能逐渐带来更长远的价值，最终实现品牌短期销售与用户长期价值的统一。

在产品即内容、内容即传播的数字化革新时代，品牌需要建立基于数据的产品、内容、运营一体化的新型营销组织，来应对这场争夺用户注意力的残酷战争。如今的营销已经不再如过往一般通过中心化、集中式轰炸就能锁定用户心智，而是需要重塑整个传播过程。品牌需要通过更多的载体与方式来传播信息，并创造出更具感官吸引力与新鲜感的内容，让用户不断产生被取悦、满足、激励的心流。

持续成为心智品类的营销可以分为 4 个阶段。

第一阶段，击穿心智

这个阶段指的是击穿用户的既有心智，促成首次购买；营销重点是利用好内容营销，特别是将基于搜索逻辑的关键词埋入用户心智，促成用户的首次购买。击穿用户心智有两种方法，一种是利用同类；另一种是利用有效的内容营销，并且要找到强势的媒体进行营销。创立于 2015 年、深耕大杯文胸的奶糖派，在第一阶段的营销方式就非常具有借鉴性。

内衣品类是线上近年来增长快速的朝阳赛道，而大胸内衣是其中较小众的细分品类。这一小众群体的痛点十分明确：一是她们在内衣方面的自我认知不够准确，经常需耐受罩杯不合适的文胸；二是虽有品牌生产、销售大杯文胸，但都是偏单品型或者品类补充型，没有真正专业的和专注于解决C～K罩杯大胸女性需求的品牌。

奶糖派正是在这样的背景下诞生的。据公开数据，在经过5年的运营后，其销售额突破了1亿元，并在2020年的"双11"成为天猫平台上大杯文胸销量最高的品牌，也成为许多用户心中大杯文胸的第一选择。那么，奶糖派在品牌发展初期是如何运营用户，完成高效率的内容触达的呢？

首先，对于用户运营，以利他心理触达第一批种子用户。奶糖派与大胸女性用户的联结始于品牌创立之前。早在2013年，奶糖派联合创始人阿璞就建立了大杯文胸受众的QQ群，通过运营社群积累了很多有效经验。2015年年底，奶糖派经营着数十个QQ群，每个群里大约有200名用户。要知道，在微信发展的早期阶段，QQ群是聚集特定圈层用户的主要场所。

2015年品牌成立之初，奶糖派还在豆瓣建立了"大杯文胸"小组，有近3万名组员，这个小组的话题主要是"内衣尺码不准""大杯文胸不好买"等。随着女性"悦己"需求的提升，她们表达自我的诉求更为强烈，这些问题的提出迅速吸引了一批有这些困扰的女性。

2016年初，奶糖派开始在自媒体上与用户互动，它当时的微信公众号打开率最高可以达到20%。2013—2016年是豆瓣、知乎、微信公众号这类深度内容平台发展的黄金时期，需要知识普及的大胸女性群体在这类平台上获得了更有宽度和深度的需求信息。

从QQ群到豆瓣小组、微信公众号，在获取目标用户层面，奶糖派找到了最能聚集用户的主流平台，在初创阶段就积蓄了较大的用户势能。

其次，在专业塑造方面，做帮助大胸女性实现穿内衣自由的"科学派"。品牌营销的最终目的是让目标用户相信自己。这份信任不可能来自玄学与忽悠，而必须依靠科学与专业。做内衣界的科学派是奶糖派另一位创始人大白曾多次在公开场合表达的观点，因为奶糖派要做的不仅是普及相关知识，更是解决实际问题，只有这样才能真正促使用户完成从认知到首次购买的闭环。在专业性上，奶糖派做了几个大的创新：

- 创立7维数据测量法，通过松量和紧量，以及直立、弯腰45度和弯腰90度，来精准测量用户的胸围。
- 开发分胸型、分场景的产品。
- 通过光影原理，而非物理挤压的方式实现"大胸显小"。
- 运用三角平衡支撑和特殊剪裁，让内衣的罩杯最大升级至K。

正是这些创新，让奶糖派能完整提供罩杯从C到K的54个尺码、49个大胸专属杯型的一站式内衣解决方案，重新定义用户心中的大杯文胸。

第二阶段，放大声量

这个阶段指的是契合平台规则，利用营销节点，成为单平台品类第一；营销重点是，利用好KOL、节点大促以及站内外的营销。这一阶段的典型案例是，2020年纽西之谜通过在抖音平台的深度运营，打造出月销量百万级的超级单品。

2020年，纽西之谜的一款明星产品——水凝清润隔离霜在天猫、淘宝上的月销量已经稳定在50万瓶以上。纽西之谜又用了仅4个月的时间将另一款单品睡眠面膜——温泉水乍弹面膜在天猫平台上的月销量提高到100万盒，这款产品成了全网渠道面膜品类的销量冠军，以及当年天猫上第一个实现月销量百万级的超级单品。

一次成功很可能被认为是时运的原因，能够推出数款超级单品则意味着一个品牌已经找到了高效且可复制的方法。深入研究纽西之谜后可以发现，其成功秘诀就在于：借助抖音的顶级站外流量，通过淘宝站内、全网分销、线下爆破的三级运营模式放大声量，实现以付费流换免费量，并最终突破平台流量极限。

从更深层的战略层面来看，纽西之谜超级单品的成功源于产品、内容、运营的一体化协同作用，这再次印证了 C-PRO-B 增长飞轮的价值，特别是在产品内容化和内容商业化层面。

在产品内容化层面，纽西之谜选择的大单品是以抖音目标用户广泛接受的商品为中心的，突出产品的可视化卖点，并找了有竞争力的成长型品类。

无论是隔离霜还是睡眠面膜，均是近几年上升趋势较明显的品类。纽西之谜在打造隔离霜时加入了打造护肤品的思维，更重视产品的护肤养肤效果，这使目标人群够大的同时也回避了与彩妆巨头的正面竞争。在打造温泉水乍弹面膜时，纽西之谜从产品昵称到温泉水原料、产品视觉方面来强调产品的清透水润感，打破了用户对这类产品肤感厚重、黏腻的印象。同时，两款产品的共性卖点是"出水"。"一抹出水"在抖音短视频中具备可演示性，是非常典型的可视化卖点。当时纽西之谜的超级单品转化率在 10%～20%，与此不无关系。

在内容商业化层面，精细化运营内容是纽西之谜能够渗透用户的原因之一，它将抖音流量运用到了极致，成为打造天猫超级单品的"核武器"，撬动了产品的整体销量这一超级大杠杆。

纽西之谜隔离霜的爆红要追溯到 2019 年 11 月，那时纽西之谜正在抖音上大规模投放信息流。当时，抖音就是天猫超级单品的超级大杠杆，是高增长目标用户最集中、最商业化且开放程度最高的用户沟通与触达平台，它在这些方面的作用全网没有第二个平台可以比拟。

纽西之谜是那时美妆领域抖音投放量和转化率第一的品牌。纽西之谜在抖音上的操作路径是：精选达人种草 + 内容精细化投放 + 超级头部资源爆发 + "抖 +"、信息流放大 + 抖音直播收割。归结而言，纽西之谜在抖音上做到了内容精细化投放，从而实现营销效果最大化。其中，要注意掌握 3 大要素。

要素 1，创作、投放、优化素材的一体化内容运营能力。一方面，纽西之谜与当时许多顶级网红所在的无忧传媒合作，以获得更好的内容；另一方面，在达人选择以及达人内容的制作与把控上，均投入自有人力进行强控，真正做到一体化。

要素 2，利用超级头部资源爆发，实现品效合一。当时，纽西之谜对头部资源的选择一直是一大亮点，从与多位明星、网红的深度合作以及在全网实行"明星推荐官"策略就能看出，用好头部资源，不仅是品效合一的关键，还对提高投资回报率起到决定性作用。

纽西之谜与某超级头部主播的合作就是一个典范，纽西之谜在某直播间带货量从第一次的 2 000 瓶，到 1 万瓶、2 万瓶、3 万瓶……最终到卖出 13 万瓶。同时，"超级头部主播推荐"成了全网其他素材推广中的重要话术。

要素 3，用海量的素材计划与每天优化 0.1 的决心实现内容的持续优化。高峰时期，纽西之谜的计划是每天投放超过 200 条信息流，从中拆解每条计划中的优质要素,并进行调整,运用到下一次的内容中,周而复始,从而实现持续的内容优化。这就是纽西之谜每天优化 0.1 的策略。

第三阶段,强势出圈

这个阶段的目标是影响关键用户与利益相关者,成为全市场品类第一;营销重点是,利用代言人、话题营销、焦点人群营销,塑造品牌的商业价值。出圈是一个使产品影响力从精准人群外扩到大众消费人群的过程,品牌需通过不同形式的营销争取更多用户,拓展品牌边界。全网刷屏级的新营养品牌万益蓝(Wonderlab),算得上近年在出圈层面极具代表性的案例。

万益蓝定位为营养代餐品牌,成立当年(2019 年)就拿下 6 000 万元的销售业绩,成为当年天猫平台上最受女性欢迎的瓶装代餐奶昔品牌。万益蓝在这一阶段的成功,主要得益于 3 点。

一是将目标受众精准定位为"90 后"精致爱美女性,上升细分赛道。代餐品类是一个相对细分、增速明显、可见市场广阔,且没有绝对巨头的赛道。

万益蓝创立的阶段,国内代餐市场的消费金额和消费人数均呈高速增长的趋势,同时这个市场里还没产生锁定用户第一心智的绝对品牌。与此同时,新一代的年轻女性消费者已经逐渐成长起来,她们大多过着"懒系"的生活,既想要健康、变美,同时又不想特别辛苦地健身。因此,代餐就成了一个既能代替日常吃饭,又能健康减肥的绝佳方案。

二是基于用户痛点需求完成品类的革新升级。传统代餐产品的包装多为袋装、大桶装,而这些包装均不够便捷,限制了产品的使用场景。而万益蓝非常创新地将代餐零食化,色彩鲜明、造型可爱的"小胖瓶"包装以及抓住用户"奶茶刚需"的奶茶口味代餐奶昔,使用户的饱腹体验升级,直接拉开其产品与传统代餐的差距。

三是开展饱和式的全域社交营销,完成品类精准人群渗透。基于追求新颖时尚且想要减肥变美的年轻女性消费者画像,万益蓝走的是在她们聚集的社交平台上突围的路线,打造了微信+微博+抖音+小红书+直播的"无处躲藏式"全域社交营销模式。头部拉动+中腰部造势铺垫+尾底部口碑发酵+平台话题炒热,在短期内配合电商节点进行爆发性、地毯式的覆盖,能够快速地将一款产品的热度推至高点。

以万益蓝与喜茶的联名款为例,这款产品于2020年4月上线了某超级头部主播的直播间后,4万套礼盒被抢购一空,后续每1~3天安排百万量级主播直播带货,并联合抖音及小红书上的KOL发布推广内容,这一系列动作让这款礼盒上线天猫旗舰店不到15天,就达到了"10万+"销量。

万益蓝通过上升的赛道选择+优质差异的产品+出色的社交营销,打造了一个教科书式的新消费品增长指南,完成极致拉新,并向目标用户贩卖了一个为完美体态付出努力的精致女性人设,拥有极高的社交溢价。

完成了从0到1阶段的增长后,万益蓝的营销策略自2020年起进入了由捕捉精准人群扩展至触达更广泛的大众人群,由精准营销的效果广告投放扩展至更具品牌性的广告策略,以扩大品牌认知,带动更多用户自发购买,增强品牌价值。

万益蓝在这一阶段的出圈方式,还包括签约多位年轻流量明星作为代言人与推广人,推出与超级猩猩、喜茶等新潮品牌的联名产品,以及特别值得一提的微信朋友圈"野性"广告等。在微信朋友圈投放广告,是精准社交媒体营销的常用方式之一，但万益蓝是极少数连没买过奶昔代餐产品的人都非常熟知的品牌。

并且，万益蓝是少有的因为被用户"嘲讽"而出圈的品牌。2020年，因为万益蓝不断地扩大触达的人群范畴，所以在微信朋友圈出现的频率极高。当出现频率过高时，热衷分享的年轻一代之间便开始了与之相关的互动，将朋友圈广告玩成了贴吧"盖楼接龙"，创造了许多令人印象深刻的"梗"，如"要不是万益蓝广告，我都发现不了朋友圈还有那么多活人""5年前喝的，现在还饱"等。

万益蓝团队在2020年接受界面新闻采访时曾提到，他们对这部分人之间的互动进行语义分析后发现，有约86%的人都是在调侃，有约10%的是万益蓝的受众，而剩下3%~4%的人是在纯吐槽。当大家都在讨论这样高频率的打扰式广告是否合理时，其实他们已经在不经意间记住了万益蓝。调侃过后，整个朋友圈都在嘲讽的万益蓝已悄悄月入5 000万元。这就是出圈成为市场全品类第一的力量。

第四阶段，巩固认知

这个阶段是指长期高强度传播，维系用户对品牌第一的认知。这一阶段的营销重点是，利用品牌性广告与事件、会员与私域运营、品牌性内容等，维持用户对品牌第一的认知。

正如前文所说，品牌的价值从来都不是只依靠低价或性价比来体现的，消费者购买的从来也不只是商品或服务本身，还有商品或服务对隐性需求的满足。许多品牌贩卖的都是一个时代的理想人设，青年一代购买的是对自我人设的完善，他们需要的是全新的"装备"。有时，看起来消费者购买的是一个产品的功能，其实购买的是超越基础功能的、对精神需求的满足。当今巨大的数字化变革带来了许多不确定性，使消费者的心理需求远远大于实际的功能需求。

取形园林轩窗、取色略施粉黛、取方以花养妆……或许没有哪个新消费品牌会比花西子更能代表探索东方文化特色的原创品牌了。花西子成立于 2017 年，只用了短短 3 年的时间销售额就突破了 30 亿元，客单价为 100～200 元。在此期间，花西子凭借数款极具辨识度的超级单品，深度绑定超级头部主播，并运用组合型的全域社交营销策略，站在了整个中国彩妆市场的顶端之列。

从 2020 年起，花西子的营销策略就发生了非常明显的变化，它开始更加重视品牌塑造。就像花西子的创始人花满天在接受采访时所说："希望我们塑造的花西子不只是一个消费品牌，更是一个文化品牌，一个有长期主义价值观的文化品牌，既丰富文化内涵，又不断拓展文化外延，形成跨地域、跨代际、跨文化的品牌说服力和凝聚力。"

花西子开始解答一个命题：当"新媒体（'抖快小'）+ 新渠道（社交/直播电商）+ 新产品（极致性价比）= 新品牌"逐渐失效时，到底用什么驱动品牌发展？这个问题的答案是品牌驱动，这个答案几乎被消费品历史上所有成功过的企业都验证过，包括宝洁、欧莱雅、可口可乐和星巴克等大品牌。花西子有很大机会进入这些伟大的名人堂级消费品牌之列，在成为伟大品牌的道路上，它一直利出一孔般在巩固自身东方美学彩妆品牌的形象。

一个好品牌向大众传递的品牌信息要具有长期连续性与统一性，花西子在这一点上的认知和行动是非常到位的。

一是在产品开发的系统连续性方面，花西子完成了从"雕花口红"到

"东方彩妆"的升级。拥有超强电商运营能力的花西子团队，在品牌创立的早期就拥有非常强的爆品思维。在雕花口红爆红之前，花西子还推出过可能已经被很多人淡忘的玉容睡莲 CC 霜、螺黛生花眉笔、百花蜜润口红、桃花轻蜜散粉等带有东方花养元素的测试性爆品。但它们只是一个个独立的爆品，并没有形成有东方文化内涵的用户感知。

随着雕花口红单品的破局，花西子逐渐知道了如何在产品中融入东方文化与审美元素，来表达东方彩妆的独特之处。从百鸟朝凤浮雕彩妆盘，到升级版的同心锁礼盒，再到苗族印象礼盒和傣族印象系列，花西子真正做到了将民族工艺、哲学进行创新、时尚演绎，让优秀的传统文化不再被束之高阁。

二是在用户触达的高频化与统一性方面，以陪伴参与赢得用户的长期认可。一个品牌若想在用户心智中留下深刻与统一的认知，最快速的方式除了巨量频繁的广告轰炸外，还有自身与用户的共创。大部分品牌都明白与用户共创的重要性，但不是所有品牌都会为此投入成本，因为这是一个慢功夫。花西子自 2018 年就开启了用户共创项目，邀请用户成为产品体验官，试用每一款产品并真实反馈使用体验，用 3 年的时间积累了 20 多万名体验官。在这个项目中，品牌方需要筛选大量体验官、寄送大量样品，同时跟进每一名体验官的反馈，并根据反馈反复调试配方、优化产品。

所以，花西子产品的平均开发周期为 1 年零 9 个月，甚至部分项目需要 2～3 年的时间，没有获取市场一致好评的产品不可上市是花西子的"倔强"。由此，花西子的大部分爆品在天猫平台上的评分都是 4.9 分（满分 5 分）。品牌的价值是与用户的共识，拥有共识才能减少用户的决策成本，用户亲自参与研发是品牌与用户达成共识的路径。

三是将品牌东方美学系统资产化，以"返古"形式建立品牌生态文明。

香奈儿创始人可可·香奈儿（Coco Chanel）曾说："潮流易逝，但风格永存。"品牌需要随时代、流行进步，但也需要坚守最宝贵的精神内核。能走得长远的品牌都拥有自己的生态文明。纵观人类文明的发展历史，符号是文明传递和传承的介质，包括文字、声音、图像、影像。当我们沉醉于通过快速的视频形式来传递品牌理念时，也不要忽略了以最原始的符号形式沉淀品牌资产。

东方美学系统就是花西子最重要的资产。在资产的形成与积累上，花西子是极具智慧的。2020—2021年，花西子耗时一年多开发了一套有6 000多字的"花西子字体"。2020年，花西子还联合知名歌手与作词人共创东方之音《花西子》。在品牌代言形象方面，花西子一直坚持用东方佳人式的品牌理想人物形象代言人，并在2021年上线了有着时尚与古典气质、婉约优雅的品牌虚拟形象"花西子"，完成品牌人格化的关键一步。

以上都不是流量型打法，同时，看起来似乎无法在短期内为品牌带来可观的销售数据。但深思一番不难发现，这一切都只具有花西子的基因，无法被剥夺、抄袭，因为这是最"永恒"、立体、具象的，具有超越商品本身的独特价值。

投资者要对企业未来具有前瞻力。对企业来说，有些暂时亏损的项目，长远来看也能取得不错的投资回报。那么，哪些企业是"时间的朋友"？是那些能保持长期结构性竞争优势的公司和行业。不过，对它们来说，高投资回报率只是结果，而赛道和竞争格局、商业模式、护城河才是根本原因。

第 3 章

R，以社交媒体为载体，
以内容营销为特征

在过去集中化的市场中，品牌的营销传播是基于信息垄断，通过广告来带动品牌增长，这是一种强制的"投喂"行为。而在信息平权化的今天，强制性的广告无法再获得与之前相同的传播效果，只有被用户主动需要的信息才是有价值的。

在移动互联网时代，海量信息的暴涨与用户对广告的主动屏蔽，导致商业硬广投放效能减弱，内容营销进而成为品牌与用户沟通的主要营销方式。内容直接创造品牌生意，是数字化营销时代带来的革命性变化。

广告界传奇人物、奥美创始人大卫·奥格威（David Ogilvy）在其著作《奥格威谈广告》（*Ogilvy on Advertising*）中曾谈到，看报纸时，看文章的人大约是看广告的人的 6 倍，编辑比广告人更深谙传播之道。奥格威以"用编辑思维做广告"来优化奥美的广告战略，且取得了惊人成就。从现在的概念来看，这其实就是内容营销。

美国内容营销协会对内容营销的定义是：内容营销是一种通过生产发布有价值的、与目标人群有关联的、持续性的内容来吸引目标人群，改变或强化目标人群的行为，以产生商业转化为目的的营销方式。

第3章　R，以社交媒体为载体，以内容营销为特征

第3章中谈到的超级单品与心智品类，不仅是产品的创新，也是内容链路的创新。通过对用户的深度认知，向市场分发对用户有价值的、有关联的、可持续的内容。品牌要将内容的种子埋在企业与品牌"生长"的每一个环节，从产品到市场，从定位设计到营销转化，通过一系列内容和内容工具，与用户产生精神共振，构筑品牌独特的价值，带动品牌长期增长。

从表面上看，在过去的五六年中，新锐品牌的第一波增长来自社交媒体流量的数浪叠加，微信公众号、小红书、抖音、快手等新的流量平台接连涌现，一个平台衰退，另一个平台接力而涨，而淘宝站外流量红利的助推，让品牌能在淘宝站内实现流量收割。

实际上，从深层次再看，流量只是表层的呈现形式，真正带动新锐品牌增长的是海量的内容供给，极大地激发了用户需求。可以说"无内容不新锐"，内容营销是新锐品牌成长的第一口奶，也是品牌成长的最佳营养。

当下，上述曾带来巨大流量红利的平台已触顶，消费品的"上半场"狂欢已经结束，转而进入"下半场"，中国的电商将进入成熟期，品牌间单纯的流量竞争将转向品牌长期复利的竞争，品牌也将从泛增长转为精细化增长。因此，品牌应该跳出只需要单一的能力、渠道、推广方式的舒适圈，深度培养产品、组织、运营等层面的复利要素。

这一切的基础，是优质的内容。利用算法机制生产、推送与用户目标一致的内容，是市场的催化剂。内容成为新锐品牌展示自我的"新货架"，在"下半场"，没有内容属性、内容建设与内容输出的品牌，将逐渐走向灭亡。以内容为驱动力，回归品牌价值建设的品牌，将获得更长效的发展。

新锐品牌增长的核心，就是借助以社交媒体为载体、以内容营销为特征

的营销资源杠杆。内容营销的本质不是单纯创作内容，而是创作能够商业化的内容，从而实现完整链路的内容商业化。要生产这样的内容，可以从以下7个方面着手。

第一，确定内容营销目标。目标就是方向。确定营销项目的目标方向和预期结果是实施内容营销的前提。有了明确的目标才能合理制定营销项目的落地方案，量化实施过程中的各项KPI，提高项目执行效率。

第二，制定内容营销策略。内容不同于广告，不同达人、不同平台、不同用户特质，需要不同的内容创作与发布。因此，要进行用户的特质分析，结合品牌主张来挖掘产品的显著亮点，针对不同平台、不同达人来制定契合平台打法和达人习惯的内容营销策略。

第三，生产营销创意内容。要生产营销内容，就需要找到营销信息与创作内容之间的平衡点。如果营销信息占比过大，就会引起用户反感；反之，用户很难对营销信息产生体验感知。什么样的内容是好内容？目标用户喜欢的就是好内容。换句话说，打动人、影响人、有价值、有态度、差异化和利他的内容，才能让人产生体验感知。

第四，管理优质内容创作者。品牌需要有很强的内容创意管理能力，并重视内容创作者的管理与关系维护。尤其是头部KOL、网红、达人、主播、UP主，这些内容创作者对内容营销起到至关重要的作用，品牌需要对他们予以重点关注和精心维护。

第五，选择适合的内容营销渠道。无论是品牌曝光还是产品服务推广，都需要在合适的社交平台发布内容，才能精准触达目标客户群体。例如，购物方面有电商平台，娱乐方面有兴趣社交平台，学习方面有知识内容分享平台，图文内容方面有小红书、微博、公众号、知乎，视频内容方面有抖音、快手、视频号、B 站。

第六，内容分发与推广。如果只发布内容却不做推广，就会很难实现有效的营销结果。无论是免费的还是付费的内容分发，都需要让内容有更多曝光、触达更多群体，才能产生价值传递的裂变。影响目标用户心智的内容需要一定范围的推广，才能更有效地持续传播。

第七，评估效果，内容迭代。完成内容投放后，要对结果进行持续的监测和评估，然后基于此对营销方案进行调整和优化，循环往复，不断进行内容迭代。

内容营销是数字化时代下品牌成长的核心策略之一，是品牌与用户建立联结的全新方式。新锐品牌要练就优质内容的创作能力、高效投放的营销能力，加速品牌成长。

"内容营销 = 优质流量 = 品牌长效增长"

内容营销已成为过往新锐品牌最熟悉的必修技能，也是营销预算最高的板块。在内容红利最盛的时期，一度出现"内容营销 = 流量 = 品牌增长"的认知误区。但在新消费品牌不断迸发的今天，作为品牌崛起的核心力量，内容的新定义是什么？内容与流量之间的关系如何？如何才能更有效地将内容传递给用户，以促进品牌增长？这些问题都需要重新审视。

内容流量

中国新消费品市场的变迁，无论是新锐品牌的诞生还是内容营销的兴起，几乎全部可以在发展更快的市场找到源头。中国新锐品牌的崛起，深受海外DTC品牌发展路径的影响，这个观点已经成为共识。

2010年被称为DTC品牌元年，虽然在此之前，中国已经诞生了部分DTC品牌，但2010年才是真正的分水岭，在以眼镜品牌Warby Parker为代表的一大波海外DTC品牌的带动下，国内掀起了DCT品牌的创业狂潮。截至2012年，全球共有400多家DTC创业公司诞生，共融资约30亿美元，欧布斯、卡斯帕（Casper）、Glossier、Harry's等都成为备受消费者追捧的明星品牌。

之所以会集中诞生这么多新锐品牌，核心原因在于它们重塑了品牌和消费者之间的关系，这主要体现在3个方面。

第一，减少中间商。通过官网、虚拟体验终端、线下快闪店等自营电商或自有渠道，直接将商品销售给消费者，使销售效率更高。

第二，以消费者的需求为导向。将消费者的需求作为决策出发点，精准、及时、灵活地满足消费者的需求。

第三，创新营销。Z世代、A世代（指大致在2010年后出生的群体）消费者的新消费模式更重视社交和新型数字媒体营销，以及品牌理念、价值观、消费体验等。海外DTC品牌敏锐地捕捉到这些新一代消费者的需求，利用全新的媒介与沟通方式直面消费者。这种创新性营销的底层，就是符合新时代特色的内容。这也是海外DTC品牌崛起的核心内容。

2010年，媒介环境的变革为内容创造了全新的红利。一是智能应用软件进一步发展。苹果应用商店里的应用软件已从初始的500个，增加到超过

10 万个。二是作为后来 DTC 品牌最重要的内容及流量来源平台的 Facebook，在当年 3 月的访问人数首度超越谷歌。三是 Instagram 正式上线。四是视频平台 YouTube 每日视频的观看量达到 20 亿人次。

这些新社交媒体的集中兴起，带来了巨大的新兴流量。2010 年前后也正是欧美千禧一代逐渐开始掌握消费主权的阶段，他们宣扬个性、热爱表达，有着旺盛的购买欲。

因此，品牌获得新消费人群的认可，创造与他们之间的联结就显得尤为关键，而联结他们的就是内容。

社交媒体时代，基于内容的营销已经完全颠覆了过往的广告。传统媒体时代的主流文化是中心化的精英文化，信息过滤权掌握在少数精英人群与资本巨头的手中，信息的传播模式是单向输出型。当 Facebook 等新社交媒体平台兴起后，信息平权化令人人都成了内容的传播者，信息的传播模式转为多向互动型，此时的信息传播已经不再是以高价获得的话语权。这意味着，品牌想要触达消费者，完成交易转化，就必须以用户需求和用户价值为出发点开展营销，通过用户关联度高、参与度高的内容来与之产生强连接。

信息传播模式的变革，令新生品牌有了凭借低成本、高效率的营销方式挑战甚至颠覆传统行业巨头的巨大可能。例如，当看到以吉列为首的传统剃须品牌的高昂产品售价后，美元剃须俱乐部创始人迈克尔·迪宾（Michael Dubin）亲自主演了一段时长 1 分半的视频，宣传"每月花费 1 美元就能收到高品质的剃须刀"，这条只用 1 天就拍摄完成、仅花费 4 500 美元的视频，在 YouTube 上发布 3 小时后就促成了 1.2 万份订单的意外成绩。2016 年，美元剃须俱乐部以 51% 的市场份额成为美国最大的线上剃须刀品牌。

床垫品牌卡斯帕创始人发现床垫的用户体验糟糕，不仅价格高，而且产品巨大的体型导致退换货十分麻烦。于是，他们开发了可以装在盒子里的床垫，方便运输，让用户的购买体验更好。并且，折箱后，床垫由小变大的过程充满了新奇的仪式感，激发了用户自发的分享欲。就是这样一个创意，令卡斯帕的估值在 2019 年超过 10 亿美元，并于 2020 年在纽约证券交易所上市。

内容不仅仅是信息，内容需要传递的是有价值与启发性、能被主动传播且大众乐意接受的信息。内容要能引发品牌与用户之间的共情、共鸣。新时代的内容，包括传统意义上的硬广，也包括任何能令用户感知到品牌价值的要素，包括品牌名称、品牌标识、产品包装、价值主张、典型用户、KOL、产品详情、用户评价、线下快闪、创始人、品牌公益等一切令品牌与用户实现多向互动的事物和对用户有价值、令用户感兴趣的信息。

内容能真正成为促进价值流动与交换的力量，推动品牌完成持续的价值沟通与认知确立。内容流量已经成为决定品牌短期增长与长期发展的关键流量。**优质的内容，能让产品价值可被感知，让新的观念可传播，是新一代消费者产生消费行为的第一动因，是真正优质的、可持续的流量入口。**因此，内容有着吸引目标用户、培养潜在用户与转化高质量用户三重价值。

一位资深营销人士曾将流量比作水，将内容比作压强，将消费者的消费路径比作管道。只有管道通畅了，水才能流动；只有压强足够了，水才能流向千家万户。这就是内容与流量、内容与销售的关系。

只要从盲目买流量转为通过优质内容产生优质流量，"内容营销 = 优质流量 = 品牌长期增长"这一公式就会成立，有优质内容的流量才是推动增长的引擎。

内容激发

以内容激发流量，新的营销飞轮重构了传统消费品赛道认知中的"人货场"三元素。内容激发的本质是消费者获取信息的方式发生了改变，这种改变源于两方面。

一是"人"与"货"的匹配。这里的"人"指真实的人在虚拟网络中的数字化识别标签，"货"指真实的品牌产品在网络中的购买链接。内容激发表面上是看内容，实际上是看产品概念与内容的匹配，这也是内容营销最大的落脚点。第1章中提到，数据信息将消费者按照基本需求加以集合，形成超级联想，从而构成数字化时代消费者对品牌的全新联想云图。数字化时代，人以群分，消费者的一切行为，包括社交、娱乐、购物、出行等方面，都被数据化、标签化。而产品必须与目标消费者相匹配，成为对消费者而言"有用、有型、有感"的"三有产品"，才具备可被持续购买的核心要素。

品牌内容要为消费者创造功能需求，激发和产品有关的搜索，塑造用户社交价值，拉升品牌再认与社交优势，形成用户黏性与份额优势。因此，产品要具备可视、可查、可知、可感、可传的内容化属性，无论是符合用户实际购买场景语境的口号、产品图片，还是利于社交媒体传播的昵称、小视频等，都是为了使产品在匹配相应标签圈层的用户时，能够形成内容表达。想要实现产品内容化，就必须将内容渗透到企业组织的每一个环节，从科研到产品，再到品牌，甚至企业文化的各个方面，完成产品、内容、运营的一体化变革。

在内容激发过程中，尤其要重视管理内容创作者。实际上，优秀的内容创作者是新锐品牌成功背后的重要助推力量。新版《营销管理》(*Marketing Management*)中指出：网红营销是利用网络流行人物，在其社交媒体上推广产品、服务或品牌。严格来说，网红营销可以被视为基于社交媒体进行宣传与付费代言的混合营销方式。它不仅可以带来直接的销售效果，还可以为品牌提供良好背书。事实上，几乎所有新锐品牌的成长，尤其是在品牌出圈阶段，都利用了达人的影响力来完成品牌的高效渗透。

二是"人"与"货"的匹配必须在场中进行。场即算法，信息的获取与分发都依赖平台的算法。内容背后的产品概念能被算法识别，才是有意义的营销表达。当品牌不懂算法的触点逻辑和标签逻辑时，就无法做好当下时代的营销工作。

"百货业之父"约翰·沃纳梅克（John Wanamaker）说过的一段至理名言被称为广告营销界的"哥德巴赫猜想"："我知道对广告的投资有一半是无用的，但问题是我不知道是哪一半。"

在前数字化营销时代，"广告有一半被浪费"主要是因为，广告触达的是无标签的消费群体与无法追踪的营销行为。如今，内容营销中仍有类似的现象，原因在于"人"与"货"的匹配没有在算法的场景中实现同频共振。因此，当下以及未来的新锐品牌需要掌握各主要营销平台的算法规则，形成与平台算法一致的营销能力。只有与算法匹配的内容，才能实现更高的用户转化率，并真正成为市场的催化剂。

虽然算法使原来基于符号学、传播学意义上的品牌创建和营销趋向基于行为经济学、借助算法逻辑来获得用户选择优势。但是"智能"的算法也逐渐使潜藏的焦虑显现，即算法的逻辑是取悦、投喂用户，这就导致用户和营销人员都缺乏对长期价值的思考。因此，品牌要清晰地认识到算法是把"双刃剑"，并与算法良性共存。为此，品牌可从以下3个方面入手。

一是无论何时都要遵循用户价值至上的原则。在处理算法时，品牌要把用户还原成真正的人，而不是将用户等同于数据库中的一个因子——可以任由算法摆布。算法只是用来更精准地提升用户体验，维护品牌与用户间关系的工具而已。

二是要让品牌信息尽可能方便被算法识别。正如前文所述，如果信息不能被算法识别，不能被标签化，那么在某种意义上信息将是无效的，因为它不可被读取，不可被平台触达，不可分发。

三是尊重算法，但不盲从算法得出的结果。在根据算法决策的过程中，要始终保持人性化的触觉。算法只能用来处理、分析数据，不能决定品牌理念、故事、主张等，这些都需要人文因素和思考。毕竟，能让消费者绕过算法建议和自动化决策直接喊出品牌的名字，才是品牌真正的价值。

内容的主流形式与媒介

内容带动品牌增长，意味着在不同的社交媒体平台投放内容，以获得助推品牌增长的流量。

信息爆炸使用户的注意力具有稀缺性，因此信息的呈现形式需要被重构。著名商业咨询顾问、润米咨询创始人刘润将信息在互联网层面的传播发展分为3个时代：文字时代、图文时代、视频时代。历经文字、（长/短）图文、（长时/短时/实时）视频等不同形式的更迭，特别是随着互联网通信设备跨越式的革命，更具表现空间、更有传播效率的信息承载媒介将更能影响消费决策。这一趋势的背后，是信息密度的递进式革新。

信息密度主要涉及两个层面，一是信息量的承载，二是信息传播的效率。文字的信息密度小，难以解释清楚复杂的事物。例如，新浪微博一开始设置 140 字的发博限制是为了匹配文字层面的信息量承载。图文的信息密度从视觉层面来说比文字的更大，很多标准化的商户适合以图文形式传播，比如 3C 产品（计算机、通信和消费类电子产品的统称）。社交媒体能够比图文承载更复杂的信息，因此，能在更短时间内形成更大信息密度的视频与直播成为主流。

有人将文字和视频的信息密度差做了直观对比：人的语速一般为每分钟 250 字，阅读速度约为每分钟 500 字。因此，人们看视频不如看文字的效率高。但是，视频的最大优势在于"一图胜千言"，有时候文字难以讲清楚的事物，一幅图或者一个视频就能高效地表述清楚。

因此，对于复杂的信息，比如产品的体验感受，信息密度越大就越容易打消用户的顾虑，促使用户做出消费决策。无论是短视频还是直播，它们之所以成为当下内容营销的主流形式和媒介，都是因为它们能传播超大密度的信息，能对用户的决策注意力产生即时影响。

但是，内容媒介也有各自的阈值，这意味着单一平台并不能承载所有消费品类的信息。一个产品只有在不同发展阶段匹配不同的内容媒介，并将多种信息密度层级的内容媒介平台有机组合运营，才能最大化地获取用户的注意力，扩展目标客群，实现用户渗透。

新锐品牌尤为需要掌握整合多元平台的内容的组织及供应管理能力。内容营销已经形成确定性的结论。也就是说，从媒介层面来看，图文类媒介拥有促成长期用户心智的价值；视频类媒介既是当下最大的流量媒介，又是主要销售渠道。

从广告形式层面来看，达人创作的内容非常有利于提升品牌溢价，强化用户对品牌的偏好与依存度。当然，内容也有一定的劣势，内容虽然有利于长期的用户留存，但不一定有利于即时转化。因为产品的营销内容好看，用户却不一定会即时购买。而效果广告（原生广告）更有利于促进即时转化——哪怕用户不一定会喜欢。因此，需要广告和内容的一体化协同，这已经成为内容营销的主流方式。

下文解读了新消费时代的几大主流内容媒介以及代表性平台背后的机制、规则，这为内容营销的关键方法提供了参考。

图文内容

图文是数字化变革初期的内容展现形式，强调图片的质量和文案的创意。图文形式分为长图文、短图文。

长图文。长图文营销平台适合传播品牌及产品的有深度和广度的信息，长图文信息更加严肃、精英化，更有利于对品牌及产品进行专业性推广。

主要运用长图文形式的营销平台有微信公众号和知乎，它们都是典型的深度内容平台。微信公众号是自媒体营销的开端，自2012年推出以来，整体数量超过了2 000万个。订阅机制带来的用户高黏性、强信任特性，使微信公众号至今仍然具有极大的价值。知乎则是一个极具精英化特征的问答社区。根据知乎官方于2021年发布的数据，平台月活跃用户数已突破1亿，一线和新一线城市的用户占比为69%，18～25岁用户占比超40%，拥有大学本科及以上学历的用户占比高达80.1%。年轻、活跃度高、高质量、高学历的群体，是新锐品牌的精准目标客户群体。

长图文营销平台有以下3大显著特征：

- **信息偏专业型**。适合在这类平台上营销的产品,其目标受众的决策时间大多较长,他们会用理性思维进行判断。因此,这类平台必须依靠更具深度与广度的高质量内容来营销。
- **专业型的信息更易吸引高黏性的用户**。受信任度高的平台,更能在精神层面与用户持续产生共鸣,使用户感受到更多的获得感。
- **内容的长尾效应明显**。文字的留存能力强于视频,优质内容会在相当长的时间内持续获得关注,源源不断地吸引有需求的用户,继而激发用户持续生产新的内容,最终沉淀出内容池。通过长期高质量的内容触达,内容池拉升了用户的品牌认知,并对构建品牌的长期价值具有重要意义。

创立仅 3 年就达到 10 亿级销售额的新锐品牌 HFP 是最早充分开发长图文内容营销优势的品牌,它将微信公众号的营销价值发挥至极致。有专业美妆媒体统计过 HFP 自 2016 年 3 月到 2018 年 8 月的微信公众号投放记录:HFP 累计与 1 428 个公众号进行了合作,投放次数达到 6 247 次。HFP 的公众号投放策略一度成为美妆产业研究的活标本,其成功因素主要有三点。一是不断对公众号进行分层级管理以及动态优化测试,完善公众号投放档案库。二是根据各类公众号的特点,定制输出具有针对性的内容。三是形成流水线型、标准化的内容生产模式,按照"热点介入 + 问题阐述 +(成分/功效)解决方案 + 品牌故事 + 优惠利益"这一结构输出内容,提高非标的内容的生产效率。

短图文。短图文营销平台适合发布信息、种草、科普、凝聚粉丝,快速形成强互动性的品牌圈层,有利于开展更具亲和力、更有时效性的公关传播。

主要运用短图文形式的营销平台有小红书和微博，它们是两个具有鲜明特点的、以短图文起家的营销平台。相较来说，微博像一个"广场"，而小红书更像一个"社区"。

微博是传播、分享社交信息的平台，是各类事件与言论的汇聚地。从140字的文字内容开始，微博经历了图文、视频的多形式内容进化过程。根据微博2021年第三季度的财报，平台的月活跃用户数达到5.73亿，其中超75%的活跃用户属于Z世代。

作为媒体平台，微博从最初的中心化媒体发展到人人皆可发言的自媒体，拥有更高的内容包容度。在巨大的流量池内，微博成为天然的、公开的舆论场域，用户不仅接收信息，同时也传播信息，热门事件能在微博上迅速积聚热度、引爆关注，并迅速登上热搜榜，进而使更多的用户看到相关话题。微博具有更强的话题营销和事件传播能力。

虽然人人都能在微博上发言，但微博舆论话题的中心仍然是明星。2020年年底的一份数据显示，明星的粉丝占微博月活跃用户数的50%以上，这意味着基于明星的粉丝经济能为品牌带来巨大的流量。

在大流量和高粉丝黏性的基础上，品牌能够在微博上进行长期且深度的社交关系运营，通过不断挖掘用户互动带来的热议话题，寻找品牌价值的契合点，获得用户的认同与信任。基于信任产生的消费关系，使品牌更容易与用户产生情感共振，而这种情感共振拥有持久穿透用户心智的能力，使品牌最终在阿里系平台实现二次触达及销售转化。

短图文的另一个代表性平台小红书已经逐渐发展为年轻人的生活方式平台和消费决策入口。小红书数据中台的数据显示，截至2021年11月，小红书已经是一个拥有 2 亿月活跃用户数的超级平台，并且其中多为年轻用户，其 72% 的月活跃用户是"90 后"，50% 的月活跃用户居住在一二线城市，女性月活跃用户超过 90%。在小红书上成功营销的多为溢价较高的产品。

小红书拥有内容、消费、社区 3 大属性，这也是新锐品牌竭力追逐的 3 大"战场"。其中，社区作为载体，将内容生产者和内容消费者联结在一起。在社区中，用户既是内容的生产者，也是内容的消费者，他们甚至能激发更多内容生产者；用户使用商品的同时也驱动其他用户使用。

社区促成了人与人之间的关系链，每个人都有自己信任的圈子，并以此为中心进行内容传递。在关系链的驱动下，社区中的用户彼此信任，用户对社区有着较高的黏性和忠诚度，且活跃度较高。因此，社区承载了品牌心智建设的作用，而不承载直接促成销售转化的作用。

从最初的分享平台到现在以"标记你的生活"为使命的泛生活方式社区，小红书的发展历程表明，中国的年轻群体正在追求美好和时尚的生活方式。小红书上的内容承载了用户对美好生活的期待和向往，用户可以在小红书上发现美好、分享美好和种草美好。

由于种草美好的特性，小红书对品牌和用户都有较大的吸引力。在"所有消费品都值得在中国重做一遍"的趋势下，许多新消费品牌正加速出现。

品牌可以在小红书上实现从内容投放到产品销售的全链路商业路径。在目前的消费行为中，用户首先会浏览产品，被种草后再去其他平台了解产品，然后再回到小红书，继续浏览更多产品信息。

当用户在小红书或其他平台拔草后，他们又会回到小红书发布与该产品相关的笔记。虽然图片、视频、直播等内容形式一直在变，但用户之间互相激发生产内容、买家秀反哺品牌的路径一直未变，小红书也因此成为影响消费决策的重要平台。

视频内容

相较于图文内容，视频内容的信息密度更大，展示也更加立体。视频形式分为长视频（时长超过30分钟）、中视频（时长为1～30分钟）、短视频（时长1分钟以内）、实时视频（直播）。以爱奇艺、优酷、腾讯为代表的长视频平台更适合投放传统广告；中视频介于长视频与短视频之间，更注重内容及其表达方式；短视频具有即时娱乐性；实时视频使"人货场"在同一时空高度集中，能实现实时的强互动与高效率转化。

新锐品牌更倾向以短视频作为表达媒介，快速带动销售转化。中视频在短视频红利见底、用户对高品质信息需求上升的阶段，也逐渐迎来了发展红利期。利用这两类视频的营销都属于"导购"模式，有利于提升品牌知名度，加大品牌对用户心智的影响。直播营销则是"拼购促销"模式，能将短时销售转化发挥到极致。

短视频。短视频平台的用户社交、娱乐习惯沉淀基数最庞大，即时冲动性能带来较高的商业转化率，品牌与用户之间的互动体验的价值也更高。

品牌的发展需要大量营销曝光与销售转化，而占据用户最大时间消耗份额的短视频已经成为品牌营销的基础土壤。短视频是广告化的内容，是用户想看且认为对自己有价值的信息，而非传统广告"要你看"的强制性信息，所以短视频有助于品牌不断取悦用户、满足用户需求，并与用户形成有用、有价值的互动。

短视频的代表平台为抖音与快手。它们正是在这样的背景下与众多新消费品牌同频共振，在"货找人"的全新信息逻辑之下相互成就。抖音是基于兴趣与内容的中心化分发平台，快手则是典型的强信任链社交经济平台。

目前，抖音是高增长目标用户最集中、商业化与开放程度最高的用户沟通与触达平台。天猫的 8 大策略人群约占大快消平台用户数的 80%，贡献了 90% 以上的销售额。抖音上的主要用户是相信品牌、愿意为美好产品和生活付费的高价值用户，与品牌的消费策略人群画像高度吻合。截至 2023 年年末，抖音的全球月活跃用户数已超过 10 亿，这些用户主要集中在"90 后"和"00 后"群体中。

抖音一直以"记录美好生活"为定位，它不是货架，而是展现美好生活的平台。抖音对品牌营销的价值在于，基于用户消费决策路径的改变——从购买刚需产品转向因兴趣而消费。与此相应，抖音的商业化模式也从传统电商转向兴趣电商，从搜索逻辑转向逛街逻辑，即从"人找货"的明确购买到"货找人"的潜力挖掘。

因此，抖音的推荐机制是以用户兴趣标签与视频内容标签的匹配为基础的。在以强大的算法技术为支撑的内容推荐过程中，品牌可通过优质内容来创建多维立体的呈现形式，展现商品的使用情况，为消费者创设消费情境，进而激发消费者购物需求。

也正是因为这个底层机制，抖音从最初的短视频种草，到信息流效果广告加持，再到沉浸式直播等，均以内容创作为核心模式来帮助品牌获取用户与积累资产。据抖音电商公布的数据，抖音电商 2022 年的销售商品交易总额超过 1.4 万亿元，相比 2021 年实现了 76% 的增长。

第 3 章　R，以社交媒体为载体，以内容营销为特征

与抖音不同，快手是一个用于用户生产、记录、分享短视频的社区型平台，更强调内容的普惠化。该平台的用户仅仅简单地记录自己生活也能得到关注者的反馈，突出情感联结与真实分享。截至 2023 年第一季度，快手的月活跃用户数达到了 6.5 亿。快手的用户多是社会平均人，也就是普通人，群体层次很广，大部分用户居住在二线及以下的城市及地区，其中包括热爱分享、喜欢热闹的小镇青年群体。

快手平台强调内容生产者与内容消费者的强信任关系，形成了独特的"老铁文化"和熟人社交圈层，圈层内的价值观认同感极强。有人生动地将这种模式形容为在"聊天场景"下建立内容信任。基于信任产生兴趣而构成的圈层群体，也因兴趣而建构起他们认同的文化，促进圈子里的人产生积极的互动。这种认同感一旦产生，将带来明显的网络效应，构筑起外界难以撼动的平台壁垒。

快手的逻辑也是"货找人"，这是一种基于人与人之间强信任关系的模式，所以也被称为"人带货"。不同于抖音的泛兴趣逻辑下的用户随机消费，快手以人为节点，利用虹吸聚集效应，令电商的成交更具有爆发势能和持续黏性，因此快手的"人"（网红、主播等）对流量更有控制权。

快手在 2023 年发布的一组数据显示：快手在当年第一季度月销超 10 万元的商家数量增长了 50%，这充分说明了快手之于品牌增长的爆发力。快手财报显示，快手电商在 2023 年第三季度的商品交易总额达到 2 902 亿元，较前一年增长了 30.4%。

中视频。中视频营销的平台价值在于，传播更有信息深度与密度的内容，具备更完整的信息穿透性，更能吸纳优质消费人群，为品牌带来高价值的内容传递和心智根植。

短视频强调即时满足，中视频则能让用户获得更加完整的内容，特别是自 2021 年以来，中视频的发展形势更加明朗，各大主流长视频平台以及短视频平台都在倾斜资源，以占据中视频流量。

中视频能够成为继短视频后的又一流量红利高地，主要有以下三个原因：一是短视频的繁荣成就了无数商业品牌，但也因为其进入门槛低而堆积了大量的无用信息，内容同质化愈加明显，用户的疲态甚至反感情绪逐渐显现；二是短视频出圈的门槛上升，精英化、专业化趋势不可阻挡，而内容的深度、专业性恰恰是中视频的基本特点，加上用户对具有更大信息量的内容的需求提升，中视频的商业价值逐渐提升；三是中视频的时长更利于品牌进行专业解析，以带动用户的理性认同，同时中视频呈现的场景也更加多元，令用户的感知体验更加完整、价值共鸣更强烈。

主要运用中视频形式的平台有 B 站等。B 站是一个二次元弹幕视频分享与文化社区，更是一个有圈层特征和大量优质内容的中视频平台。流量的娱乐模式结束后，纯买量式的增长停滞，B 站让基于优质内容的流量重新成为品牌不断增长的资产要素。B 站之于品牌，不是单纯的流量消耗，它能通过高质量的中视频内容凝聚长期用户关系，培养并挖掘用户的深度兴趣，将用户从数字流量还原为鲜活的人，从而有助于品牌重新构筑在数字世界的核心资产，实现长期回报。

作为 B 站的商业化顾问，我们一直认为，B 站运用的不是单纯的流量模型，而是生态社区模型，更适合基于深度兴趣的整合营销，即根据品牌不同阶段的诉求和预算规模，以内容为起点，将各种资源有效整合。至于单点投放，并不是 B 站上的最优解。

正因如此，B 站也是一个极其强调人（UP 主）与内容适配性的平台。

首先，品牌需要深度参与内容的共创，洞察B站内容生态的完整性、内源性、原创性，因为搬运的内容很难在B站引发用户共鸣。其次，品牌必须深度理解B站的圈层文化和资源。B站有7 000个核心文化圈层，品牌要把其中最重要的、可商业化的圈层内容梳理出来，再通过垂类内容来打透某个圈层。B站能够帮助品牌做关键时刻的节点营销、关键事件的事件营销、关键商品的种草营销，形成复合效应。最终，品牌在B站收获的是长期复利——用户对品牌的长期偏爱和持续购买。

直播或实时视频。直播或实时视频营销平台的价值是能使"人货场"在同一时空高度聚合，从而解决信息不对称问题，而信息密度大的内容能缩短用户做出购买决策的时间，刺激他们进行非计划性的消费，促成交易转化的爆发力强。主要运用这种形式的平台有淘直播、抖音直播、快手直播。

历经5年新锐浪潮，直播已经成为当下品牌电商转化最具确定性的形式，直播与电商的结合再一次拉升了品牌与用户的联结效率，重新建构了"人货场"零售三要素。

- 从人的角度来看，直播是一种将线下导购线上化的形态，也是内容供给的另一种形态。在直播过程中，主播会向用户卖人设、讲解商品，与用户提问互动，为用户提供即看即买的强陪伴性购物体验。优质主播的直播内容还会成为新的图文内容来源，被众多品牌商多次使用。
- 从货的角度来看，直播能够全方位展示商品，并且通过评论形式加强用户与品牌间的互动，能解决传统图文展示存在的信息不全面与用户体验感差等问题。尤其对需要说明操作过程或使用技巧的商品或服务而言，直播是最适合进行相关演示的。

- 从场的角度来看，直播打破了时间限制与场地边界，符合现代人碎片化的观看习惯。直播间正在成为另一种商业空间，不断露出的用户留言与互动内容，能让用户体验到不一样的品牌氛围，构成新的品牌内容来源。

直播对品牌营销逻辑的全新塑造，就像淘宝直播前运营负责人赵圆圆所说："是从货对人，变成人对人，让商家走到商品的前面，以人对人的交流为先，更有人情味、温度，极大地缩短了传统营销从声量到销量的内容长链。"做好直播的关键，仍在于匹配"人货场"：好的主播，质量稳定的产品，有特色的场景，有亮点的运营。

2023年10月，"一带一路"TOP10影响力社会智库网经社电子商务研究中心发布的《2023年（上）中国网络零售市场数据报告》显示，直播电商在上半年的市场规模约为19 916亿元，预计全年交易规模达到45 657亿元。目前，整个直播电商生态已经形成了淘宝、抖音、快手的三足鼎立之势，这三者各具特点：淘宝是成交型平台，对超级头部主播的依赖较大；抖音是兴趣电商，网红直播、明星直播、品牌自播生态逐渐丰满；快手基于用户间的信任，复购率高。

直播在经历了长期的野蛮生长后暴露出诸多问题，如主播人设崩塌、货不对板、直播间数据作假等，同时以价格为核心的机制形态已经显露疲态，亟须更多品牌性的内容营销策略来带动进化，以实现真正意义上的品效一体。但不可否认的是，随着互联网进入存量开发阶段，直播对于品牌获客以及销售转化率的提升、整体电商的渗透率，乃至品牌和品类的新塑造均有不同程度的影响，预计未来将成为品牌内容生产的重要阵地。

私域内容

私域内容，是指从上述公域、它域引流到私域的内容以及私域本身的内容，可以直接、免费、反复地触达用户。私域的本质是品牌通过内容进行用户关系管理，即先通过内容联结用户，实现有效触达，再搭建自己的交易体系和运营模式，有了一定的规模后再收集与分析用户数据，以优化整个商业运作过程。因此，私域在一定程度上是公域的延伸，私域流量又是对公域流量红利下滑后的精细补充。抓住私域流量已成为当下品牌运营的必修课。

国际上的品牌管理越来越重视品牌社群营销，私域内容在某种程度上就是品牌社群营销的一种形式。私域中的用户具有较高的黏性、较强的情感联结与复购能力。私域营销的目的在于，延长用户的生命周期，提高用户的终生价值。所以相较于公域营销，私域营销具有以下3大特征：

- 第一，品牌可在私域内直接反复触达已联结的用户，提升与用户沟通的效率，节省营销费用。
- 第二，用户触点可控，这有利于品牌利用自有私域池让用户体验创新服务，提高品牌的用户黏性和用户美誉度。
- 第三，数据可留存。私域能反哺品牌对核心目标人群的行为洞察、产品需求洞察，以及延长用户的生命周期。

在私域中，真实人设与软营销构成内容主线：联结私域用户流量的是具有影响力的IP，同时也是最主要的私域内容形式。私域内容IP的打造是由品牌的人格化内容来实现的。IP有生活、温度、思想、圈子，能够吸引具有相同价值观的用户，并与这些用户产生情感联结。也就是说，品牌可以通过创造用户感兴趣的内容来打造IP，与用户产生情感联结，增加互动，并通过技术手段发散相关内容，继而影响更多潜在用户。产品价值与品牌故事构成品宣主线：品牌可通过产品使用、问题解决、品牌故事等纽带占领从公域转化而来的用户的心智，实现品效合一。用户反馈和信任构成营销主线：用户间的信任强于用户对商家的信任，通过用户反馈的信息，品牌营销内容的真实性能得到佐证。

个人微信号、微信群、微信公众号、社群、视频号、小程序，以及自主开发的 App 等都是转化私域流量并生产、传播私域内容的重要平台，内容生产者将这些平台视为联通用户的桥梁，所有的动作都指向"吸纳与留住更多人"，终极目的则是"让这些人都产生长期的复购行为"，缓解品牌在失去流量红利后的增长焦虑。

观潮研究院发布的《2021 新消费品牌私域营销报告》中早已明确指出，越来越多新消费品牌加码私域营销，私域已经成为新消费品牌的热点新战场。并且，微信私域的渗透率已达 80%，相当大一部分新消费品牌在私域的商品交易总额已占全域的 15%～20%。在这样的大趋势之下，私域运营也必然将从粗放运营转向精准化和标准化，私域的内容与场景要求也会从粗暴的利益关系向真正的高黏性赋能方向进化。

建立符合品牌发展的内容营销矩阵

品牌获得用户注意力的关键在于创造与目标用户一致的内容。作为品牌方，应多处设置信息方便用户获取，并借助 PGC、UGC、BGC 构建起品牌内容营销的完整矩阵。

- 在 PGC 模式下，企业借助代理或专业内容方的外部内容，为更广泛的消费者群体提供品牌信息，也就是借助 KOL 来营销。这种内容的特点是具有权威性，对内容生产者的专业能力要求较高，能带来较强的背书。
- 在 UGC 模式下，核心内容生产者是品牌粉丝，换言之就是"自来水"，他们会生产口碑内容。这种内容的特点是具有真实性，容易引发用户的共鸣。
- 在 BGC 模式下，内容生产者一般是品牌自身，它们以传递品牌故事、品牌价值、产品理念为主，生产产品、品牌或品类信息，即品牌官方账号生产内容。这种内容的特点是与品牌价值相通，能展现品牌文化。

当下的新消费品牌更注重通过 PGC 开展饱和式营销，来带动 UGC 的自发产生，而对 BGC 的重视程度较低。然而，海外 DTC 品牌拥有非常强的品牌主权意识，无论是在自建官网还是在主流社交媒体平台上，它们均十分注重官方账号的运营，为自己发声。随着中国社交媒体平台红利的逐渐丧失，中国消费品市场将进入 BGC 的品牌创造时代，而 PGC 缺乏的品牌的一致性和长期聚焦，恰恰是 BGC 的重要价值所在。

品牌需要根据自身的发展阶段、组织能力、外部可用资源建立适合自己的内容营销矩阵。PGC、UGC、BGC 各有优势，所以品牌在建立内容营销矩阵时需要注意以下几点。

PGC 以权威专家提供解决方案为主，来传递品牌价值。敏感肌护肤品牌薇诺娜的营销就采用了很典型的 PGC 路径，皮肤科医生是薇诺娜最早的一批 KOL。薇诺娜通过皮肤科医生向患者推荐产品，在皮肤病患者之间形成口碑传播，获得了第一批忠实用户。在部分问诊平台和社交媒体上，除了普通主播，薇诺娜仍一直坚持邀请皮肤专家和配方师来推荐其产品，并经常举行"医生+KOL"的直播活动。在 PGC 营销的推动下，薇诺娜在上市不久就市值破千亿港元,这是美妆赛道少有的成绩。

一般来说,各领域的专家不会主动找品牌、接推广,品牌想要开展PGC营销,可以从以下三方面着手。第一,根据品牌在不同阶段的战略目标,制订不同的PGC营销方案。品牌在不同阶段的侧重点不同,对PGC偏向和专业背书的要求也不同,因此品牌要在不同的阶段运用不同的PGC营销方案。比如在品牌营销初期,可以与曝光型KOL合作,以拓新为主要目标。后期当品牌有一定影响力之后,品牌应以KOL的专业影响力为主要合作标准。第二,加强领域相关性。除了与适合产品的KOL合作外,品牌也可考虑与同品类的专业人士合作。比如,美妆产品的PGC不仅可以来自美妆博主,也可以来自时尚达人。第三,定制化PGC。根据品牌定制PGC,让品牌内容成为一场可观可感、可延展的"秀"。内容既与品牌相关,又与受众相关,只有真正打入专业人士的粉丝圈层,才能提升用户对品牌的好感度。

UGC既能增加品牌的曝光度,又能反哺品牌,让用户定义品牌。事实上,国内品牌对UGC的重视程度还远远不够,目前大多数UGC都来自用户自发行为,品牌极少参与其中。

2019年,珀莱雅泡泡面膜的爆火便是一个在短视频平台进行UGC营销的代表案例。珀莱雅在投放泡泡面膜这一产品之前,就在产品端埋下了UGC激发点。首先,产品本身提供了有趣的素材——用户使用面膜时,泡沫会逐渐堆满整个面部,这一点使这款产品区别于其他静态的清洁类产品,更有视觉冲击感。其次,产品的内容卖点为,使用者的脸越脏,面膜所产生的泡泡就越多,这一点为用户提供了社交谈资,普通用户会因为猎奇心理而自发促成社交圈层的爆破式传播。这些为UGC发酵设计的内容激发点,让这款产品在高峰期的单月销量达到了100万盒,这款产品的营销方式也成为2019年最有代表性的"爆品打造案例"。

品牌无法对 UGC 进行规范化管理，但可以向用户提供可观、可感、可分享的产品内容，并从以下三方面做好内容把控。第一，搭建社群，与用户共创原生内容。搭建用户社群，促进品牌的狂热粉丝在社群内交友，进一步促进内容生产，并使这些内容成为品牌的原生内容。具有极强参与感的内容，能够拉近品牌与用户之间的距离。第二，深度互动，促使用户产生主动传播的行为。深度互动不仅指"一键三连"（点赞、评论、转发），也指品牌通过构建互动体系，让用户主动参与内容的生产和传播，比如基于任务、体验的反馈奖励。第三，打造标签，让优质 UGC 生产者引导、带动普通 UGC。品牌可与优质 UGC 生产者共同打造主题标签，带动更多 UGC 的产出，实现可管理型的裂变传播。

BGC 能够全面展示品牌的故事和价值观，但对品牌自身传播能力的要求更高，需要品牌在保持自身调性与更紧密地联结用户之间寻找平衡点。

杜蕾斯无疑是中国市场中 BGC 营销领域的领头羊。一个销售安全套的品牌，却能频频在微博上恰到好处地利用社会热点，凭借独特的创意视角和脑洞大开的文案，获得极大的社交影响力，成为众多消费品牌纷纷效仿却难以超越的对象。

从杜蕾斯这个案例中，可以总结出品牌的 BGC 营销策略。第一，避免发布"自嗨"型内容。品牌应回到内容营销的根本，发布用户想看的内容——既可以是能解决用户痛点的内容，也可以是能与用户共情的内容。第二，品牌必须打造统一且鲜活的人设。品牌只有树立统一且鲜活的人设，才能拉近与目标消费人群的距离。有血肉、有温度的品牌，才能与用户产生良好互动。第三，以传递正向价值为底线。品牌营销的真谛是激发用户对美好生活的向往，这也是品牌运营方需要坚守的基本底线。BGC 的生产必须立足于为用户呈现美好生活这一目标，热度高但价值观偏离的内容会反噬品牌。

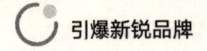

BGC、PGC 与 UGC 构成了一个完整的内容营销矩阵，新锐品牌应利用高质量的 BGC 和 PGC，激发 UGC 的生产与传播，还应在不同的阶段运用不同的内容营销策略，使产品力和品牌力得到充分展现，从而增强自身的持续增长能力。

第 4 章

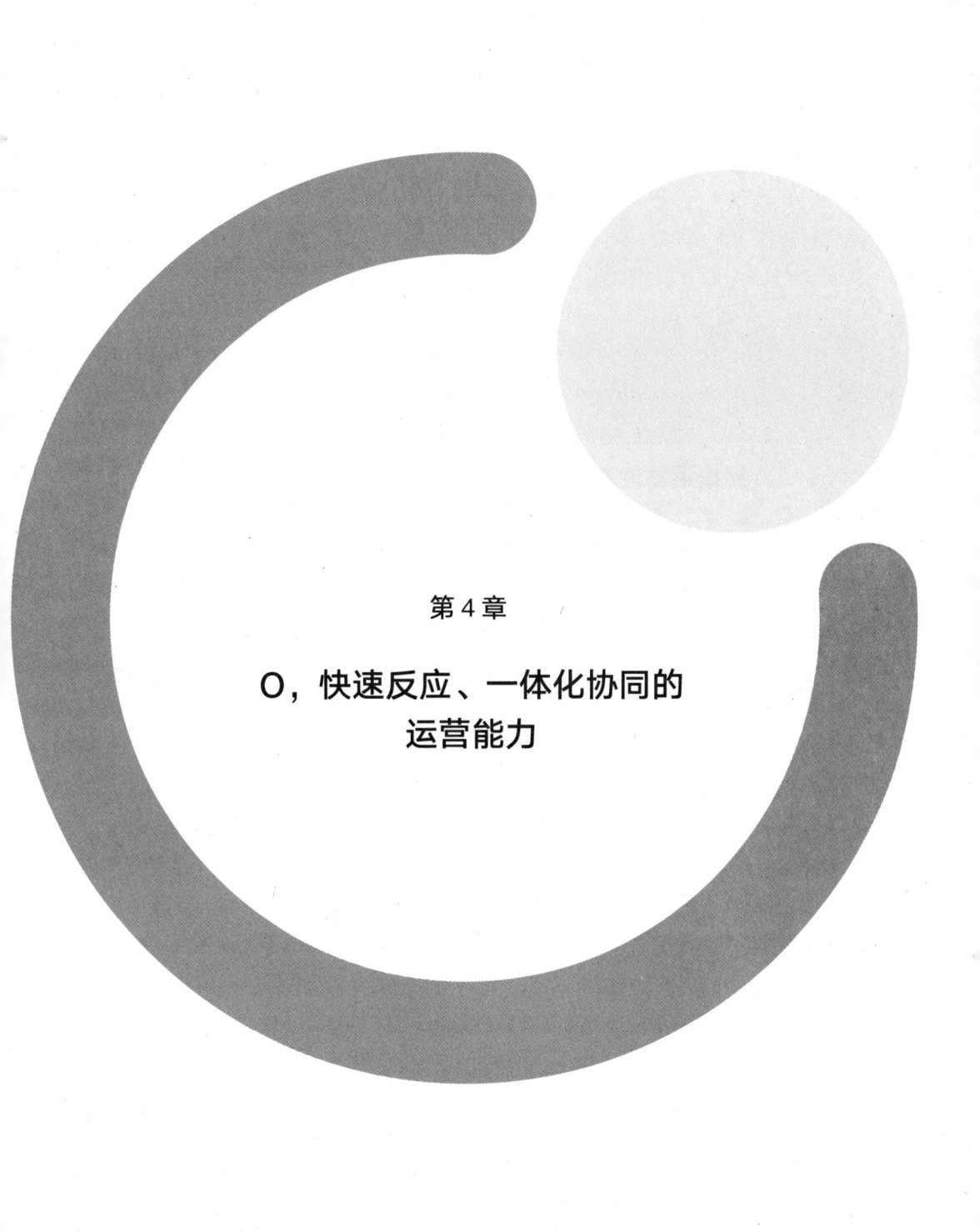

O,快速反应、一体化协同的
运营能力

组织运营能力 + 产品运营能力 + 用户运营能力

任何组织实现最终商业成果的核心能力都是其运营能力，即组织基于外部市场环境的约束，通过内部人力资源和生产资料的配置组合，对实现财务目标所产生的作用。新锐品牌面对急剧变化的市场环境与快速反馈的市场运营机制，从创立伊始就必须具备全新的、反应快速的、一体化协同的运营能力。这种运营能力包括以下3个方面。

新的组织运营能力。 数字化时代的动态竞争环境强调基于整体协同性的灵活应变性，要求营销组织的建设前台和后台必须有效协同，才能通过每个节点的个性化运作来获取竞争优势，从而获得整体的竞争优势。

新锐品牌要满足营销模式有效升级的要求，更有效地实现市场营销的可持续创新与突破，就必须要求研发、供应链、产品、内容、媒介、电商运营、客户、物流等所有的前端营销组织与后端协作组织具备动态调整、一体化运营的系统能力，具体包括以下4个方面：

- 更快的反应速度。贴近市场与业务，及时应对竞争，迎接

第 4 章　О，快速反应、一体化协同的运营能力

流量机会。
- 更高的运行效率。数字化时代尤其要实现"产品、流量、运营协同于市场"的一体化运行。
- 更强的专业功能。提供专业服务与支持，具备整合营销能力。
- 更灵活的管控方式。保持集权与分权的平衡，实现系统管理，整合内外部资源，提升系统效能。

新锐品牌的竞争优势具有短暂性，这就要求它具有持续创新能力，并且决策速度要快。由于竞争的博弈互动性很强，所以决策对竞争信息的依赖很强，且对处理速度的要求很高，打的是信息战。对于流量与用户及其需求的变化、竞争格局的变化等市场上鲜活的信息，要及时收集、充分共享，掌控整个运营的流速、流向、流量，这些对有效、及时地制定营销策略至关重要。

新的产品运营能力。首先，要对商品角色进行分类，即根据全店产品的目标定位，确定不同产品的角色。比如按照品牌相关性、品类成长性两个维度，可以把商品分成 4 类：

- 旗舰商品。品类成长性强、品牌相关性强，是最理想的品牌性商品、战略性商品。
- 形象商品。品牌相关性强、品类成长性弱，通常是联名、话题性商品。
- 机会性商品。品牌相关性弱、品类成长性强，通常是所谓的爆品、流量品。
- 补充性商品。品牌相关性弱、品类成长性弱，通常是具有连带作用的商品。

其次，选择最适合运营的品牌性商品，已经成为品牌制胜的关键。天猫系所有新锐品牌必须学会打这一仗，对于合适的品类，既要看得准，也要拿得下。看得准，就是要有足够的商品和品类趋势的洞察能力，对商品有足够的判断力；拿得下，就是要有足够的资源和运营能力，对于看中的核心目标品类，有能够拿下头部品类的把握。在未来，头部品类对全域的收割作用将越来越强，能否拿下品类的领导位置至关重要。

新的用户运营能力。谈到运营，就会涉及如何看待投资回报率。到底是关注即时转化、48小时加购的延时转化，还是关注后续14～30天的用户二次转化、180天的用户分层转化，抑或是关注私域流量运营的综合转化？这些问题其实也关乎运营的本质。从关注单次投资回报率转向关注客户生命周期价值，良好的运营能带来可供多次转化的用户。

比如，相比在抖音上投入190元获得一个用户，通过淘客渠道花费9元获得一个用户可能投资回报率更高。抖音上的投资回报率可能只有60%或70%，但为什么还要投入抖音呢？原因在于，一个看完一条短视频后愿意花100多元的用户，大概率可以不断触达和接受营销内容，未来也有极大可能带来更多营销机会，这是这类用户的最大价值。

总而言之，良好的运营能够将用户贴上标签，并为之提供精细化、有针对性的营销内容，从而持续释放用户价值。

一体化的中台 + 反应快速的前线

数字化时代的组织逻辑与之前最大的不同在于连接方式，连接方式改变后，信息的传播不再需要从人到人，所有的信息都可以实现人与人的实时同步。也正是因为信息平权的出现，组织才需要一体化。

在传统组织中，存在时间和空间的分层带来的信息差，信息的传递是单向的，是自上而下层层推进的，就像是传统的三层小洋楼，顶楼的信息要想到达底层需要按上下顺序传递。这就是德国著名社会学家马克斯·韦伯（Max Weber）提出的科层制组织结构——权责分明、层级节制、量才用人，并将组织的功绩与效率放在管理的首位，这与中国讲究长幼尊卑的秩序型文化相符。

但是，随着信息中心化的消减、信息透明度的增加，信息的传递从需要上下传递的"小洋楼"进化为在同一时空自由流动的"大平层"，解决了过去科层制下信息经过层层传递后会产生衰减的问题，更加强调组织中的个体基于共同信息与目标的协同作战。

这种变化在军队组织中是最典型的。以美军的作战模式变化为例，第二次世界大战时期，美军以军为作战单位，后端对作战时一线战场瞬息万变的战局应变不灵活。在后续的多次战争中，美军不断地将作战单位级数向下调整，后来变成 7～11 人的极小班排，而高度信息化的后端成为前线小班作战单位强大的资源和海陆空炮火支持。

这就是典型的从大前台、小中台向小前台、大中台的演变，也是华为式企业的精神内核——让听得见炮声的士兵做决策。其中有两个必要前提。一是拥有一个强大的协同作战一体化的指挥中心或中台。它的威力，就像曾鸣所说："就算是单枪匹马的创新者都可以借助平台的支持，像杠杆一样撬动巨大的价值。"二是想要撬动巨大价值的前台个体本身还需具备较高的专业素养和综合判断能力。在这种模式下，个体与个体之间是相互信任、目标共享的，信息在数个由个体组成的小团队中自由、迅速地流动，小团队整合的信息能使前线快速做出决策反应。

瞬息万变的不只是战争时代，数字化时代也是如此。在面对不确定性时，新锐品牌需要有极高的学习能力、市场嗅觉、决策反应能力，以抓住稍纵即逝的红利机会，其核心就是组织的运作效率，也就是人的效率。

为什么许多新锐品牌能够在没有信息差，却充满不确定性的数字化时代脱颖而出？最主要的原因在于组织中的人都具备两大要素。

一是人的年轻化。一方面，年轻人极富学习、创新和吸收能力，能使品牌在信息快速更迭、新事物频繁冒头的当下，快速适应新平台、新规则、新生态。另一方面，很多年轻人并没有那么多私心，他们之间更能统一思想和目标，这在一定程度上有助于消除个体之间的利益计较与对抗，使品牌在起盘阶段就能形成强大的合力。

增长黑盒在 2020 年的一项数据调查中，研究了高速增长阶段的消费品牌组织中不同岗位员工的年龄分布。结果显示，在 8 个受访的组织中，员工年龄小于 25 岁的占近 30%，年龄在 30 岁以下的占 72%。

这一员工年轻化的现象在新锐品牌中非常常见。例如，知名新锐母婴品牌 Babycare，在 2019 年高速扩张时期，其团队的平均年龄只有 23 岁。它运用的策略就是"既然目标客户是年轻人，那么团队中也要有足够的年轻人来理解客户的想法和需求"。这个策略在元气森林等众多新锐冠军品牌中也屡见不鲜。

二是学习力强的人才梯队能内化一体化组织能力，也就是实现产品、内容、运营的一体化。过往，成熟品牌更愿意将企业的各项工作外包给专业的

第 4 章　O，快速反应、一体化协同的运营能力

第三方，让专业的外脑提供专业的服务，这种做法的弊端是从用户端到品牌端的反馈延迟。如今，越来越多的新锐品牌在产品、运营，特别是内容层面，将职能板块内化、内控，拉近品牌与用户之间的距离，对用户需求做出更快速的反应，使得品牌的敏捷性大大提高。

在这一点上，完美日记是最典型的代表之一。完美日记在招聘网站前程无忧上的职位关键词词云显示，它发布过超过 400 种岗位，涵盖了从市场一线美容顾问到供应链端、产品端、商务拓展端、电商运营端、私域社群端、短视频编辑端等。甚至有消息称，完美日记还有一家服务于其他品牌的小红书多频道网络（Multi-Channel Network，MCN）机构。

另一个案例是韩束。2023 年，韩束在抖音取得爆发式增长，在抖音美妆 2023 年 1 月到 9 月品牌销售排行榜中排名第一。韩束在抖音上以出色的内容创造能力和抖音生态运营能力取胜。

韩束做到了内容创新（短剧等）、爆款素材放大（短剧素材在千川等其他类型广告平台的二次传播）、A3 人群[①]积累、统一引流至战略单品（红蛮腰套盒）或品牌直播间、完成转化的闭环链路。

同时，韩束拥有强大的自播能力：自播团队已经形成标配，包含 6 个主播、4 个投流人员、4 个场控、4 个助播、3 个策划，并且已有标准化的自播流程，还采用了标准化作战方式。在创始人吕义雄的计划下，他们将于 2025 年开设更多单品直播间，甚至做到一个单品一个直播间。

---

① 抖音根据用户的行为和兴趣将他们划分为 A1、A2、A3、A4、A5 人群。其中，A3 人群是指对特定内容或品类有较高购买欲望的用户群体。这个群体的用户大都较年轻，关注热门话题和趋势。——编者注

除了首创短剧引流的模式，韩束很清晰地知道只有更好的内容才能带来更多流量，并将内部精力放在最重要的事情上：内容创新，自播完全在内部进行，所有环节都没有外包。

在抖音的生态环境下，韩束的高度一体化保障了其高效反馈与生态闭环。

互联网把分层平掉，使得连接方式发生巨大改变，组织中的个体意志得以彰显。组织中的人不再像过去一样仅仅是最大公约数的一员，而是更有自驱力，形成了人以群分的各个"小宇宙"，创造了自我组织的法则。由此，新锐品牌才能产生与众不同的创新能力。

在这个过程中要学会从管控转向赋能。传统组织在管理中习惯了控制，可是在今天，新锐品牌如果依赖控制，就会遇到两个难题：第一，"90后""00后"员工不愿意被控制；第二，在变化的环境中，控制比想象中要难得多。

因此，新锐品牌在组织管理中，一定要从管控转向赋能。首先，要给予更多员工更多的角色机会。教员工比让员工在岗位中自己成长更重要。对员工来说，最快的成长方式是承担责任，因此，组织要给予他们岗位、责任和机会。

其次，要给予员工高度的身份认同。在传统品牌的组织管理中，身份认同在管理层。但在新锐品牌的组织中，团队成员会有更多的身份认同，他们也会反馈出更大的变化。

第4章 O，快速反应、一体化协同的运营能力

新锐品牌组织的生命周期

企业都是有生命周期的，真正能够成为百年企业的凤毛麟角。日本东京商工研究机构发布的"世界最古老的公司名单"显示，在全世界范围内，有5 500多家成立超过200年的企业，这些企业主要分布在日本、德国、荷兰、法国等国家，其中日本的金刚组株式会社是世界上现存开业时间最久的企业，至今已经存世1 400多年。

企业如同人一般，也会经历生老病死。美国最有影响力的管理学家之一——伊查克·爱迪思（Ichak Adizes）创造性地将企业的整个生命周期分为孕育期、婴儿期、学步期、青春期、壮年期、稳定期、贵族期、官僚早期、官僚期和死亡期。

许多企业无法长盛不衰的主要原因就是它们在由盛而衰的阶段无法找到第二增长曲线。以中国的美妆市场为例，历经20世纪90年代的分销时期，到2000年前后的线下终端渠道并起阶段，再到2010—2015年淘宝系、京东等经典电商的快速兴起，继而到2016—2019年的移动互联网新时代，30多年间的4个时期，每个时期的流量红利都成就了一批品牌，但也淘汰了一批无法跟上市场发展步伐的企业。真正能够跨越其间而始终屹立潮头的美妆品牌寥寥无几，宝洁集团旗下的玉兰油、欧莱雅集团旗下的巴黎欧莱雅便是其中的少数派。

玉兰油在20世纪90年代初进入中国市场后，便迅速成为占市场份额第一的护肤品牌。虽然它在2010年之后经历了品牌老化的挣扎与混乱，但最终完成了产品年轻化、营销模式数字化等迭代，仍然保持在头部护肤品牌的行列，近年还成为贡献出巨大销售额和利润的现金流品牌。

巴黎欧莱雅自1994年进入中国市场以来，便是整个市场上极少数涵盖护肤、彩妆、洗护等多个产品品类，以及线下百货、商超、美妆店和线上电商等多个渠道的立体化品牌。持续对营销模式进行迭代更新，特别是近年的数字化转型，使其能够多年位居美妆品牌之首和女士护肤品、男士护肤品销量第一。

玉兰油与巴黎欧莱雅能够安全度过多个周期的关键共性就在于，它们拥有稳定的组织基本盘——稳定的战略、核心团队、外部供应体系。比如，宝洁大中华区董事长兼首席执行官许敏，1997年就以管培生的身份加入宝洁，先后领导过汰渍、碧浪、飘柔、护舒宝、玉兰油、佳洁士这6个品牌，管理过宝洁在日本、韩国、印度以及澳大利亚等国家或地区的业务。巴黎欧莱雅中国区总经理宗国宁自2005年作为管培生进入欧莱雅集团以来，先后担任过美容顾问、市场经理等多个职位，也曾被委派到法国、新加坡等国家历练。这些杰出的个体既保证了品牌、企业的传承，同时也是组织的延续性的最佳体现。

无论是传统企业还是新锐品牌，都会经历组织生命周期。现在距2017年新锐品牌浪潮奔涌而来过去了6年，虽然其中如完美日记、元气森林等新消费品细分赛道上的冠军品牌在短短数年间便达到了数十亿级别的市场成绩与企业规模，大大缩短了过去传统企业需要10～20年才能积累的周期路径，但它们仍未经历完整的组织生命周期。每个有成长潜力的新锐品牌都需要走过完整的生命周期、面对每个时期的"烦恼"，这并不会随着市场环境的变迁而改变。

纵观新消费大盘，组织最重要的时期分别是婴儿期、学步期、青春期和壮年期，这几个时期也是当前大多数新锐品牌正在经历或即将经历的。品牌在每个时期都有阶段性的任务与需要面对的问题。

婴儿期，也叫原点期。品牌在婴儿期的主要任务是探索商业模式，面临的问题是生存层面的不确定性。此时的创始人必须事必躬亲地参与每项事务，努力让企业持续产生正向现金流。

学步期，也叫成长期。品牌在学步期的主要任务是在商业模式跑通后，打造超级单品，面临的问题是组织混乱、成本失控等"乱"象，更核心的任务是突破业绩并快速将业务做大。

青春期，也叫挑战期。青春期是品牌的业务立体拓展时期，此时的重点任务是升级，即企业由原先快速决策的人治向制度型的法治模式转变。但同时，由于流程、结果、业务等层面的标准化，以及重点引进外部人才，企业内部会出现结构性的矛盾——"老人"和"新人"的对立与融合。这个时期的企业表现出来的特点是分裂，包括游戏规则的建立和破坏、部门的裂变、权力的重新分配。这一时期也是企业能否真正实现突破的关键时期。

壮年期，也叫引领期。壮年期的品牌进入了业务生意、组织流程、组织架构、制度标准各项都保持稳定的时期——"兜里有钱、库里有货、市场有份额"。品牌在这一时期所面临的隐患源于规模、制度、流程稳定带来的僵化与官僚化，表现为创新力下降、组织反应变慢、人员进取心衰退。

当前，绝大部分头部新锐品牌企业仍处于青春期向壮年期过渡的时期，外部市场份额扩大，企业内部正经历从撕裂向高度标准化转变。总体而言，企业在发展的不同阶段有着不同的要求，成长模式一定是阶梯式的：先有团队组合，再有业务模式和管理系统；先有稳定生意，再有组织架构。

新锐品牌组织扩张的 4 大原则

新锐品牌组织要想在原点期与成长期扩张，就需要高速增长，这意味着必须做出很多艰难决定：如果选择高速扩张，就要承担随之而来的风险；反之，就要承担竞争对手抢先行动带来的损失。要取得成功，就必须违反许多旨在提高效率和降低风险的管理原则。

事实上，为了在面对不确定性和变化时实现积极的增长目标，新锐品牌组织需要遵循一套新原则。

第一，接受混乱，学会在充满不确定性的环境中做决策

接受混乱意味着接受不确定性，并采取措施来管理它。所有人都要对组织成长期的混乱有所预期，不要因追求完美而错失时机。如果你知道自己会犯错，就不要追求完美，也不要盲动。要学会在充满不确定性的环境下做决策。最重要的是，要确保组织有能力纠正错误。

组织高速扩张时必须学会接受混乱，因为在这个阶段速度更重要，而速度肯定会带来混乱。因此，要努力维持组织的稳定性，同时在这个过程中不断调整、管理团队，保持团队成员始终能跟上扩张速度。

经典的"卓越"管理和规划以一定程度的稳定性为前提，但当品牌快速增长时，并不一定总有这种稳定环境。卓越的创业者，要能在混乱的环境、糟糕的管理中逐步进化，找到最好的成长之路。

第二，聘用合适的人才，而不是最佳人才

很多初创新锐品牌组织希望迅速引进一名可以进行规模扩张的高管。这意味着聘用有管理大型企业经验的人才，期望他们的经验在后期得到应用。

但在现实中，这条规则并不适用。品牌真正需要的，是适合组织当下阶段发展需求的人才，而不是最佳人才。

第三，构筑新的企业文化，使其成为组织的确定性

企业文化至关重要，它指引员工朝着统一的方向行动。即使在快速扩张的动荡过程中，企业文化也不容忽视。因此，明确定义企业文化很重要，因为组织在成长期需要积极、专注地行动，而模糊不清的文化会妨碍战略实施。

第四，组织要不断迭代，与算法共同进化

由平台算法驱动的信息推送，会成为品牌的基础营销能力。随着人工智能技术的普及以及 ChatGPT 的广泛运用，未来很多品牌方会配备算法工程师与人工智能工程师。跟算法平台一致的营销能力，在将来才是真正的营销能力。这种营销能力包括数据分析、打标签、素材生产、信息流投放、人群优化、产品内容化改造这 6 个方面。

在未来，还会出现以数据为基础，以产品、内容、运营一体化为核心的新型营销组织，只有这种营销组织才能实现高速增长。并且，媒介与营销部门会彻底重整，这个部门需要更多增长黑客、打造实验型企业文化、配备算法工程师、搭建数据中台，以及形成一体化组织。在这个过程中，营销组织部门会彻底在组织能力上进行大的革新。

从一个人的马拉松，到团队的接力赛

创业是世间最难走的路之一，创业者也是世上最难的"打工人"之一。企业从婴儿期发展到学步期，再到青春期，乃至壮年期，这个过程中发生了

无数次变革，组织架构与成员发生了无数次变化，其中唯一可能不变的便是创始人。毫无疑问，企业、品牌、组织的发展天花板与创始人的成长休戚相关。

作为组织中的一号位，创始人必须明确自身的能力与认知边界，避免掉入"创始人陷阱"，并完成由一个人的马拉松到团队的接力赛的转变。因此，创始人必须在产业、赛道、产品、用户、品牌价值、自我价值等各个层面持续成长。随着新消费产业周期的迭代，品类市场线上渗透的加深，新的问题与挑战会不断出现在创始人面前。新锐品牌创始人需要具备以下5大成长要素。

要素1，跟随产业和用户一同成长，兼顾灵活与朴拙

新锐品牌的创始人既要跟随产业周期自我进化，也要陪伴用户共同成长，并在这个过程中兼顾灵活与朴拙的处事方式。首先，创始人只有在创业的每个时期都提前做好心理建设，才能带动团队升级，因为在不同的时期，市场对团队的能力和要求完全不同。其次，创始人和用户之间最重要的关系，是陪伴关系。品牌成长的同时，用户也在成长，能不能陪伴用户成长，并与之形成深刻的共创和交易关系，对品牌来说至关重要。优秀的创始人会始终将自己置于用户陪伴者的角色。最后，创始人既要保有灵活之心，也要留有朴拙之意。灵活体现在多角度洞察产业发展趋势、竞争形势；朴拙则体现在不断突破自我的舒适区，超越自身阶层和生活方式，挖掘用户的痛点，并提供解决方案。

要素2，不断进化，致力于创造力与商业力的和解

创意和商业之间往往有着一种天然且难以和解的矛盾。中国的时尚和商业产业发展时间较短，还未形成成熟的多品牌管理机制，只有建立起成熟的商业管理机制，中国市场才能在时尚版图中实现多品牌扩张。从事商业的人

要懂创造的价值，从事创造的人则应明白商业的基本逻辑。也就是说，创造和商业要找到各自的边界，寻求共同的目标，实现和解。

要素3，坚持长期主义，实现长期价值与短期效果的协同一致

高瓴资本创始人张磊[①]强调"选择时间是投资者朋友的行业和公司"。但在真实世界中，长期价值和短期效果的不平衡，是所有品牌都要面对的矛盾。实际上，任何长期价值都有短期表达。有时候，品牌的短期投资回报率为负，但是新客群的增长、用户互动的增强、用户黏性的建立都是品牌积累了长期价值的信号。因此，创始人要学会用发展的眼光看待长期价值和短期效果。

要素4，认清本质、摆脱内卷，实现估值和价值的认知升级

受资本的影响，很多新锐品牌创始人会醉心于与资本的博弈，希望在博弈中取胜，以使品牌获得更高的估值。但实际上，估值只代表了市场对品牌的认可度，并不等于品牌的价值。品牌真正的价值在于有利于消费者甚至是世界。

总之，创始人在创业中最核心的选择不仅仅是赛道、产品，更重要的是一条自我成长和完善之路。在这条路上，他们可以更加认清、了解自己的长处与短处，知道自己拥有了什么、会失去什么。只有以平常心看待创业，才能与自我和解，实现更大的目标。

永恒不变的只有变化，变化是创业过程中特别重要的主题，但创始人要找到其中不变的要素。不变的要素往往是隐藏的、不易被察觉的，而变化的

[①] 他在自己的首部作品《价值》中系统阐述了"长期主义"的概念。这本书的中文简体字版已由湛庐策划，浙江教育出版社于2020年出版。——编者注

要素往往是显性的、可视的。一个合格的创业者，要有敏锐之心，要能在诸多变化的事物中洞察到不变，并拥有定力。

要素5，突破自我，在对自我和品牌的偏执与放下间实现超越

品牌要想常青，就需要创始人与品牌建立更成熟的关系，而不是时时处于"热恋期"。创始人跟品牌的关系更像是父母和子女的关系，品牌也许能永葆少年的状态，而人却是会老的。

赛道、竞争格局、商业模式、护城河是企业的天然属性，这非常类似人的出身，是改变不了的。任何初创企业的默认结果都是失败，这意味着创始人必须迅速果断地采取行动，不惜一切代价避免这种默认结果，或者，即使面对这种默认结果也要坦然。当有一天创始人带不动品牌发展时，就需要把品牌交予他人。创始人需要认识到，品牌不是他人生的全部。创始人只有学会与自我和解，接纳自我，才会对品牌有新的感受。

品牌成长过程中最大的确定性，就是创始人不断学习和自我迭代的企业家精神。韩束品牌创始人吕义雄和珀莱雅公司联合创始人兼首席执行官方玉友，就代表了老一代企业家在这个时代最宝贵的新锐企业家精神。韩束能在抖音崛起，最底层的原因就是吕义雄亲身入局。他求胜的心态和不断学习进取的企业家精神是让韩束活下来最重要的原因。而珀莱雅能取得今天的成绩，也是因为方玉友不断学习和自我迭代的企业家精神。

在这个时代，新锐品牌创始人与品牌企业要跟上变化，这个变化的核心驱动力量是"认知"。为什么是认知？数字化时代下的我们面向的是当下和未来，未来是不可预测的，我们需要全新的创造，而创造的核心力量就是知识不断积累的过程，也就是认知。

第 4 章　O，快速反应、一体化协同的运营能力

今天的创始人的认知已经是生产力要素，不再是一个名词，而是动词。在过去 100 年间，为什么整个经济发展和社会财富增加得如此之快？根据德鲁克的划分方法，是因为有三次革命：第一次是工业革命，人们将知识运用于生产工具；第二次是生产力革命，人们将知识运用于工作；第三次是管理革命，人们将知识用于知识自身。沿着德鲁克的逻辑走到第四个阶段，就进入"知识革命"阶段，知识正在迅速成为首要生产要素。今天，人工智能、数字化、生命科学乃至品牌创业，要淘汰的其实是没有知识或者说是没有高度认知的人，这实际上是一个根本性的革命。

第 5 章

B，面向未来的长期品牌建设

品牌创建是一个需求长期化并不断优化的过程。但新锐品牌有一个普遍问题，就是追求短期效果或即时的用户体验、创意表达，对品牌心智的长期运营与品类表达缺乏关注。新锐品牌面对新技术、新场景、新传播、新终端，需要新的长期价值发现与创新表达。大众商品在任何时候都要面对大人群、强竞争、常使用、高复购的情况，并且要遵循品牌与品类的基本规则，符合人脑的认知机制。一个真正的优质消费品牌应该自始至终坚持对用户的长期陪伴，致力于在时光的磨砺中绽放品牌之美。

数字化时代缺乏品牌展现的确定性场景。不同于传统品牌追求确定的、宏观的、稳定的、物理形态的表达，新锐品牌追求的是不确定的、微观的、迅速变化的数据形态的表达，因而需要更多地通过用户愿意读取、平台方便推送的个性化资讯来形成品牌认知。线上品牌资产将以更碎片化的方式存在于云端。

借助品牌联想，占据用户长期记忆，让创新生根

从行为经济学来看，品牌应形成用户对某类商品或服务的长期选择优势。人的知觉创建了有意义的世界，品牌是知觉的产物，是由能产生差异反应的品牌知识形成的。在此背景下，超级符号将会消解，信息将按照用户基本需求加以集合，形成超级联想，从而构成数字化时代用户对品牌的全新联想，我们称之为品牌联想的云图时代。

在品牌联想的云图时代，能让用户产生持续购买行为的品牌必须能让用户产生"有用、有型、有感"的品牌联想，从而形成品牌认知。由此，用户才能建立对品牌的长期记忆，并逐步建立联想网络记忆，形成品牌知识图谱。

- 有用：创造功能需求，形成品牌回忆与搜索优势。
- 有型：塑造社交价值，形成品牌偏好与社交优势。
- 有感：提升关系深度，形成用户黏性与份额优势。

代言品类，强化基于功能的品牌联想"有用"

品类是商品的聚类，是将商品按用户相似性进行分组而形成的，是用户长期价值在商品上的汇聚。品牌创建长期价值的过程从对社会、产业、用户的洞察开始，到形成品类结束。品类是商业的物种，品牌的生命力取决于品类的生命力。由时代、产业、用户、竞争导致的品类的诞生、进化、分化、衰退也决定了品牌的命运。

- 品类进化：品类会不断完善，其功能会更加强大，性能会更加稳定，使用起来会更加方便，性价比会更高。
- 品类分化：当不同产品间的差异足够大时，就会形成认知隔离。由此，就会产生新的品类。
- 品类衰退：当新品类挤占老品类的心智空间时，老品类就会衰退乃至被淘汰。

形成"有用"的品牌联想，核心就是代言品类，从而促进用户主动选择，促进人群渗透。因为用户一旦接受某一品类，逻辑上关于品类功能的有用要素都可以成为用户的联想来源。

新锐品牌代言品类需要掌握四大要点。

第一，先选择品类，再选择品牌。这一要点尤其适用于新型品类。新型品类特别强调品牌和品类的关联，注重先选品类、再选品牌的顺序，也就是在品类的高增长期锚定品类，在品类稳定后锚定品牌的差异化。特别是在品牌建立初期，比起强调差异化，更要紧的是讲清楚"我是谁"。例如，半亩花田最初紧绑身体磨砂膏，奶糖派的标识里就有"大杯文胸"四个字，蕉内一开始就将自己与基本款挂钩。

第二，品牌需要带给用户实际的新功效和利益点。无论是元气森林气泡水的"0糖0脂0卡"，还是小仙炖燕窝的"鲜炖"，都为消费者提供了实际的新功效和利益点，进一步强化了品类差异，强化了他们的品牌记忆。

第三，强化新品类的支持点。例如，采用创新功能性材料或先进工艺，满足新场景需求等。

第四，要有足够的背书、权威形象、第三方检测证明、销售数据等，为品牌提供强有力的信任状[①]**，**以说服新用户，促进品类品牌的更大渗透。

产品数字化时代的"有用"，主要是为了激发和产品相关的搜索，更好地迎合算法，以推动品牌的渗透，这决定了品牌的规模与盈利能力。因此，

---

① 让品牌定位显得可信的证据。——编者注

代言品类的核心指标是品类中第一品牌提及率和品牌专属词搜索。例如，纽西之谜水乍弹、ubras无尺码内衣等。

附身文化，强化基于体验的品牌联想"有型"

文化，广义上指人类在社会实践中所获得的物质、精神的生产能力，以及创造的物质、精神财富的总和。文化是一种长时段的沉默的历史潜流，深入、长期地影响着人类在方方面面的选择。文化是社会差异之源。

要形成"有型"的品牌联想，就需要借助、依附文化来塑造用户社交价值，形成品牌再认与社交优势，从而促进用户做出长期选择，创造更高溢价。受新一代文化观念的影响，年轻一代购买的不只是商品，更是这个时代自我人设的完善，他们在感官体验上更强调高级感，在社交形象方面倾向于显贵、显酷、显著，甚至精英形象。

线上环境中的品牌再认主要指，通过附身文化形成有价值的视觉显著性与平面构成的差异化，这本质上也是提升品牌的价值感，因此需要根据品牌联想的要素形成自己的社交视觉主题。比较典型的当属新锐科技感内衣品牌蕉内。从蕉内的店铺页面中就能感受到，其借助"星际迷航"这一文化母题中的人物形象，形成了独特的视觉传达方式，即使科技与美学、艺术与实用性和谐统一：模特都是统一的短发、齐刘海遮住眼睛的蘑菇头造型。此外，蕉内将充满秩序感的圆形、矩形、多边形作为标签视觉系统，并应用于详情页的排版设计，等等。这些都构成了蕉内独一无二的品牌价值。

新锐品牌如何打造"有型"的品牌联想，可以归纳为4个要点。

第一，借助文化母题，打造独特的品牌识别系统。品牌尤其可以借助与中国文化关联的文化母题，包括标识或符号、产品包装、产品页面、主画面

（Key Visual，KV）或主图、店铺页面等一系列表达，形成中国特征，强化中国文化表达。

第二，与文化关联，打造独特的、与传统领导品牌相区隔的品牌形象联想系统。利用使用者的形象、代言人、使用场景、生活场景（职场、约会、旅行、派对等）、购买渠道等一系列全新的形象联想来塑造品牌形象，并且品牌价格要与品牌形象匹配，不能相差甚远。

第三，融入新的社交文化习俗，保证产品包装设计的成图率。产品包装是品牌感受的最强集中点，成图率则起到决定性作用。例如，蕉内的想象图和产品图堪比好莱坞大片。突出的产品包装主要包含4个要素：信息层级、视觉的品类相关性、差异化的平面构成以及互动性。

第四，融入网络文化语境，让产品显著、显酷、显贵。要显著，是因为用户审视品牌的视野在线上变得更小、更聚焦、更饱和；要显酷，则是因为线上人群的年轻化、精英化以及社交潮流的扩散，"酷"就是吸引年轻人的重要特质和人设；要显贵，更多的是因为线上社交越来越内卷，购物体验的分享也不断升级，"贵"毫无疑问能满足和彰显精英社交形象。

融入生活，强化基于关系的品牌联想"有感"

李奥·贝纳（Leo Burnett）曾说："品牌创造历史，品牌会变成历史。"品牌会成为我们共同的故事，或者每个个体特有的故事。《说文解字》中指出：俗，习也。习俗就是既定的社会文化秩序。品牌要成为历史的一部分，就必须进入生活、融入生活，最终形成消费者生活中的一种习惯。融入生活就是指赢得最长久的趋势，即赢得持久的选择倾向。

要塑造"有感"的品牌联想，就要融入用户生活，加深与用户的关系，形成用户黏性与份额优势，从而促进用户长期选择与回购，成为用户生活中的一部分。

在理想的品牌关系中，品牌不仅受到用户的喜爱、与用户有密切的联系，还应该成为用户生活的一部分。例如，新锐潮玩品牌泡泡玛特就通过各种盲盒，激发了用户的惊喜感和收集欲，其产品背后承载的是故事、情怀和童心。ubras 在营销中反复强调的舒适关系，就是在重新定义内衣，也是在与用户建立情感联结。

这里需要注意两点：一是对高增长策略人群的情感需求和生活场景的洞察，以及超级用户的卷入和口碑激发；二是"有感"与体验有非常大的关联，与线下品牌可以提供丰富的体验不同，线上品牌需要借助售后的营销系统与用户建立关系，成为用户生活的一部分。

品牌可以从品牌价值主张和深度用户运营两个维度来打造"有感"的品牌联想，品牌价值主张是外显、宏观的，用户运营则是微观、具体的。

第一，提炼、传播具有生活态度的品牌价值主张。品牌在创立之初就应提出清晰、个性化、差异化的品牌价值主张，并持续通过一系列品牌长期话题或事件引发用户的情感共鸣。其中，对隐性需求的洞察是找到用户共鸣的关键，并能帮助品牌找到假想敌——品牌所反对的是哪一类社会病、心理等。

例如，完美日记反对的是低性价比，万益蓝反对的是不科学的代餐与瘦身方式，奶糖派反对的是大胸偏见以及大胸女性群体的自卑和自我逃避，内外反对的是忽视女性自我意识的审美倾向，等等。

第二，强化具有真实生活体验感的用户运营。这一维度包含以下 5 点：

- 体验/复购。通过优质的用户交互体验、产品体验等，来提高复购率。蕉内的产品除了视觉体验极具冲击力外，其包装也尤其注重用户交互体验。例如，包装盒精致到用户舍不得丢掉、文胸产品会附赠一条卷尺等。蕉内通过这些方式把品牌符号深深印在用户的脑海里。

- 账号/关注。通过使用者的形象、美学风格、品牌故事等，促进用户对品牌社交媒体账号的关注。
- 会员/私域。通过会员权益、会员俱乐部、会员日、可信人设、创始人等，来打造品牌私域。这方面较典型的当属奶糖派，从创始人大白的暖男人设，到设计师阿璞乃至整个品牌团队，均围绕大胸女性群体输出关怀。
- 粉丝/互动。通过品牌态度、社群、话题、事件、赞助、公益等进行营销，增强与粉丝的互动。例如，内外连续3年发起"NO BODY IS NOBODY"这一话题进行营销。
- 忠粉/推荐。主要通过核心用户的峰值体验、文化信仰等方面，来促进忠粉的转化与推荐。例如，内外传递了肯定女性之美的价值观，引发大量女性用户的讨论与共鸣，实现了曝光量、互动量双丰收。

代言品类、附身文化、融入生活的品牌，最终会成为用户生活的一部分，而坚持对用户的长期陪伴，最终就会成为真正的长期品牌。

功能向下，品牌向上，突破短期流量困境

新媒体、新人群、新渠道、新供给带来了新消费的第一个繁荣阶段，但正如第3章中所述：这三五年在新消费领域中快速崛起的品牌，大多运用了一个促使营销崛起的"三板斧"公式来撬动资本杠杆，且借助"双微一抖一

快一书一直播",在短期内快速攫取流量,指数型拉升销量,实现短暂繁荣。

但这一流量模式已经被证明无法持久维系品牌的长期增长,因为营销成本必然会不断走高,而即时投产不会永远处于高回报的理想状态。事实证明,"便宜流量+低价产品"模式根本无法换来用户的未来忠诚,因此就无法形成真正的规模效应。这种模式陷入了零和博弈的囚徒困境,有流量投入,销量会随之表现,一旦流量的投入和获取趋缓,品牌的增长就会变缓甚至停止。这是新锐品牌在成长过程中必须戒断的行为。

"整合营销传播之父"、美国营销大师唐·舒尔茨（Don E. Schultz）曾在一次演讲中提到,在过去10年,他从一项长期的消费者跟踪研究中发现,消费者的品牌偏好在不断减弱。在这样的情况之下,DTC品牌正面临极大的挑战,因为它们大多是强功能型产品,并且采用了交互以及高度依赖社交媒介的手段来赢得增长,而缺乏长期的品牌塑造。这是DTC品牌和新锐品牌的通病。

中国大量的新消费品牌都很擅长攫取短期流量,但在构建核心品牌资产和品牌心智上力不从心,这些品牌在增长问题上常常急功近利,最终难以跨越周期。品牌增长已经有了论断,即只投产不投资、只算账不攻心者最终难逃败亡。这背后的核心影响因素,无非体现在以下3个方面。

算法与心法的区别

算法与心法之争的本质是理性与感性之辩。大多数新锐品牌惯用的操盘逻辑都是精细化运营,即以商品交易总额为目标,在数据化模型、投资模型、媒介模型的框架下,获得用户喜好数据和各种流量数据。这种打法在流量红利尚存的时期,成就了完美日记、元气森林等一众新锐品牌。它们算准了时机与用户喜好,以传统品牌无法达到的速度迅速占领市场。

但这种算法打法的天花板特别明显。对此，著名企业家、分众传媒创始人江南春曾提出："中小企业不要过度追求精细化运营，战术上的勤奋解决不了战略上的空洞，品牌破圈才是阶段性的核心战略，造成新品牌滞胀最大的原因就是没有破圈，品牌没有破圈，就没有成长和未来。"

用兵之道，攻心为上。品牌破圈不是仅靠算法就可以实现的，这就是很多新锐品牌最多只能达到1亿规模就快速滑入滞胀期的原因。与算法相对的是成熟品牌讲求的心法。心法，顾名思义，即攻占用户心智的方法。其核心是用户，因此要围绕用户的认知度、偏好度、忠诚度、复购行为等做营销。

品牌破圈是一场心智战，品牌只有让用户从心智上认同自己的理念，才能实现用户沉淀和口碑推荐带来的大规模破圈与增长。在影响品牌发展的关键破局点来临之前，投资回报率极有可能是不漂亮的，品牌只看数据化的算法，是无法坚持到战略上的胜利时刻的。当品牌放弃算法的游击战，改用品牌思路来操盘时，其着眼的是未来与用户心智。

种草与"种树"的区别

种草与"种树"之争的本质是局部与整体的区别。通过社交媒体引流实现增长，是新锐品牌的强项，通过种草—收割模式得以高速成长的新锐品牌不在少数。

如今在社交媒体种草已成为新锐品牌的标准营销方法，但种草的红利期已经结束，新锐品牌若还是只在同一片草原上种草，那么其产品被消费者看见的机会其实是微乎其微的。无效种草会导致无效收割，这也正是很多新锐品牌在2021年"双11"遭遇的窘状。

种草模式大势已去，种树理论则逐渐被提及。种草是种产品功能，种树则是种品牌的理念、情感、价值。只有当种下的树枝繁叶茂时，品牌才能在一众普通的"小草"中脱颖而出。

投产与投资的区别

投产与投资之争的本质是品牌的短期与长期之择，也是不同品牌在认知上的本质区别。对新锐品牌而言，无论是算法还是种草，其核心目标都是提高投资回报率，即投入必须有回报。新锐品牌会根据对销售结果的预估，反推投入成本，这是典型的投产思维。

品牌营销本质上是一种投资行为，但当品牌把营销行为的终点落在销售额上时，就容易陷入"算法魔咒"。投资思维并不意味着不评估数据，而是更注重本质、长期性的数据维度，如品牌的认知度、偏好度、健康度，以及资产指数——在同类竞争者中品牌所拥有的强势指数，并长期跟踪用户数据。

营销环境时刻在变，品牌应重视不确定的变化中的确定性因素。关于这一点，一名从事品牌营销多年的工作人员提出过一个极具启发性的3B理论：生意洞察（Business），从生意出发制定明确的生意目标；品牌洞察（Brand），通过渗透用户心智逐渐建立品牌心智；消费行为洞察（Behavior），通过洞察用户的需求变化升级产品。

其中，生意和品牌是不变的，而用户习惯会随着时代和人群的更迭不断变化。生意和品牌就像是"太阳底下没有新鲜事"，是万法归宗，是商业世界的本质，在商业世界攻占、影响人心这一点从未变过，唯一会发生变化的就是用户习惯。

所以，流量红利的底层逻辑，仍然是用户习惯的变化。新锐品牌破局的关键，仍在于对生意和品牌两大不变要素的坚守。产品必须功能向下，找到人性中最薄弱的地方，让人们过上更便捷的美好生活；而品牌必须向上，把握和创造人们对未来美好生活的憧憬。新锐品牌只有创造美好、诠释价值，才能获得感性的力量及长期、整体的成功。

调动消费者快思维，建立品牌心智

关于品牌的定义，"品牌资产鼻祖"、世界级品牌管理大师戴维·阿克（David Aaker）说过："品牌就是产品、符号、人、企业与消费者之间的联结和沟通。"事实证明，品牌优势从来都不依靠外在的产品、符号、广告等，而是源自用户心智。算法只得出了一部分消费者的短期认知行为，但是依然有相当一部分消费者的长期认知行为是品牌没有触及的。算法的能力有限，虽然它能算到如何将内容推送给消费者，但很难算到一个品牌如何延续15年甚至150年。这就是算法的局限。

品牌的发展并不是玄学，而是包含应用认知心理学、进化心理学、行为经济学的系统科学，还是一门"人学"，是人脑不断学习与认知需求信息，并被影响的长期依存的科学。

诺贝尔经济学奖获得者丹尼尔·卡尼曼（Daniel Kahneman）[1]在其著名畅销书《思考，快与慢》中谈到了大脑做决策的两种系统：系统1是依赖情感、记忆和经验迅速做出判断，这叫作快思维；系统2是通过调动注意力来分析和解决问题，并做出决定，这叫作慢思维。人每天都需要做出大量的决

---

[1] 卡尼曼思考酝酿10年的里程碑式巨作《噪声》，揭示了行为科学领域的又一重大发现：噪声，才是影响人类判断的黑洞。这本书的中文简体字版已由湛庐策划，浙江教育出版社于2021年9月出版。——编者注

策，其中绝大部分运用的是快思维。营销的作用就是让消费者在做消费决策时更多地使用快思维，这才是品牌需要的最大优势，能帮助品牌与消费者建立信任，降低交易成本，提高品牌溢价。

人天生就不是由慢思维主导的理性动物，且人的记忆力十分有限。哈佛大学的一项调研指出，一个顾客最多只能记住每个品类的 7 个品牌，而在信息爆炸的当下，一个顾客能记住一个品类中的 2 个品牌就不错了，这就是所谓的二元法则。所以，一个品牌想要完成从 0 到 1，再到 10 的跨越，需要的不只是能满足消费者需求的产品功能，更要挤入消费者的认知层面。

因此，品牌心智的建立，并不依靠玄学，而是有一套有迹可循的逻辑路径，它因重复而被记忆，因被记忆而被认知，因被认知而成"事实"。所谓"事实"，并不一定是真相，也有可能是大脑认为的熟悉感。

人的大脑会对不断重复的内容形成长期记忆，进而形成概念认知，最后形成熟悉感。正是这种熟悉感，让消费者产生了心理安全感，因而自然地放弃了理性思考，快速简单地做出判断，也就是被系统 1 所支配，成就了事实。对新锐品牌来说，重要的并不是事实本身，而是消费者认为的事实。

星巴克便是一个深得快思维精髓的品牌。星巴克的星享卡附带三项权益：三次饮品买一赠一的机会、一张早餐邀请券、一张升杯券。在享受买一赠一权益的时候，快思维会让消费者觉得自己占到了便宜，但实际上附赠的那一杯咖啡的成本早已经被计算在会员价格内了。更有意思的是，星巴克的杯型分为中杯、大杯、超大杯，加 3 元就能升杯，但中杯与大杯之间的文字游戏会让许多消费者产生认知偏差，可能会有很多消费者会在店员的友情提示下加 3 元升杯。这又是快思维在发挥作用。

要赢得品牌优势，就要争夺消费者的快思维高地，以重复来对抗遗忘，以融入生活、文化来形成长期依存，形成消费者认为的事实，从而建立心智记忆。在如今信息碎片化的营销环境中，相对中心化的营销聚力与传统营销仍是殊途同归的。在信息传播去中心化的今天，"双微一抖一分众"和影响力大的强媒体是建立品牌认知的相对中心点。抖音信息流在2020—2021年对新锐品牌来说，不仅是直接的销售路径，更是新锐品牌以重复性曝光来抢占消费者记忆空间的强大助力。从本质上来说，这些新的传播方式与电视广告无异，都是最大限度地反复传播、高频覆盖，变化的仅仅是内容的表现形式。

打破前后链路，实现全域一体化的整合营销

营销能帮助品牌创建优势，赢得消费者选择偏好。营销的核心与关键是连接，无论是杰罗姆·麦卡锡（Jerome McCarthy）经典的4P理论[1]，还是罗伯特·劳特朋（Robert F. Lauterborn）的4C理论[2]，抑或是舒尔茨的4R理论[3]，均与连接相关。4P理论诞生于商品匮乏时代，讨论的是产品的连接；4C理论出现在商品品类繁多的时代，讨论的是顾客需求的连接；4R理论则出现在数字化信息时代，讨论的是与消费者建立关系的连接。

连接与链路有着天然的联系。无论是在海外DTC品牌的迸发时期，还

---

[1] 该理论将营销的要素归结为产品（Product）、价格（Price）、渠道（Place）和促销（Promotion）。——编者注

[2] 该理论以消费者需求为导向，重新设定市场营销组合的4个基本要素，即消费者（Consumer）、成本（Cost）、便利（Convenience）和沟通（Communication）。——编者注

[3] 该理论以关系营销为核心，注重企业和客户关系的长期互动，以建立顾客忠诚。该理论认为，营销的4个要素包括关联（Relevance）、反应（Reaction）、关系（Relationship）和报酬（Reward）。——编者注

是中国新锐品牌的崛起阶段，全新链路的打通都是品牌与消费者建立关系、产生连接的重要标志。电通公司提出的 AISAS 理论，得到了数字化品牌以及服务方的大规模应用与验证。注意、兴趣、搜索、购买、分享这一链路在移动互联网时代得到了广泛运用，无论是完美日记、元气森林还是 ubras，均在这个链路上搭配效果性广告，打造出明星产品。

但事物总是在动态发展前进，在这个过程中，链路营销弊端逐渐显现。

链路营销的两大弊端

链路营销与新锐品牌爆发的初始阶段特别适配，单一且单向的链路能高效形成从认识到购买的行为闭环。从理论层面来说，AISAS 链路的每一个节点之间都是相通的，但实际上，新锐品牌在过去的数年间运用更多的是单向性质的链路营销。这种单向链路会随着新锐品牌生态的优胜劣汰以及营销环境的进一步更迭，逐渐断裂甚至失效，这主要有以下两个表现。

一是单向链路一直潜藏着断裂的风险，AISAS 链路看似紧扣消费者心理，但是链路步骤太多、耗时太长，只要其中一环断裂就会导致一定程度的用户流失。二是在市场竞争加剧与消费者注意力缺失的情况下，品牌自然要转而追求用更短的链路来完成更高的转化。AISAS 链路的模式是站外流量导流、站内成交，但这一过程中必然存在流量损耗的情况。当消费者需要转换路径，花费更多时间思考时，慢思维就有了可乘之机，所以品牌更倾向于即看即买"没有中间系统赚时间差价"的模式，以便实现更高效的转化。这是内容与兴趣类电商兴起的底层逻辑，不过，由于市场的逐利性，这种模式下的品牌难以避免陷入货品与价格的恶性比拼。

正是因为链路存在天然弊端，所以出现了上述短期流量的困境，无论内容与广告的前链路和商品交易环节的后链路如何匹配，只要是线性流转，就无法最终脱困。品牌必须将线纳入全局的框架中，打破前后链路，完成公域、私域、线上、线下的全域、全链条整合，形成产品、内容、广告、交易一体化的营销模式，才能最终实现长期的成本、效率与价值的平衡。

整合营销塑造品牌认知优势

整合营销并不是一个全新的概念，早在 1998 年，舒尔茨就为整合营销传播下了一个概括性的、相对完整的定义：整合营销传播是一种商业战略过程，指的是规划、发展、执行和评估品牌传播计划，其受众包括消费者、顾客、潜在顾客、内外部受众及其他目标受众。

整合营销是将所有的营销活动看成一个整体，创造一个统一的品牌形象。其中有 3 大目标：一是获得最大的市场投资回报率；二是向市场持续传达具有一致性的关键核心信息；三是建立并巩固用户关系与用户忠诚度。换言之，整合营销是指品牌以统一性的品牌输出为锚点，进行多链路一致的信息输出，以获得最高的市场回报，并最终完成与用户的关键联结。在这个单向链条无法覆盖品牌发展的全生命周期，信息纷繁复杂，用户的注意力极易被分散的时代，只有全域一体化的整合营销才能够真正地实现产品、运营、营销的一体化。

全域一体化的整合营销的核心要点是，协同利用多种营销工具，完成主题性的品牌关键任务，形成品牌价值。

无论是传统品牌还是新锐品牌，都会历经初创、成长、成熟、衰落这一生命周期，品牌在每一个阶段的核心要务都是不同的，产品、组织、营销等各个层面的战略配称重点亦是不同的。

许多新锐品牌会在快速发展 4～5 年后陷入滞胀的底层原因，就是没有在品牌发展进入下一阶段前完成战略配称。具体到营销整合层面，江南春提到过一个颇为经典的论断："当一家新兴品牌的年营收在3亿元以下时，它应该继续把有限的资源聚焦在社交种草方面，因为此时的流量广告还很便宜。"

随着规模越来越大，流量竞争会越来越激烈。比如，当一家新兴品牌的营收有5亿~10亿元时，它应该开始逐步配比广告，以70%流量广告+30%品牌广告为宜。当一家新兴品牌的营收有10亿元以上时，它就需要50%做流量广告，50%做品牌广告，因为流量广告的边际效益递减了，而品牌广告能建立自带流量的品牌力。当一家新兴品牌的营收有20亿元以上时，它需要70%做品牌广告，30%做流量广告。很多大品牌就是这样配比广告的。

新锐品牌的前两个发展阶段特别契合链路营销，流量的指数拉升能够使这一阶段的配称资源得到最大化利用。而当新锐品牌的发展进入后两个阶段后，链路营销的效用会逐渐减弱，品牌需要运用基于品牌信息高度连续一致的全域一体化的整合营销，来抓住用户的心智和记忆。

新锐光学脱毛仪品牌Ulike在2021年之前特别依赖小红书、抖音、微信、直播等流量驱动的平台，它曾连续多年稳居主流B2C电商平台脱毛仪品类的销冠之位。Ulike创始人潘玉平深信，是流量带来了Ulike在第一阶段的成功，他在对外分享经验时就曾提道："互联网的引流广告是投了才有成交，没投就没成交。"

但后来，Ulike的销售额到了10亿元规模后就无法上涨了，因为在精准的"货找人"逻辑下，流量巨大的广告其实只能让被辐射到的部分消费者认识Ulike这个品牌，但并没有形成消费者记忆，也没有植入消费者的快思维当中。

从 2021 年开始，Ulike 借助分众传媒破圈，一年间投放的广告覆盖城市的淘宝站内精准品牌词的搜索，环比增长 120%。消费者从搜索"脱毛仪"到精准主动地搜索"Ulike 脱毛仪"的行为，反映出 Ulike 营销模式从被动接收的"货找人"转变为"人找货"。Ulike 从这个阶段开始发展能被更多消费者记住的公众品牌，并开始拥有自己的品牌流量池。

关键性营销的 4 大战役

无论是建设品牌力还是品牌认知优势，品牌依靠单一手段与工具已无法击穿打透用户端，必须持续不断地围绕关键任务开展关键性营销。品牌开展关键性营销时，主要需要打赢以下 4 大营销战役。

第一，关键产品营销，通过基于主销商品的整合营销来带动品牌价值增值。

以"东方彩妆，以花养妆"为口号的花西子，在 2018—2019 年凭借空气蜜粉、雕花口红爆红。销售额突破 10 亿元大关之后，它在 2020 年的商品交易总额更是近乎垂直地突破了 30 亿元。花西子对旗下明星产品开展基于品牌特色定位的升级营销，由线性的 ROI 流量型打法转向承载标签价值的品牌型打法。

2020 年，花西子参与了由人民日报新媒体打造的纪录片《非一般非遗》的拍摄，与人民日报新媒体一起走进贵州省雷山县的西江千户苗寨，探索苗族银饰的工艺与文化。借助《非一般非遗》，花西子"苗族印象"礼盒顺势而出。这个礼盒既是花西子对民族文化之美的传播与创新，同时也是花西子对"印象东方"系列的延续。

这套"苗族印象"礼盒融入了苗银、苗绣、蜡染等工艺，每款产品上面的纹样都代表着苗族人民崇尚自然、信奉万物有灵的传统文化。更重要的是，这套礼盒中的产品均是花西子近几年的超级明星单品——空气蜜粉、同心锁（雕花）口红等。

这是一场通过明星产品进行文化再造的多层次营销经典案例，实现了从产品销售到品牌形象塑造，再到品牌价值传播的多重影响。花西子从产品本身出发，并深度绑定众多红人成功造势，使产品在"双11"大促期间首发1秒就销罄，成为当时又一次国潮营销亮点。在品牌形象层面，花西子邀请"苗族印象"系列推广大使走进超级头部主播的直播间，讲述非遗传承故事。花西子还携手中国知名高定服饰品牌盖娅传说，将苗族元素融入高定华服，进一步拉升"苗族印象"系列的调性。在传播影响力层面，"苗族印象"系列不仅两度获得央视的报道，而且与YouTube、Instagram上来自多个国家的一众知名美妆博主合作，霸屏美国的纽约时代广场，以及日本涩谷、新宿中心区等著名商业区，最终使100多个国家和地区的30亿人次欣赏到苗银这一非遗文化之美。

花西子通过对文化元素的创新运用，为明星产品注入了新的亮点，激活了市场对中国文化内在价值的极大热情，实现全链路破圈。

第二，通过关键人群营销，与战略原点用户、目标用户深度情感共振，辐射影响品牌时代用户，扩大品牌的价值影响边界。

女性营销就是特别典型的关键人群营销，特别是近几年，在女性的自我意识快速觉醒的大势之下，新时代女性的"悦己""个性表达"等观念逐渐增强。能够与女性用户的价值观同频，聚焦女性成长、男女平权等热门话题的品牌，大多都能在情感价值方面获得女性用户的青睐。

自 2012 年以来始终致力于"做一件让人身心自由的内衣"、打破钢圈束缚的内外称得上女性营销的典范。

2020 年，内外在妇女节前夕，第一次发布以"NO BODY IS NOBODY"为主题的广告，开启了一场极易使女性产生情感共鸣的运动。内外邀请了年龄不同、身形各异的 6 位女性来展现女性身体之美，表达了对女性能正视自己的身体、认可独特、尊重不同思想的希望。

为了配合这部广告片，内外后续还加入了每月"Body Talk"微纪录形式，采访各类具有代表性的女性，开展不同视角下关于多元身材之美的持续讨论。同时，内外通过品牌官方社媒平台与用户互动，拉升话题热度，并邀请专业机构、专业心理学家参与以提升话题的专业度，还邀请众多 KOL 带动放大互动声量，最终完成了全网累计超 1 亿人次的传播覆盖量，使得界面新闻、WWD、Campaign Asia 等 70 多家国内外主流媒体和自媒体自发跟进报道。

上述这些成功并不是内外的终点，2021 年内外继续开展主题为"NO BODY IS NOBODY"的广告，并将主题升级为"微而足道，无分你我"。这一波反身材焦虑的营销，就是女性平权意识的最佳映射。2022 年，内外品牌成立 10 周年之际，该主题广告又来了，且这次的主题被定为"身心之路，见微知著"，记录下 30 位女性真实的身体和勇敢的心，传递了一种轻松、坦诚、接纳的态度，并推出全新的"内外·云朵"系列产品，使这一营销项目完美收官。

内衣原本是女性最贴身、不轻易外露的衣物，但随着时代的发展与女性独立意识的觉醒，关于内衣的话题逐渐走到了大众眼前。内外真正从女性视角出发，深度挖掘女性用户在产品功能层面之外更深层的内心情绪点，鼓励女性敢于展示真实的身体，大胆且轻松自然地直面曾经可能会令人感到羞涩、敏感的话题。这让内外在女性用户群体面前拥有了"打破"的力量，并与她们产生强有力的情感纽带。

内外的核心消费人群是 25～35 岁、居住在一二线城市的高学历职场女性，也是整个中国市场上有"自由之思想，独立之精神"的群体之一，获得了她们的情感认同，也就积淀了品牌最宝贵的用户资产。

第三，关键时点营销，通过在用户消费的关键时刻对消费路径的把握与捕捉，完成特定时间、场域的销售转化。

"双 11"是电商领域最重要的时点，每个涉足电商的消费品牌几乎全部需要集一年之力来助推这个时刻的爆发。若能在这样一个时点位居品类前列，就意味着品牌在赛道竞争以及消费者的选择中占据极重要的位置。

近两年，品牌在"双 11"时期的竞争越来越激烈，一个品牌要想在这个时点脱颖而出，只依靠单一的营销手段、营销平台、达人或资源是不够的。各品牌在"双 11"期间的竞争，已经成为一场涉及线上加线下、公域加私域、流量加声量等多维因素的整合性战争，并且早已不是"小米加步枪"，而是"高精尖"的信息战。

能够玩转多维整合营销的，要数一些"新传统"品牌，比如"老树开新花"的珀莱雅。

正是有了多年来在产品以及营销端的锤炼，并结合自身在传统大媒体时代积累的深厚经验，珀莱雅才能在越来越强调综合竞争实力的"双 11""战场"上，运用立体化的营销矩阵取得漂亮的成绩。

2023年"双11",珀莱雅几乎做到了全渠道第一:"天猫美妆行业双11全周期(10月31日20:00—11月11日24:00期间)品牌成绩单"第一;抖音商城"双11"好物节美奢行业护肤榜第一名;京东平台美妆"品牌销售TOP1"。(网络公开数据)

其中,在天猫渠道,珀莱雅超过欧莱雅、雅诗兰黛等一众国际大牌美妆,这也是国货美妆品牌时隔5年再次重回天猫美妆榜单第一。

珀莱雅的成功关键在于2020年坚决从爆品营销阶段转型超级大单品阶段,并陆续打造出红宝石系列和双抗系列等超级大单品。

与此同时,珀莱雅基于年轻人"早coffee(咖啡)、晚Alcohol(酒精)"生活方式,率先提出"早C晚A"并全面铺开,以此占据"双抗""早C晚A"心智。

正是因为多年来在产品以及营销端的锤炼,并结合自身在传统大媒体时代积累的深厚经验,珀莱雅才能在越来越强调综合竞争实力的"双11""战场"上,运用立体化的营销矩阵做出漂亮的成绩。

首先是通过抖音短剧和小红书种草等形式为"双11"蓄水:

- 2023年9月,珀莱通过抖音平台连续推出了两部微短剧——《反抗背后》和《反击吧妻子》,以职场和婚姻生活为背景,巧妙地融入了珀莱雅产品,打造助力女性克服困难的品牌形象,通过整部剧集的连贯展现,珀莱雅的品牌形象得到了持续且深入的推广,有效触达并影响了目标受众群体。
- 在小红书上,珀莱雅通过与达人合作,大量铺设笔记,据新红数据不完全统计，2023年10月品牌种草增量榜中，珀莱雅以2996名种草达人增量的数量位居第二位，仅次于欧莱雅。

其次，"双11"期间，头部达人直播和品牌自播同时发力：

- "双11"期间，珀莱雅共计16款产品链接入驻2023年10月24日头部主播的超级美妆节活动。相较于上一年"双11"，产品链接数实现了翻倍的增长。除了其标志性的红宝石和双抗等经典系列外，珀莱雅更是将最新推出的套装价格超千元的中高端新品系列也带入了头部主播的直播间，为消费者带来了更多选择。
- 在抖音平台，珀莱雅也是"高举高打"，"双11"近30天内，珀莱雅成功亮相在多位头部主播的直播间。
- 在品牌自播方面，珀莱雅布局了8个账号，其中6个专注于品牌自播，另外2个则作为品宣账号，专门用于分享最新的产品动态和呈现品牌自制的短片，进一步加深消费者对品牌的认知和了解。

据新抖数据的粗略统计，2023年"双11"近30天内，珀莱雅的自播和与达人合作的直播场次累计达到9267场，位居抖音品牌带货榜第10名，并且成为前十名中唯一的美妆品牌。

正是超级大单品战略之下，珀莱雅日常营销中累积的人群资产和"双11"超级战役中"高举高打"策略，促成了珀莱雅2023年"双11"的现象级成功。

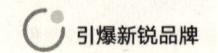

第四，关键公关营销，通过公众事件来提升品牌的对外形象以及市场信誉。

瑞幸，一个曾经创造了全球最快首次公开募股（Initial Public Offering, IPO）记录"神话"的咖啡品牌，于 2020 年 4 月被曝出财务造假事件后一落千丈，品牌形象完全坍塌。但神奇的是，瑞幸仅仅用了 2 年的时间就完全扭转了局面，并成了一个销量与口碑双丰收的品牌。在国内商业史上几乎很难出现第二个这样的品牌。

瑞幸的发展在数据层面体现得尤为明显。瑞幸 2023 年第四季度及全年财报（以下简称"财报"）显示，其 2023 财年的总净收入已经突破 200 亿元大关，收入规模创历史新高。

瑞幸在经历了 2020 年的风波之后，选择了更精准的营销策略，也更明白了如何将钱花在刀刃上——彰显品牌价值与提升品牌美誉度。这一点从 2022 年初瑞幸在北京冬奥会期间的营销就可以非常明显地体现出来。瑞幸的代言人是 2022 年北京冬奥会自由式滑雪大跳台和自由式女子 U 型场地的金牌获得者谷爱凌，在她拿下个人在北京冬奥会的第一枚金牌后，相关话题在网络上迅速登上热搜。与此同时，瑞幸微博的指数环比增长了 1 684.21%。

但这并不是瑞幸"幸运"地蹭上了代言人的热度，而是瑞幸提前布局的结果。早在 2021 年下半年，瑞幸就签下了谷爱凌。这源于更迭管理团队后的瑞幸对北京冬奥会能带动全民运动热潮和关注度的信心。尽管竞技体育本身有着很多不确定性因素，但是运动员的形象与品牌调性的契合度才是更重要的，这位奥运冠军的励志故事与瑞幸当时输出的"专业、年轻、时尚、健康"定位十分匹配，瑞幸相信她能成为年轻一代的新偶像。

在 2021 年 9 月正式官宣签约谷爱凌到她成为冠军的这 150 多天里，瑞幸做足了用户蓄水：①在自己的私域池子里，向用户疯狂科普和宣传谷爱凌，无论是微信小程序的订单推荐，还是官方微博，几乎全部上线或发布了与谷爱凌相关的互动。②与谷爱凌深度绑定，而不是单次合作。就如一篇分析文章中所说，瑞幸与代言人的绑定已经形成一个公式：代言人=（定制新品+TVC+周边+快闪店）×品牌精神。所以，在官宣代言人之后，瑞幸就开发了瓦尔登滑雪拿铁、蓝丝绒飒雪拿铁这两款新品特饮，特别是蓝丝绒飒雪拿铁中的"飒"与谷爱凌的形象非常契合。同时，为了使热度在其夺冠日爆发，瑞幸已经提前上线了限定版杯套、纸袋、加油签等周边，还在北京开设了两间以谷爱凌为主题的快闪店，并提前准备了宣传 TVC。

在谷爱凌夺冠之前，瑞幸完成了"前一秒谷爱凌夺冠，后一秒瑞幸出圈"这样富有层次，且能抢占到第一时间的营销动作。其中，比赛前日，谷爱凌限定版杯套、纸袋、加油签周边就已经上线；谷家凌拿下个人首金后，瑞幸第一时间发微博表达祝贺，并应景地发了 4.8 折的优惠券，还在小程序、App 上的点单页及时更新"谷爱凌推荐""夺冠！"等相关内容，在随后的 2 小时内，谷爱凌定制款瓦尔登滑雪拿铁和蓝丝绒飒雪拿铁在全国各门店售罄。同时，也是在这 2 小时内，众多匹配的媒介渠道更新了最新广告片以及夺冠素材，并利用云平台技术迅速在 1～2 小时内将"瑞幸×谷爱凌"的海报覆盖自控网点。

在这次营销中，瑞幸蹭到了热度、圈到了好感、拿下了话题，又提高了销量。瑞幸用教科书式的营销过程，诠释了"哪有什么平白无故的运气，不过都是脚踏实地的努力和实力"。一刻爆发都源自长时间的积累。

归结而言，正如开篇所讲，在 C-PRO-B 增长飞轮模型中，以消费者为中心，并通过产品、运营、营销一体化，才能创造与塑造品牌，同时获得品牌优势，完成心智记忆的势能积蓄。营销必须与产品、运营乃至组织实现一体化协同，以面共振，而非以点、线形成链式连接，才能真正实现增长飞轮的持续高速运转。

以多个超级单品带动增长飞轮

品牌运用 C-PRO-B 模型，切不可分裂、静态地拆开看待每一部分：确定核心目标消费者并进行深度洞察（C），在此基础上打造出超级单品（P），用资源杠杆撬动营销（R），产品、内容、运营一体化（O），实现有用、有型、有感的品牌资产沉淀（B）。

正是通过多个超级单品的营销战役来带动增长飞轮，品牌才会最终获得长期增长。ubras 就是 C-PRO-B 增长飞轮的代表。2020 年，ubras 凭借行业首创的无尺码内衣，在天猫"双 11"榜单上从籍籍无名一跃成为魁首，并成为无尺码内衣赛道第一。之后推出"小凉风"、肌底衣、红内衣等超级单品，通过多个超级单品营销战役来强化品牌资产，最终建立舒适内衣的品牌心智。

另一个例子是珀莱雅。2023 年天猫"双 11"美妆行业最大的关注点就是"珀莱雅杀疯了"，珀莱雅成为多渠道的美妆类目第一、国货美妆第一。其中在天猫渠道，珀莱雅超过欧莱雅、雅诗兰黛等一众国际大牌美妆，这也是国货美妆时隔 5 年再次重回天猫美妆榜单第一。

珀莱雅发端于线下 CS 渠道[①]的燎原系统，自始至终秉持着对生意的快速响应，一路成长。珀莱雅对产品一直有着极为实用的看法，它一直坚持从

[①] CS 就是 Cosmetic Shop，指由化妆品专营店或连锁门店组成的渠道。——编者注

主流消费者的需求出发，开发与营销商品，这恰好是数字化时代最重要的营销基点。

珀莱雅认知数字化时代的产品营销规律并不是一蹴而就的，它经历了三次迭代：从爆品营销到超级单品营销，再到原创战略商品营销。珀莱雅将数字化营销实践结合组织能力建设，不断延长产品的生命周期，完成了从短期产品销量到长期品牌心智建立的蜕变。

爆品营销阶段

2019年7月，珀莱雅紧跟抖音流量风潮，携手全线抖音达人进行营销，首款爆品黑海盐泡泡面膜在线上渠道上线便成为爆品，首月销量高达百万盒。尽管如珀莱雅创始人方玉友所说，珀莱雅泡泡面膜最后就像个"泡泡"——快速消散了，但泡泡面膜对珀莱雅后续发展有5个重要意义。

第一，扭转品牌认知，锚定全新的战略人群。泡泡面膜是珀莱雅转战线上后的首次突破，它带来的不只是销量，更形成了消费者对珀莱雅全新的认知，确定了珀莱雅的战略人群。

过去珀莱雅是卖给线下三四线城市中35岁以上女性（"小城贵妇"）的，现在珀莱雅是迎合Z世代、小镇青年等年轻人的品牌。如今，珀莱雅对这个改变和认知都越来越深刻。方玉友在美妆行业会议上公开表示：珀莱雅的一切战术都以年轻消费者为中心。上一代消费者是深信国际大牌的一代，"只买贵不买对"。但年轻消费者不一样，他们生长的社会环境决定了这一代人充满好奇心和包容性，更能接受国货，他们是珀莱雅与新国货成长的最大机会。

第二，契合平台流量算法，形成超级链接的大单品模型。珀莱雅过去在线下渠道卖的是产品套盒，这符合"小城贵妇"的喜好。直到海盐泡泡面膜的爆火，珀莱雅才深刻意识到消费者需求的变化：年轻消费者只为每个品牌中的超级单品买单，这是他们的购买习惯。

另外，无论是天猫还是抖音，电商平台历来愿意为高效率链接配置更多资源。强者恒强的马太效应在电商运营中一再重演。

泡泡面膜短期过百万的爆品模式的成功，使得珀莱雅在类目搜索、全域分销、品牌连带、平台营销坑位资源等方面都赢得了巨大的溢出效应，也帮助珀莱雅确定了后续的超级单品策略。泡泡面膜成功背后的流量逻辑，对后续珀莱雅推出解渴面膜，乃至快速抢占"双抗"和"早C晚A"有着重要启发。

第三，摸清电商渠道的规则，建设全新一体化组织。根据新锐品牌高速增长的模型——C-PRO-B增长飞轮，关键的增长引擎是组织中产品、内容、运营的一体化。这打破了传统筒仓式组织结构，并且是对高效运营的电商流量算法机制的一种组织响应。珀莱雅通过泡泡面膜第一次将产品开发、内容推广、市场运营整合到电商部门，由一个部门完成整体增长要素的调用，形成全新的增长路径。

第四，与达人充分沟通，奠定未来产品的开发逻辑。各种数据表明，新一代消费者更容易受到专业达人的影响，他们已经超越媒体广告与美容顾问（导购），成为最重要的用户专业信息来源与购买决策依据。

2014年前后，成分/功效护肤趋势由一部分高知人群带动起来，其中有不少人在后来成为KOL。这股风潮发展数年之后，伴随着小红书等种草平台的火爆，KOL对功效护肤的推动作用已经很明显了，不少功效护肤品牌也因此找到红利，珀莱雅也是此时少有的从既是消费者又最了解消费者需求的KOL身上挖掘消费者需求和趋势的品牌。

在泡泡面膜营销中，珀莱雅在几个月时间内对抖音上几百个垂类达人进行了普投的内容种草，初步掌握了在抖音渠道与达人沟通的关键能力。

第五，生意要回到长期需求，就必须抛离短期爆品。最值得敬佩的就是，珀莱雅起于爆品，但没有陷于爆品，而是超越了爆品。

珀莱雅在泡泡面膜爆火之后，看出了这背后的虚幻假象，泡泡面膜能形成自传播是因为敷贴后起泡泡，这在研发层面没有任何技术壁垒，也没有给用户提供有意义的长期价值。

短期爆品爆火后迅速走向衰亡，本质上就是背弃了用户的底层真实需求，自然也不能成为长期价值的承载。珀莱雅首次意识到爆品和超级单品的区别，在产品开发中从普遍重视可视化的营销卖点，转向用户理念升级，推出真实改变肌肤的优质产品，并由此开启了超级单品时代。

形成 C-PRO-B 增长飞轮

2020 年，珀莱雅红宝石精华、"双抗"精华上市；2021 年源力精华上市；历经 3 年，红宝石系列和"双抗"系列都升级到第三代，依然是珀莱雅和护肤行业当之无愧的超级单品。中信证券报告显示，2023 年前三季度，珀莱雅品牌营收约为 42 亿元，累计营收占比约 80%，其中红宝石、"双抗"、源力三大单品系列占总营收的 50%。

超级单品和爆品有着本质区别，这些区别也是超级单品长兴的关键：

- 真需求带来长期性：爆品是假需求，是尝鲜需求，超级单品是真需求，是长期需求，所有伪需求都是不长久的。只有消费者的真实需求是永久存在的，品牌只有满足主流群体普遍存在的真实需求才能穿越生命周期。

- 强认知带来高渗透率：超级单品在产品概念与名称上必须拥有高认知效率，才能带来更快的市场渗透，获得流量推送优势。
- 高认可带来高复购：超级单品能长效运营的关键是，消费者对产品使用功效的认可度高且持续，如此才能产生高复购率。
- 硬实力带来强优势：爆品没有竞争壁垒，而超级单品是品牌型产品，必须有竞争壁垒，竞争壁垒来自独有的配方、成分等产品底层的研发优势。
- 可复制带来矩阵化：超级单品的成功不是偶然的，而是有逻辑的，这种逻辑形成平台型概念，就可以被复制到品牌的其他产品上，从而产生更多超级单品。

珀莱雅打造超级单品、获得长期发展路径的 5 个阶段，正吻合 C-PRO-B 增长飞轮的 5 个层面。

第一，数字化时代下新一代消费者洞察：从成分主义到科学护肤理念。

在采用超级单品战略之前，珀莱雅的产品定位是"海洋植物护肤"，强调"深深深，深层补水专家"，而后珀莱雅提前选择了抗衰赛道，陆续开发红宝石系列、"双抗"系列、"早 C 晚 A"组合。

珀莱雅这样的选择，除了因为抗老和提亮是两大主流需求，还因为这些是已经被国际美妆大牌验证过的超级单品趋势。国际大牌都在推的抗老、抗氧、抗糖精华或面霜，就是具有高认知效率的趋势赛道与功能概念。

在大家普遍推成分、倡导成分主义的时候，珀莱雅已经开始布设成分之后消费者的升级需求。事实上，消费者一旦开启护肤进阶之路，就会止步，超越成分的就是更新一代的护肤机理与护肤观念。这是珀莱雅成功的最大秘诀。

此外，在产品推广过程中，珀莱雅还在不断升级迭代产品，提升用户满意度。事实上，持续的产品改进才是产品永续经营的核心。

红宝石和"双抗"精华，其实是到第二代才真正火爆起来，红宝石精华1.0将抗衰成分肽添加到了当时业界最高含量（20%），并配合0.1%A醇。而第二代既保证了功效，又升级了肤感。肤感其实是功效型护肤品非常重要的一个要素，因为消费者很难在短时间内感知产品的抗老功效，他们会在使用产品的第一时间感知到产品的肤感。肤感好不好，甚至是消费者评判护肤品好不好用的决策要素。珀莱雅显然抓住了这个细节，直到"双抗"精华3.0，珀莱雅都在根据消费者反馈反复升级肤感。

第二，契合内容营销和拥有超级性价比的超级单品：打造"早C晚A"等抗初老单品。

珀莱雅在产品研发阶段就已经基于"早C晚A"开始布局。它高度重视KOL、达人的建议与反馈。能在2019年就开始筹备红宝石精华和"双抗"精华的研发工作，并在所有品牌还没反应过来的时候率先铺设"早C晚A"内容营销，这与珀莱雅对KOL的重视有着很重要的关系。

定价对大众品营销来说至关重要。做大牌平替，走高性价比路线，是珀莱雅成功的最基本前提。珀莱雅的超级单品战略一直将单价定位在平替的大众价位段。

很多品牌人有"低价羞耻",这是一个非常大的误区。在线上环境难以进行高价值创造,锚定品类中的高价值的形象产品给予针对性的产品开发,将是一种非常高效的价值收割策略。

在小红书等社交平台上,不难发现用户会在选择抗老面霜时将珀莱雅红宝石面霜(309元)作为SK–II大红瓶面霜的平替(890元)去比较,选抗氧精华时将珀莱雅"双抗"精华(239元)作为雅顿橘灿精华(870元)的平替来对比。

超级性价比带来更快的决策,最终体现在销售上,2023年11月1日,红宝石面霜3.0仅1小时就卖出超50万件,"双抗"面膜2.0仅1小时卖出超27万件,"早C晚A"组合"双抗"精华卖出超过30万件。不仅如此,珀莱雅还非常重视全网价格管控,在尽可能推动产品分销过程中实现价格与销量的微妙平衡。

第三,以社交媒体为载体、以内容营销为特征的营销资源杠杆:"快准狠"抢占消费者心智。

珀莱雅敏锐地观察到"早C晚A"等概念在超级垂类达人视频与直播间爆火后,前瞻性地着力"双抗""早C晚A"的新一代抗衰概念。无论是抗糖抗氧还是"早C晚A",都不是珀莱雅首创,但被珀莱雅抢占,并使概念等同于品牌。

珀莱雅用有效的内容(准),在竞争对手尚未建立心智前(快),全面、最大限度触达目标消费者(狠),并在消费者心中形成深深的印象,从而占据了A醇、"双抗""早C晚A"的品牌心智。

准。当头部品牌都着力打造抗衰产品时,如何与用户有效沟通?珀莱雅找到了很准的传播内容，比如年轻人抗老与中年人是有区别的，年轻人更多的是预防，他们更愿意从功效、机制层面寻找科学抗老产品。所以，珀莱雅将年轻人的抗老定义为抗初老，并以"抗糖、抗氧"为落脚点，基于抗老的护肤方式和生活方式，提前预见了"早C晚A"与年轻人生活方式的契合度。

快。A醇产品不是珀莱雅先做的，"早C晚A"的概念也不是珀莱雅最先提出的，能占据这两大心智，是因为珀莱雅对消费者需求的敏感，且对趋势有着很强的决断力，在这些概念还没流行起来时，珀莱雅就提前押对了宝。

狠。在这个层面，珀莱雅主要做到了两点，一是更快起步，更狠布局。方玉友说："别人讲1句，你讲100句，一定是你的。我们讲得多、声音大，就是我们的。"看珀莱雅的投放策略会发现，珀莱雅在中腰部达人上的铺设更多，主要是以量覆盖，淹没式投放，通过抖音、小红书、微信、微博等各大社交平台和各大网站KOL、KOC广告以及站内投放，占据声量份额，将投放少的公司淹没掉。

珀莱雅推动了"早C晚A"的流行，很多品牌都在跟进。截至2023年11月，魔镜社交聆听数据显示，在近一个滚动年中"早C晚A"概念的声量超过27万。由于更快更全的内容铺设，珀莱雅做到了让"A醇=珀莱雅""'早C晚A'=珀莱雅"。

魔镜社交聆听数据显示，在"早C晚A"声量中，珀莱雅位居第一，份额高达31%，珀莱雅整体品牌声量高达106.3万，其中红宝石、"双抗"的热度最高。声量直接带来了销量，在相同的统计期内，魔镜"分析+"数据显示，"早C晚A"概念下市场份额最高的品牌也是珀莱雅，销售额占比高达46.8%。

二是同时增进心理可得性与物理可得性。全面覆盖的内容营销增进了心理可得性，更多渠道分销覆盖则强化了物理可得性，进行饱和性攻击。

方玉友是渠道代理出身，深知渠道覆盖对建立品牌的长期影响。目前，珀莱雅早已全面覆盖淘宝天猫、京东、抖音、唯品会、快手、拼多多等电商平台，尤其是与超级头部达人的合作极为深入，这种优势在"双11"显露无遗。

珀莱雅还通过在各大内容平台建立品牌自有矩阵账号的方式，进一步扩大消费者触点，强化自营能力，同时优化利润率。这也是珀莱雅线上渠道品牌生意贡献超过90%的底层原因。

2023年"双11"，珀莱雅几乎做到了全渠道第一：天猫美妆行业"双11"全周期品牌成绩单第一；抖音"双11"全周期美妆护肤品排名第一；京东平台美妆"双11"全时期超级战报增速榜第一。

零售品牌的建立取决于店铺数量，快消品牌的建立取决于权重分销。当所有渠道，无论是数量还是分销权重都占据第一时，品牌认知效率自然会实现最大化。

第四，快速反应、一体化协同的运营能力：从垂直型组织到矩阵型组织。

数字化时代下快速变化的环境，倒逼企业进行组织变革。珀莱雅已经从2017年的垂直型组织变革为如今的矩阵型组织，矩阵型组织的最大变化是专注于消费者。

首先，在互联网速度下，人才成长迭代很快，需要明确的绩效机制和更快的培养激励计划，珀莱雅目前每半年进行一次岗位提拔，每半年涨一次工资。其次，搭建中台，内部人才可以共享，投放中台、设计中台、运营中台、产品开发中台，能力都是共用，即便是新品，也能匹配最佳的团队。最后，因为从消费者出发，所以权利被赋予离消费者最近的岗位，领导的职责就是支持、解决问题。这种大变革对传统企业中的传统智能设置挑战极大，而珀莱雅成功完成了变革。

第五，向着品牌化发展不断进阶。

随着超级大单品阶段的成功和品牌的不断积累，从短期销量到长期销量，从拿来主义到原始创新，从生意增长到战略支撑，珀莱雅的产品策略已经迈进"原创战略商品阶段"。

珀莱雅目前正处于超级单品阶段和原创产品阶段之间，其中一个重要标志就是：珀莱雅在多肽类成分上持续探索15年，近两年不断反向推动化妆品原料领域的创新，比如红宝石面霜3.0加入"环肽–161"，是国内化妆品行业首款通过获批备案的环肽成分面霜。

从大牌平替向原创战略商品阶段迈进，珀莱雅在"超级单品——产品矩阵——强品牌——多品牌集团化"这一企业发展路径上不断进阶。在这个阶段，珀莱雅正在夯实更底层的企业核心能力，保证企业基业长青、永续发展。

首先，整合资源，形成适合企业发展的研发创新能力。这个阶段的核心不只是满足消费者需求，更可能是引领消费者需求，基于科学机理研究，用创新型产品进一步满足消费者需求。

珀莱雅历来务实，创新上不图虚名，一直寻求最适合自己的发展阶段和最有利的开发方式。从早期拿来、独家买断、海外合作、战略投资，到独立研发，珀莱雅在企业创新上调用多方资源与杠杆，走出了一条非常实用的"中国特色之路"。

据增长黑盒的总结，珀莱雅一款产品从起步到打爆需要趋势洞察、与KOL沟通、社群测试、内容种草、广告投放、反馈收集这6步系统方法。在科技护肤趋势下，珀莱雅正在实施研发全球化和科学化：全球人才、全球原料、全球研发、全球生产；科学化的硬件软件，甚至科学化的思维方式、工作方式。

其次，品牌蜕变，占据科学护肤与关爱女性成长的长期心智。珀莱雅从"海洋护肤"一路进化到"科学护肤新选择"，进行了一场"断舍离"。这种品牌变身极为凶险，少有成功，但珀莱雅凭借强大的营销能力逆天改命，借助时代用户趋势与内容营销风口实现品牌重塑。

在品牌营销层面，珀莱雅围绕社会热点话题和女性用户精神困境，聚焦性别、爱情、成长、精神健康、校园暴力等议题，打造出"性别不是边界线，偏见才是""回声计划"和"萤火计划"等代表性案例，用情感营销传递品牌理念，激发消费者精神共鸣，并通过长达两三年的每个月进行持续性内容输出，实现品牌破圈，打透年轻消费者圈层。

无论是理性还是感性，珀莱雅都正在用全新的话语体系与用户沟通，成为新一代国货的新生品牌代表。

最后，弘扬持续学习、自我迭代的企业家精神。沉浸化妆品行业27年，从化妆品代理商到创立品牌，方玉友不算是品牌专业出身，从某种程度来看，这一点恰恰是珀莱雅能获得如此大的成功的关键。

正因为"不够专业"，才使得方玉友拥有跳出"当局者迷"的视野，看透数字化时代下最基础、最朴素的经营之道，以及始终保持不断学习的精神，在看透后拥有跟进时代变化的反应能力。

PART 2

第二部分

新锐品牌的
7 大类型

第 6 章

第一类，无差别品牌
为抹平线上线下的体验差异而生

线上品牌创建面临的最大问题是什么？这是新锐品牌面对的第一个棘手问题，也是必须回答的问题。不同于传统知名品牌的消费者对商品性能高度熟悉，只需要根据正品与价格来判断是否购买，消费者面对线上从未使用或了解的品牌，该如何判断是否购买？

尽管平台方给予线上购物 7 天无理由退货的售后保障，但绝大多数消费者依然对潜在的退货备感烦恼，甚至有可能放弃购买。在信息量堆叠，消费品琳琅满目的背景下，消费者的选择变多了，却也更加"纠结"了，消费决策路径变得越来越长。这是绝大多数品类中的线上新锐品牌面对的最大挑战。

由此，能够缩短消费决策路径的无差别品牌出现了。它们借由一类无差别化的商品，如尺码无差别、肤质无差别、价格无差别、品质无差别、款式无差别、男女无差别等，为消费者提供了简单的选择，让他们可以放心购买。无差别品牌重新定义了品牌定位的标准，并更加开放地拥抱这个时代。

在过去很长一段时间内，品牌定位主要依赖传统认知，比如服装大致可分为男装、女装与童装，护肤品可分为油性、干性、中性肤质适用等。在信息并不发达的时代，这样的定位方式能够相对轻松地获取精准用户，同时促成明晰的品牌认知。

随着社会经济的不断发展，人们的生活水平不断提高，眼界更加开阔，获取信息的渠道更加丰富，心态也更加开放和包容。人们不再受固有规则的束缚，变得勇于打破传统认知。随着用户认知的变化，品牌的打造发生了改变，那些传统的定位理论似乎不再适合这个"不受限"的时代。

无差别品牌，指通过产品、渠道、运营等层面的创新，如商品包容度更高、款式更简单、核心功能更突出、性价比更高等特点，抹平线上线下不同渠道的消费差异与不同人群的商品选购差异等，使消费不受场景限制与人群个性化差异的限制，最终促成高效转化的新锐品牌。

无差别品牌诞生的背景，是由于数字化渠道的去中间商化，所以更容易实现平价化、标品化。几乎所有线上品类中最头部的新锐品牌或初代新锐品牌均由此模式创建，它们为品类渗透创造了全新可能，但也会在更多细分品牌涌入时面临挑战。

无差别品牌的 3 大特征

开放性：打破传统认知，消费条件不受限

在固有的传统认知中，很多品类往往受到性别、尺码等因素的限制。无差别品牌则打破了这种传统观念，重新建立起关于品类的认知，让消费本身不再受限，并通过减少消费阻碍，提升销售转化的可能性。例如，提出无尺码内衣概念的 ubras，打破了内衣需要分尺码购买的传统观念，让女性不再被拿不准内衣的尺码这一问题困扰，从而减少消费阻碍，提高销售转化率。

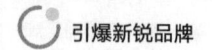

高效化：抹平线上线下的消费差异，缩短消费决策路径

长久以来，强体验的产品束缚了品牌渠道的发展，消费者将产品体验作为决策的固定环节，这难以改变。无差别品牌通过产品创新，以极致的性价比或极大的包容性，降低了消费试错成本，消除了线上线下消费体验的差异，缩短了消费决策路径。例如，小米、完美日记就是极具性价比的代表性品牌，它们突破了需要先试用再购买的线下消费场景，通过低成本试错来减少消费者的顾虑，减小线上线下购物的差异，缩短消费决策路径。

标品化：供应链极致升级，提升商业效率

无差别不代表无技术，相反，无差别能够让传统供应链在技术和管理方式方面得到极致升级。无差别品牌将非标品逐步发展为标品，并不断创新合作模式，在实现快速复制和规模化生产的同时降低库存积压的概率，提升商业效率。例如，主张男女同款的Bosie，其产品只有尺码的差别，没有板型的差异，节约了设计、采购、生产和营销成本，减小了库存积压的概率，直接提高了商业效率。

我们以ubras、HFP、小米这3个品牌为例，来详细解读无差别品牌。ubras、HFP的产品是典型的基于新一代消费者的特性和标签的创新，实现了品牌的开放平权化和产品的无差别化。小米和完美日记都是极致性价比的代表，它们通过普适性的价格各自推动了一个品类的普及。同时，ubras和完美日记是典型的线下渠道依赖型品类，却抹平了渠道差异，它们是这类品牌的代表。

ubras：无尺码内衣，突破试穿的购买限制

在当今时代，线上渗透率越来越高，线上交易成为主流。用户基本购买

第 6 章　第一类，无差别品牌
为抹平线上线下的体验差异而生

行为正在迁移，线上渗透率已成为推动新锐品牌崛起的核心力量。

但对渠道依赖性极强的品类来说，如依赖线下的试用、体验、定制、售后等服务的品类，要实现线上的高效销售乃至全渠道覆盖，首先要解决的就是不同渠道的购买差异问题。品牌应思考是把线下的商品平移到线上销售，还是为线上渠道创造全新供给，这个问题至关重要。

无差别品牌通过在产品研发方面的改良，实现了品类的创新，改善或解决了原本过于依赖线下渠道的问题，抹平了线上线下渠道的差距，实现了线上的高效销售。

无尺码内衣代表品牌 ubras 通过对内衣品类的创新，消除了不同人群的个性化差异和尺码焦虑，让内衣这个原本需要在线下试穿的品类变得易于在线上购买。

让用户无须纠结尺码，降低决策难度

受所处环境的影响，这一代年轻人的消费习惯呈现出一些时代特点，比如自我意识强烈、崇尚多元与开放、追求高效便捷等，满足这些特点的品牌更易被接纳，甚至有可能打破传统的产品模式。

ubras 的崛起源于新内衣文化的出现。以维多利亚的秘密为代表、强调性感的内衣时代已成为过去，随着女性自我意识的觉醒，内衣舒适度的功能价值和悦己的情感价值成为她们的新需求。

ubras 以强调舒适的内衣穿着体验而诞生，但其并非诞生之初就开始以无尺码内衣为核心，而是经历了由无钢圈到无尺码的进化，在不断满足女性对舒适、自由、无拘束的需求的过程中，形成了无差别化特征。

ubras 刚成立时，恰逢中国无钢圈内衣运动发展的热浪，无钢圈内衣运动鼓励女性摒弃穿着体验较差的有钢圈内衣，追求高度的舒适感，真正解放胸部。此时，ubras 围绕"零束缚"这一关键词研发出无痕背心式软杯内衣和文胸式背心等一系列无钢圈内衣，但有尺码之分。直到 2017 年，无钢圈的零束缚理念已无法满足"90 后"消费群体，除了零束缚，她们更需要极度的自由，表达无拘无束的价值观。

基于对"不被定义自由"需求的洞察，ubras 逐步推出了无尺码内衣，并成为无尺码内衣的代名词。2023 年，ubras 的销售额已破 4 亿元。

从有钢圈到无钢圈，再到无尺码，ubras 不断改变着消费者对内衣的传统认知，让尺码不再是影响女性购买内衣的主要因素，因此收获了更广阔的目标用户。

创新销售模式，实现线上线下无差别化

前面提到，真正能撬动线上增长力的方法，不是将线下品类向线上平移，而是创造新供给，以满足用户对线上购物高效、便捷的真正需求。

过去，女性很少在线上购买内衣的原因在于内衣需要试穿，所以线下一直是销售内衣的主渠道，线下渗透率超过 80%。内衣品类要做到线上无差别化销售的关键是，创新的产品或销售模式能解决线上无法便捷试穿、准确快速选购内衣这一问题。

ubras 的无尺码产品，解决了消费者提出的"胸围永远量不准、尺码推荐永远不合适"这一普遍存在的问题。ubras 从产品上进行升级，让消费者在购买内衣时不再需要测量胸围，客服也无须推荐尺码，使一款产品能够满足 99% 消费者的需求。为了让内衣的包容性更强，ubras 在技术和设计上进行了创新。例如，利用点胶技术让内衣的拉伸性更强，在内衣的缝合处排列组合千万个胶点。通过工艺上的改进，ubras 内衣能够适应各类身材，带来更好的穿着体验，使消费者购买内衣时无须试穿，减少了消费者的选择时间，缩短了消费决策路径。

从源头减少 SKU 数量，提升生产效率

在品牌发展的各个环节，产品设计、营销都会得到极大的重视和不断优化。生产、库存管理这样的后台工作同样关乎着品牌能否良性运转。标品化能有效缓解库存积压、资金周转不佳等问题，还能使品牌运营更高效、成本更低。

ubras 将多尺码内衣改造为无尺码内衣的做法，对优化生产、管理、运营等极为有利。一般来说，一款产品可能有 8～12 个 SKU。而内衣的生产涉及外表面料、内衬、肩带、胸垫插片、搭扣等几十种部件，几乎每个部件都涉及一条独立的供应链。多尺码内衣在生产环节一般每个尺码只需要少数 SKU，很难达到传统工厂大批量生产对量的需求，而每个尺码都大量生产就会带来很大的囤货压力和库存成本。

与传统内衣相比，ubras 内衣采用了高弹材料和新黏合技术，一件内衣的部件只有一片布和两枚胸垫，制作难度低，颠覆了传统内衣的生产工序。加上不区分尺码，所以它从源头上减少了产品 SKU 数量，有效地提高了生产效率，实现了大批量生产。

降低制作难度，就能减轻供应链的生产负担，缩短产品的上新间隔。由此，品牌也能快速丰富 SKU，极大地提升商业效率。

HFP：全肤质可享的极简护肤体验

品牌可以通过简化个体差异带来的消费障碍，来实现无差别化，从而更加普适化、更具开放性。一方面，新一代消费者思想越发开放，乐于尝试新鲜事物；另一方面，他们越来越"懒"，想不费力气就获得更好的产品。

比如护肤品，护肤品市场的成熟化选择（多种肌肤类型、多步骤、多价位）让护肤品的购买过程和护肤程序变得更复杂。HFP通过产品创新使护肤决策过程变得更加简单。2017年，HFP以产品成分为切入口，而不以肤质为决策因素，让每种核心成分都成为一种肌肤问题的解决方案，从本质上降低了消费者选择护肤品时的不确定性。

迎合消费者树立"高阶护肤的知识女性"人设的需求

新一代消费者的崛起改变了消费版图，与上一代相比，这一代消费者更注重自我表达。经济学研究发现，消费者需要的是"洞"而不是"钻头"。在物质资源十分丰富的时代，消费者购买的不只是商品本身，还包括对隐性需求的满足，以及自我人设的完善。

HFP表面销售的是商品，实际销售的是理想人设。它之所以能够走红，是因为迎合了消费者对"高阶护肤的知识女性"人设的需求。

在传统认知中，护肤品需按照针对不同肤质的功效来区分，如分别适用于油性、混合性和干性肤质三种类型。然而，消费者在选择产品时最在意的其实是产品能解决什么皮肤问题，她们不会简单地根据自己的肤质来决策。

而HFP强调产品的成分，以不同的成分来解决不同的皮肤问题。这是消费者真正需要的。同时，她们更需要的是塑造"高阶护肤的知识女性"人设。

为消费者提供极简的选择，让销售转化更高效

近年来，极简风在各个领域流行，这背后暗含的是消费心态和审美观念的转变。快节奏的环境、充沛的物资、爆炸的信息量，让越来越多的人想要由繁化简，减轻心理负累，回归本真。

很多传统的护肤品为了肤感会在配方中复配一些成分。因此，一个产品可能会同时拥有四五种功效，消费者在做购买决策时，需要先辨别哪个功效才是最核心的，这加大了购买难度。

HFP产品的极简成分有助于消费者更快地做出购买决策。其每款产品都只有一种核心成分，并且都以核心成分命名。消费者能够一眼就判断出HFP产品是否符合自己的诉求，极大地减少了做选择的时间成本。

同时，因为消费者能够通过成分直接辨别产品的适配性，所以打破了线上线下的购物场景限制——由于护肤诉求不同，很多时候消费者都需要先在线下试用，再通过美容顾问的介绍完成购买。HFP打破了这种传统的护肤品消费路径，让销售转化变得更加高效。

小米：打造极致性价比的科技产品

在消费金字塔模型中，高端消费人群只是金字塔的顶端，新锐品牌要想做大就必须定位大人群。然而很多品牌却只愿意往上看，做着精致的品牌梦，却忽略了品牌生存的根基。很多品牌只关注天猫总结的8大消费人群中的主力军人群，却忽略了如小镇青年等广大的新势力人群。品牌要想立足于足够大的市场，就必然要想办法拉平差距，以更高效地满足更多消费者的需求。

小米是中国较早以高性价比带来无差别化的典型品牌。小米手机的无差别化，在于极致性价比和相对简易的操作促进了智能手机在中国市场的普及，让智能手机破除了圈层的差别和使用门槛，其使用人群从年轻人到中老年人，从白领、蓝领到学生，十分广泛。

重新建立智能手机定价认知，推动智能手机的普及

在无差别品牌消除购买差异的方式中，有一种是拉平消费差距。在诸多品类中，拉平消费差距是一种创造新供给、撬动大市场的策略。当产品在价格上为多数人接受且拥有高品质时，就能降低消费者的选择门槛，在更大的市场中普及。在小米手机出现之前，智能手机是有门槛的，因其比普通手机高得多的价格成了高消费能力人群的专属。《2011—2012 中国智能手机市场研究报告》显示，2011 年中国智能手机的均价为 1 683 元。当时，智能手机的标杆苹果手机的官方售价在 4 000 元左右，并且限量发售。三星、HTC 等品牌的旗舰手机价格也在 4 000 元左右。

正因为价格门槛，智能手机直到 2011 年都还未在中国市场普及。根据赛迪顾问有限公司发布的数据，2011 年中国智能手机的销量为 7 344 万台，这意味着那时数以亿计的中国人还没用上智能手机。

在小米手机出现之前，中国的手机市场一直在发展，但从来都不是世界手机市场的主流。小米手机的出现，重构了市场对智能手机的定价认知。以小米 2011 年 8 月发布的手机为例，其搭载 1.5 吉赫高通双核处理器、4 英寸屏、1GB 内存，有着 4 000 元配置却以 1 999 元的价格售卖，推动了国产手机的普及。

通过小米生态链的打造，已经逐渐衍生出众多有着极致性价比的科技产品。在消费者心中，小米更代表了一种追求极简生活的态度。

第 6 章　第一类，无差别品牌
为抹平线上线下的体验差异而生

极致性价比背后的高效品牌模式

拉平消费差距并非只靠低价，低价更不等于廉价，新一代消费者可以为高性价比买单，但不一定总会为低价买单。过去美妆行业流行以产品成本的 10 倍作为售价的做法，早已不被新一代消费者所接受，新锐品牌面临的是消费者期待更高品质的要求和更大的让利空间。

极致性价比，是建立在更高效的运营之上的。小米手机以极致性价比快速占领了智能手机市场。然而，极致性价比的打造离不开高效模式的助推。事实上，小米在采购成本和品质上与友商是一样的，但是小米在渠道成本、营销成本和运营成本上的效率远高于友商。因此，同样配置的产品，小米可以用极低的价格发售。

小米的效率主要体现在三方面。首先，小米在自己的平台上售卖产品，最大限度地减少了中间环节，缩短了产品从生产到送达消费者手中的时间。小米生态链拥有完整的线上线下销售链条。小米通过严格的品控，全覆盖式的场景、同价同折的策略，真正实现了线上线下无差别的购物体验。其次，小米采取精品战略，将所有资源聚焦在单品上，对单品的研发投入远超同行，让单品具备足够强大的竞争力，并从根本上提高了研发效率。最后，小米没有自建工厂，而是和最优质的供应链合作，效率更高、成本更低。好的产品带来省心的售后环节，有助于提高服务效率。

以供应链合作模式为例，便可了解小米的低成本与高效率，小米采用了 C2B 预售模式，即在明确了用户需要的产品数量后再生产，从而在供应链的资金流上得到保障，并通过集约化用户需求来降低不确定性带来的库存影响。通过这种方式，小米供应链能在 2～3 周内快速响应需求，几乎实现了零库存。并且，小米极大地提高了资金的利用率，降低了成本，还降低了库存积压的风险，极大地提升了产品的库存周转率。

　　回顾这3个案例，无差别品牌正如其字义，就是抹平差异，而抹平差异的本质是通过产品、渠道、运营等层面的创新来创造新供给，不能创造新供给的品牌无法真正地抹平差异。从本质来说，无差别品牌能满足消费者对更加便利、高效与开放自由的购买体验的心理诉求。

第 7 章

第二类，新品类品牌
在变化的消费需求中寻求品类创新与升级

近年来，消费需求升级趋势明显，例如过去原味燕麦就可以满足消费者的需求，但现在有很多消费者需要健康且美味的水果燕麦。与此同时，"90后""95后"逐渐成为消费主力军。他们的消费观念、消费习惯以及消费需求都与上一代人有着很大的不同。消费主体和需求的变化，衍生出一系列新的消费趋势，例如，零食要健康且美味、面膜要安全且有功效、家电要高效且智能、医美要便捷且高效……在此基础上，许多大众品类通过微创新朝着细化、专业化的方向发展。由此催生出的许多新品类品牌，切实地提升了人们的生活品质。

新品类品牌，是立足于消费者的升级需求，或从成熟品类中创新，或将其他领域的创新点运用于新领域并由此创造出新品类，从而形成的代表性品牌甚至品类第一的新锐品牌。

新品类品牌诞生的背景，是数字化渠道年轻人群浓度更高，激发了新需求和新品类的诞生。渠道下的品牌必须提供成本优势或者创造新的价值优势，而新锐品牌基于新人群需求提供了新的价值。

第 7 章　第二类，新品类品牌
在变化的消费需求中寻求品类创新与升级

新品类品牌的 3 大特征

老品创新：对成熟的大品类产品进行微创新，使其升级为新品类

伴随着生活水平的提升，大众对消费品的要求变得越来越严格。极光大数据联合小米有品推出的《2020 品质生活消费洞察报告》显示，年轻群体的消费理念由必需型消费向品质型消费转变，他们更愿意把钱花在可以提升生活品质的产品上。也就是说，现在的年轻消费群体更注重产品的品质，对价格不再那么敏感，消费态度也从功能满足进阶为情感满足，消费需求全面升级。

在这种趋势下，以往的大众消费品已不能满足年轻群体的需求，他们需要更美、更好、更有精神价值的产品。正如雕爷[①]所说："每一种消费品都值得重做一遍。"市场上涌现出许多新锐品牌，这些新锐品牌在成熟品类的基础上，顺应颜值至上、健康第一、国潮兴起等主流消费趋势，通过专业化微创新细分出新品类，以满足消费者进阶的功能需求甚至心理需求，并凭借更受年轻人欢迎的营销模式迅速破圈崛起。

每日黑巧就是在巧克力这一传统品类中创生的新品类品牌。在消费者追求健康生活方式的背景下，巧克力一般被认为是高热量零食，每日黑巧以巧克力四大品类中纯度高且含糖量低的黑巧克力为基础，首创了燕麦奶黑巧克力系列，让乳糖不耐受、坚持纯素食主义的消费者也能尽情享用含"奶"巧克力，燕麦奶黑巧克力也成为传统四大巧克力品类外的全新品类。

跨界移植：通过技术降维，跨领域创新品类

在消费者需求升级的大背景下，主流消费群体越来越年轻化，需求也自

[①] 原名孟醒，连续创业者，互联网知名人士，新锐作家，阿芙精油、河狸家、雕爷牛腩、三体空气净化、薛蟠烤串的创始人。——编者注

然产生变化，一系列新消费品牌应运而生，其中能够在激烈竞争中存活下来的，多半是能迅速在消费者心中形成认知的品牌，而要想做到这一点，最有效的方法之一就是从细分创新品类切入。创新品类的方法主要有两种：一种是上文讨论过的在成熟品类的基础上细化与升级；另一种是跨领域降维运用成熟品类的高端技术，即将原先使用场景受限的技术运用到更日常的场景当中，把过去小众的专业级产品带给大众，满足消费者的进阶需求。

例如，率先推出家用脱毛仪的 Ulike 将原本主要出现在美容院、医院等场所的脱毛技术降维应用到家庭场景中，满足了消费者的进阶需求，填补了传统护肤方式与高价医美方式间的空缺，让更多人能以更低的价格更长久地享受到这些原本较昂贵的技术。

品类王者：凭借超级单品，做品类领导者或开创者

艾·里斯和杰克·特劳特在《定位》一书中提道："为了在容量有限的消费者心智中占据品类，品牌最好的差异化就是成为第一，做品类领导者或开创者。"

无论是对成熟品类进行细化与升级，还是跨领域降维应用专业技术，最终的目的都是催生出能够符合消费者需求升级趋势的新品类品牌。这些新品类品牌凭借极具创新性、差异化的超级单品，迅速在自己所开创的赛道里抢占头部位置，成为品类的代名词与消费者心智中的首选。

例如，从无到有开创美妆镜品类的觅光将原本应用于手机、医疗、光学等领域的专业技术，降维应用到人们日常使用的镜子上，开发出高清日光智能美妆镜。它凭借这类全新的超级单品飞速发展，撑起了美妆镜这一品类。直到今天，只要提到美妆镜，大部人第一个联想到的依旧是觅光（AMIRO）。

第 7 章 第二类，新品类品牌
在变化的消费需求中寻求品类创新与升级

本书挑选了泡泡玛特、每日黑巧、蕉下、觅光、有志者（UZIS）、噢麦力（DATIY）这些典型的品牌，来分析新品类品牌。它们有的在传统品类上做创新升级，颠覆大众对原有品类的固有认知；有的则跨界运用其他领域的技术，来开创全新的细分品类。但它们的共同点是从消费者变化的需求中寻找灵感。

泡泡玛特：向渴望被治愈的大人贩卖玩具

随着物质生活水平的提升，新一代年轻消费者更加追求精神层面的满足。生活与工作的重压，让他们更渴望放松与治愈的时刻。泡泡玛特正是洞察到，潮玩是一种表达个人喜好的商品，购买潮玩更偏向于一种精神消费，才锁定 3 大核心消费人群——精致妈妈、新锐白领、Z 世代的购物动机，即悦己解压、治愈陪伴、彰显个性，来打造产品的。

创立初期，泡泡玛特的产品热度并不突出，但随着盲盒玩法及众多 IP 的流行而走红，使得买泡泡玛特和养宠物从某种层面来讲变得一样——皆是消费者为满足自我在精神层面的需求而付费。

开创"大人的玩具"品类，迎合消费者的情感需求

如今，越来越多在过去被认为是专为儿童生产的产品，在成人的消费市场变得受欢迎，甚至很多产品仅仅因为可爱就比其竞品更具优势。"谁还不是个宝宝"的心态揭示出成年人越来越想把自己当小孩，这种现象背后是他们都有一颗渴望被治愈的心。

从泡泡玛特的 3 大目标受众来看，其目的是"向大人贩卖玩具"，以潮玩为核心概念打造全新的潮流品牌。但是，这并不容易实现，品牌要想为消费者提供更好的生活方式，带给他们更多美好的可能性，就需要使产品满足消费者的情感需求，带来疗愈。

泡泡玛特出售的并非功能性商品。潮玩最初被定义为艺术家玩具，是一种表达思想的载体，其本身具有收藏的属性和价值。并且，其背后蕴含着艺术设计、文化意识、价值认同。可以说，消费者的情感贯穿于这个品类出现的全过程，因此能够引起消费者的兴趣。

泡泡玛特与各种 IP 联名推出潮玩，激发成年人的童心，并用盲盒形式掀起一股"惊喜经济"。它用惊喜来疗愈消费者的生活，让拆盲盒、买潮玩成为消费者追求美好生活的一种方式。

无论是在线下还是线上的消费场景中，消费者都会产生惊喜感，因为"你永远不知道会从下一个盲盒里拆出什么，或许下一个就是隐藏款"。同时，消费者也会始终对盲盒怀着一份期待。

总而言之，泡泡玛特从消费者的精神与情感切入，通过情绪疗愈来增强消费者"使用"产品后的幸福感。

建立"潮玩第一"的心智品类，引发消费者的共情

消费者往往只能记住品牌中的第一名，而最有效的差异化定位就是成为品类第一。因此，首先要成为品类领导者或开创者。其次要分化品类，成为细分品类的第一名。

泡泡玛特以"人"为中心，根据消费者的需求，打造了一条市场中原本没有的潮玩品类新赛道，并建立了平台生态。其以小众圈层为突破点，在消费者中建立潮玩品类引领者的心智，并通过不断推出联名款，抓住消费者的眼球，让消费者在满足自我需求的同时，将产品的相关内容分享出去，使品牌触达更多消费者。

泡泡玛特获得这一成就的关键原因之一，便是能与消费者共情。2020年12月成为"中国潮玩第一股"的泡泡玛特已然是中国潮玩行业的引领者。与此同时，泡泡玛特还在不断地挖掘更多能给消费者带来满足感和快乐的IP，并以IP为中心衍生出多样化产品。

比如，泡泡玛特与迪士尼公司合作推出的"反派"系列，以"当妈的都是狠角色"为宣言，引起精致妈妈的共鸣，引发了触达消费者精神层面的共情消费。该系列的销售额已经超过1 000万元，夺得玩具大类超级单品日成交量第一。

每日黑巧：打造新一代健康巧克力

近两年，新一代消费者对品质生活和健康的追求进入了一个新的阶段。一方面，随着受教育程度的提高，人们普遍有了更强的健康意识，比如在饮食方面更注重无糖、零添加、低卡等；另一方面，人们也更关注消费体验和感受，即便是强调健康，也不希望在体验方面打折扣。

无糖气泡水、零添加雪糕、低热量速食等美味又健康的零食纷纷涌现，无糖黑巧便是其中一员。巧克力是全球休闲食品的第一大品类，一般有生巧克力、黑巧克力（以下简称"黑巧"）、牛奶巧克力和白巧克力4大类。其中，黑巧的纯度高且含糖量低，契合健康饮食的新理念，而且还有着可可原本的香味，有着"巧克力精英"之称。但在黑巧还是一个小众品类时，中国还没有出现以它为主的超级单品以及代表性品牌，因此其增长空间大。

2019 年，主营进口食品的上海域亦实业发展有限公司切入专业级黑巧这种金字塔尖上的品类，结合"健康、高膳食纤维"概念，从品牌命名开始就与黑巧品类深度绑定，创立了品牌——每日黑巧。

上线两年，每日黑巧又凭借着不破不立的精神，首创燕麦奶黑巧系列，这个系列的产品为纯植物配方，不添加白砂糖和牛奶，颠覆了牛奶巧克力的单一配方，让乳糖不耐、坚持纯素食主义的消费者也能尽情享用含"奶"巧克力。这是在 4 大巧克力品种之外开创的全新品类。这款巧克力之后也成为能在行业中立住品牌、代表品牌的超级单品。

开创既美味又可高频食用的健康巧克力产品

以往消费品需要解决的痛点一般在基础功能上。随着人们需求的升级，基础型痛点基本解决，新的痛点往往来自矛盾点，比如想要满足某种功能需求却没有时间、场景不便利、对其他方面有危害等，再比如想吃巧克力却怕发胖。因此，巧克力市场的创新应该着眼于解决多吃巧克力易发胖的问题，帮助消费者兼顾享受与健康。

人们喜欢吃巧克力，但巧克力的高糖、高热量、高脂肪却令很多人望而却步。每日黑巧通过一系列创新让巧克力更趋日常化，减轻消费者食用巧克力的罪恶感，提高消费频率。为了达到这个目标，每日黑巧从多方面做出了努力。

一是顺应消费趋势，与健康属性捆绑。每日黑巧全球首创，用天然膳食纤维菊粉代替白砂糖，降低消费者摄入巧克力时的罪恶感。在减糖的同时，每日黑巧还在产品中额外添加了膳食纤维；推出小颗粒包装，减少了单次的食用量，顺应健康饮食的趋势。

第7章 第二类，新品类品牌
在变化的消费需求中寻求品类创新与升级

二是强化产品每日轻松享受的特性，提高消费频率。 每日黑巧中的"每日"二字富有场景感，能提醒消费者每天都可以在来不及吃早餐、喝下午茶或需要补充能量的时候食用这款产品。这两个字代表着高频次、低价格以及非常便捷的获取方式，从认知方面推动消费者做出购买决策，在一定程度上解决了巧克力类产品购买率低的问题。

三是充分运用全球优势供应链，提供拥有高性价比和国际品质的产品。 作为中国新锐消费品牌，每日黑巧依靠瑞士巧克力工厂和全球供应链资源研发出新时代巧克力。在保证产品品质的基础上，以更具性价比的价格，降低了产品渗透的门槛。

讲述品牌时尚新故事

紧随消费需求升级的，不只有产品的功能，还有品牌的情感价值，这两者的灵感都来自变化中的消费需求。品牌要因时而变，为消费者提供新的情感需求。

巧克力曾被塑造为浪漫的标志，然而对当下的年轻人而言，可以作为浪漫标志的产品太多了，这个概念已经落后。其实在中国市场，巧克力已经失宠多年了。欧睿数据显示，从2015年开始，巧克力产品在中国的销售额一路下滑，2020年国内巧克力零售市场规模更是比上年减少了近20亿元。国外品牌主导市场显露颓势，本土传统巨头品牌无力挽救局面。背后的原因之一，是巧克力太久没被好好营销了。

每日黑巧运用5种方式讲述品牌时尚新故事，从而更易被年轻人接受，进而得以迅速崛起。

第一，契合健康饮食这一消费趋势。 每日黑巧产品的健康属性使品牌具备时尚感。

第二，采用有辨识度的包装。不同于传统巧克力产品千篇一律的巧克力色包装，每日黑巧的外包装简洁、明快，视觉冲击力强，材质还是可降解的，获得了消费者的广泛青睐。

第三，赞助热门综艺，签约当红明星为代言人。每日黑巧通过借势新时代潮流文化的热度，持续强化自身的时尚标签。2021年，每日黑巧签约了某当红艺人作为品牌代言人，主动靠近年轻消费群体。

第四，大幅度开展跨界合作。每日黑巧与面膜、甜筒、游戏等多种品类合作推出联名款产品，不断突破"巧克力的界限"，探索更多的消费可能性。

第五，成为时尚场合的指定伴手礼。每日黑巧接连赞助了《嘉人》《世界时装之苑》（*ELLE*）和《服饰与美容》（*VOGUE*）等顶级时尚杂志，以及中国电影节、上海时装周等大型时尚活动，并成为这些场合的指定伴手礼，进一步强化了品牌的时尚感。

如今，在年轻人圈层中，每日黑巧的声量与销量已经全面打开。提到黑巧，消费者第一个想到的就是"每日黑巧"，这得益于其品牌名称与它在该领域的形象。

蕉下：做第一个专门销售防晒伞的品牌

蕉下的创立，始于从华东理工大学高分子材料与工程学专业毕业的马龙的一个偶然发现：城市骑行、夜跑等户外活动的热潮突然兴起。他联手毕业

第 7 章　第二类，新品类品牌
在变化的消费需求中寻求品类创新与升级

于信息通信工程专业的林泽，在室外运动装备这一赛道创业。

蕉下成立于 2012 年，并在次年推出一款针对高端防晒、定价为 199 元的双层防晒小黑伞。在那个时候的中国市场，防晒类产品并不是一条热门赛道，更别说防晒伞这样的细分品类了。10 年后，蕉下正式向港交所递交招股说明书。这份招股说明书显示，2021 年，蕉下的年销售规模达到 24.07 亿元，旗下产品已经拓展至服饰、帽子、配饰、鞋履等。根据灼识咨询的报告，按蕉下 2021 年的总零售额计算，它已经是当前中国第一大防晒服饰品牌了。毫无疑问，蕉下的 10 年品牌发展之路是开创新消费品类的典型案例。

成功的冒险：凭借中高端防晒伞赢得细分心智品类

作为一家初创公司，切入一个细分品类是聪明的做法，但是在 10 年前就以中高端定位为切入点，堪称一种冒险行为。蕉下在 2013 年推出的双层小黑伞，定价比"伞中霸主"天堂伞的同类产品还高出 5 倍。虽然产品定价高，但是蕉下切中的是年轻女性群体正蓬勃涌出的防晒需求。

防晒产品可粗略分为软防晒产品和硬防晒产品，软防晒是指通过涂抹防晒霜等化学性质的产品来达到防晒目的；硬防晒则是指通过物理遮盖肌肤来达到防晒目的。防晒帽、防晒冰袖、防晒服和防晒眼镜等就是硬防晒产品。当时中国的市场上几乎没有专门销售晴伞类别的公司，而蕉下针对这一相对空白的市场用强功能撑起了 199 元的高定价。

蕉下的产品所运用的"黑科技"主要是 L.R.C 涂层，这种涂层的隔热成分主要包括聚氨酯、金属钛氧化物以及复配型光稳定剂，过往多用于航天以及竞速用产品、关键化工元件等对温度控制有高要求的领域。同时，蕉下在黑色伞面的基础上，在内层设计大面积花朵涂鸦，使产品的外观极具辨识度。这类独具特色的防晒伞，发售 2 小时内，5 000 件库存就售罄，成为蕉

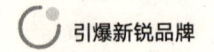

下的第一款经典畅销的明星产品。

随后数年，蕉下不断在防晒伞类目加深护城河。比如，在 2017 年发现部分传统伞存在开合困难，以及体积大不便于携带和收纳等痛点后，蕉下便推出了胶囊伞系列，主打"小巧轻便，半个苹果的重量"卖点。蕉下的招股说明书中显示，虽然胶囊伞系列产品的价格被拉高到 299 元，但它在 2021 年的销量超过了 100 万件，累计销售额达到 1.18 亿元。

从防晒伞到防晒场景，聚焦防晒需求品类拓展

防晒伞毕竟是伞大类下的细分品类，市场天花板明显。如果单纯依靠防晒伞，蕉下虽然能够占据细分心智品类，但无法破局主流品类，达到如今的成就。所以，蕉下非常具有前瞻性地聚焦于更广泛的防晒需求，而非防晒伞这一单一品类。

2017—2019 年，蕉下在防晒伞的基础上，陆续推出防晒帽、防晒衣等系列户外硬防晒产品。截至目前，蕉下的产品已经不止于防晒，还包括鞋履、内衣、配饰等非防晒产品，覆盖户外运动的多个场景。

如今，蕉下卖得最好的品类是服饰类，其服饰产品的营收在 2021 年达到 7 亿多元，伞具的营收比重则下降到 20.8%。这也符合第三方预估的趋势，中国的防晒服饰市场规模也由 2016 年的 459 亿元增至 2021 年的 611 亿元。由此可见，蕉下是一个对用户需求、市场趋势洞若观火的品牌。

营销"围城"，红利期的高投入、高收益

好产品与高产出大多要依靠同等量级的营销投入来促进售出。

蕉下在营销上的投入主要分为 3 个方面。

第 7 章　第二类，新品类品牌
在变化的消费需求中寻求品类创新与升级

一是与明星艺人的合作。蕉下曾签约多位当红艺人作为代言人或推广人，根据克劳锐（Topklout）[①]的统计，与蕉下合作过的艺人已经超过 17 名。

二是大面积种草。小红书上关于蕉下的笔记数量多达数万篇。蕉下的招股说明书也显示，仅在 2021 年，蕉下就邀请了 600 多名 KOL 为其产品引流，其中 199 个 KOL 拥有逾百万名粉丝，KOL 总共为蕉下带来了 45 亿浏览量。

三是直播。如今，直播几乎是所有新消费品牌必备的销售形式，特别是头部主播对品牌销售的加持效果十分明显。蕉下也是头部主播的直播间常客。胖球数据显示，某超级头部主播 2021 年曾在一个月内为蕉下带来约 2 880 万元销售额。

其他营销投入还有推出跨界联名款、特别定制款等，蕉下同样十分懂得运用自带话题属性的资源，吸引年轻消费者的注意力。

虽然蕉下可以说是几乎抓中了新营销变革中的每一波红利，但是其预备上市时仍因重营销、轻研发的模式，以及真正可控的科技壁垒薄弱等，而不断被外界诟病。虽然赴港上市后在资本的加持下，蕉下有了更多参与竞争的底气，但还需要在网红打法和专业性上做好平衡。

觅光：从无到有，创造美妆镜品类

在消费者需求升级的带动下，"她经济"持续升温，成为大消费领域无

[①] 由新浪微博、360、UC 和 IMS 新媒体商业集团于 2014 年联合投资的全球首家自媒体及版权经济管理机构。——编者注

法忽视的焦点，与"变美"相关的行业尤其如此。与此同时，美妆工具尚停留在较低的科技水平，亟待科技赋能。一众科技创业者将目光投向了美容护肤领域。

国内中高端美容仪市场的品牌集中度较高，且产品以洗脸仪、按摩仪为主，市场普及率都在 50% 以上，不适合新品牌切入。但美妆工具并没有随着科技进步而迭代，比如镜子。除手机、电脑以外，能让女性每天面对的"屏幕"就是镜子了。

化妆镜是化妆、护肤过程中的高频刚需产品。但是由于室内光线的不足和偏差，有些人无法通过传统镜子看清妆容的细节和颜色，容易导致妆容不均匀、化妆不够精细、卸妆有残留等问题。国内外大部分的 LED 镜仍旧在采用一种从传统吊顶灯中演变而来的有色盖光板，这种材料亮度低、显色差、寿命短、光衰快，不利于使用者打造精致妆容。

了解到这些痛点后，觅光团队决定开始研发专业化妆镜。2017 年，觅光推出 LED 高清日光镜，迅速爆红于女性用品市场。觅光将医疗、手机、光学等领域的高新技术应用到化妆镜上，让用户能在镜中看到妆容的真实效果，大幅提升化妆体验。

在觅光的带动下，"智慧美护"新市场快速增长，引起了天猫的重视，天猫特意细分出一个美妆镜品类，并将这个品类从家居品类升级，划入美妆频道。

降维应用医疗、光学领域的技术，开创美妆镜新品类

消费者往往有痛点却无法准确表达出来。具有开创性的产品的一大特征在于不仅能满足消费者的需求，甚至还能激发消费者的新需求。而更高境界

第 7 章　第二类，新品类品牌
在变化的消费需求中寻求品类创新与升级

的品牌，能为消费者明晰他们想要的产品效果。

觅光就重新定义了化妆镜该有的效果。研发伊始，觅光团队就设定了一个高目标，要"把明媚的日光还原至镜子上"，而正午阳光是照明界公认的清晰度和色彩还原度最优秀的光源。经过两年的打磨，觅光攻克了核心光源技术，研发出日光级镜面光源技术——PureLux 明肌光。

除了为产品注入科技，觅光还从设计上进一步提升产品力，比如 O 系列的"小白镜"，突破性地去底座，高颜值的外观让人过目不忘，还获得了 2017 美国工业设计（International Design Excellence Awards，IDEA）优秀奖。

觅光在问市当年的"双 11"期间销售额突破千万元，从此连续 3 年稳居该品类销售榜第一。到 2020 年，觅光将化妆镜这一品类在淘系平台上做到了销售额破 5 亿元的规模，当年 11 月觅光的市场占有率达到 57%，于是天猫特别把原本与拖把、扫把同属家居类目的化妆镜移到了美妆类目下。

超级系列卡位赛道，内容营销加速种草，成为品类领航者

一般消费者在购买商品时，想到的是品类，而非品牌。所以，一个品牌的成功离不开超级单品的成功。但仅凭一款超级单品，品牌还不足以让消费者在决定购买这个品类的商品时第一个想到自己，在跟风者众多的情况下尤其如此。因此，品牌要创新迭代，围绕超级单品打造出超级系列，不断强化消费者对品牌的认知。

从品牌名到产品线，觅光最初都是围绕着镜子展开的，"AMIRO"相当于"A MIRROR"，代表着"专研智能镜子，提升梳妆体验"的品牌愿景。初代化妆镜上市后，市场反馈很不错，在得到小米供应链资源的加持后，迭代升级的第二款化妆镜 O 系列于同年上线。

之后，觅光又相继推出更加大众版的迷你化妆镜和方便携带的随身日光镜。迷你化妆镜在保证显色效果的基础上，降低了售价，以适应更广泛的消费者。2020年，觅光的迷你化妆镜出货量已经接近百万，随身日光镜也凭借便携轻巧、高清显色的优势成为店铺热销款。

此外，觅光的快速蹿红也得益于持续有效的内容营销。作为美护品牌，觅光主要采用女性向的营销方式。比如2021年的七夕，觅光拍摄了一条广告，用电影的表达手法，同时融合萌宠元素，把女生比作猫，吸引消费者注意。这条广告一经上线，便引发了曼秀雷敦、酷乐潮玩等一众品牌官媒的转发，上线仅5小时就获得了400多万的流量曝光。觅光在扩大曝光度的同时，也与消费者形成了情感共鸣，增强了消费者对品牌的好感度与认同感。

可以说，觅光针对LED高清日光镜这一新品类，打造了一个款款卖爆的超级系列，成功占领用户心智，成为品类领航者。

觅光并没有止步于此，它依托团队的科研实力，不断挖掘医疗科技和光电技术在美容护肤领域的创新应用，向居家美容科技品牌方向发展，比如创新打造了觅光胶原炮美容仪、射频仪等爆品。

有志者：填补中国篮球袜中档市场的空白

有志者诞生于备受年轻人喜爱的网红城市长沙，3位创始人分别是首席执行官及产品负责人王森、营销负责人杨孝儒和供应链负责人李鸿基。在没有被冠上这些称呼之前，这3个年轻人有个共同的称号——篮球爱好者。正是对篮球运动的热爱让他们走到了一起，并发现了潜藏的商机。

第 7 章　第二类，新品类品牌
在变化的消费需求中寻求品类创新与升级

以王森为例，在创立有志者之前，王森曾梦想成为 NBA 职业球员，为此，他在初三时选择了赴美读书。但在大二那年，王森深知 NBA 职业球员梦难以实现后，便毅然选择退学回国创业。在有了几次与篮球无关的创业经历后，2017 年王森与杨孝儒、李鸿基决定共创一番事业。创业不能只凭一腔热血，选对品类赛道，锚定蓝海市场，才有机会功成名就。

对有志者来说，入局篮球袜赛道的过程颇有几分歪打正着的意思。当年细分赛道中的竞争对手并不算多，大多数袜企仍采用传统的经营模式，即通过代理或自营为其他企业贴牌加工。而中高端海外品牌，如美国潮袜品牌 STANCE，虽然设计时尚、知名度高，但价格也相对较高，单双篮球袜的价格在 100～500 元不等。有志者篮球袜，不仅设计简约大方，符合目标消费者的审美观，价格也更符合"国人愿意掏钱的标准"，填补了国内篮球袜中档市场的空白。

精准塑造"又帅又能打"的品牌个性

从初创到成为细分赛道的第一名，有志者只用了不到 5 年时间，其创业经历也成了教科书式的典型案例。在品牌的起步阶段，通常是单点突破模式，即通过打爆一款单品，为品类占位开道。

精准定位核心用户，洞察用户需求。有志者的核心用户是 15～25 岁的男性，以学生群体为主。相较于上班族，这一年龄阶段的男性群体有更充足的时间参与体育活动，接触篮球的频次更高。并且，Z 世代有着不愿随波逐流、拥有独立喜好、审美趋于多元化的特点，但他们并不是"门面功夫"爱好者，而是更重视自身感受，在选择服饰品类时很看重功能性。

不断迭代升级产品，一边做精一边推新。众所周知，产品力是品牌力的基石，也是构建品牌力最重要的组成部分。有志者对产品研发一向很有自信。"又帅又能打"，是旗下产品所共有的特质，而能够推出这样的产品，要归功于有志者难以被同行复制的公司体系。有志者针对篮球袜这个品类，专门搭建了设计团队和视觉团队，力图把篮球袜做精。

不同于普通棉袜，篮球袜的作用除了防寒保暖，还需要有抓地力强、包裹性好、吸汗速干、耐磨等功能属性。正如王森所说："篮球袜不能太薄，得加厚，因为打篮球过程中会有很多急停、变向、折返的动作，太薄的篮球袜会磨脚。在厚的基础上，还要综合考虑篮球袜防滑、透气、弹性、吸汗等方面的性能。"

在篮球袜的颜值方面，有志者并不推崇过度花哨的设计，而希望产品的外观既简约又富有设计感。比如，2021年有志者天猫旗舰店销量最高的产品——入门级球袜ACE光束，主体部分采用纯色设计，搭配镭射炫彩字母图案，并用同色系几何色块来表示袜子的加厚部分，使产品整体风格低调的同时不乏设计感。

在拓展新品类时，有志者十分在意产品的差异化定位，比如某知名运动拖鞋品牌在篮球圈走红后，跟风设计层出不穷，有志者则刻意绕开了这种风格。

精准区分用户心智和销售渠道，兼顾品牌营销

用户心智是品牌竞争的终极战场。唯有选择与品牌自身调性相匹配且契合核心用户需求的传播渠道，新锐品牌才有可能抓住渠道红利，展现出更持久的营销生命力。

有志者想要从篮球袜出发，逐步占领全品类认知，还必须找对传播渠道，将"又帅又能打"植入用户心智。在传播渠道的选择方面，有志者走过

第7章 第二类，新品类品牌
在变化的消费需求中寻求品类创新与升级

一些弯路，但经过一番摸索之后，终于找到了适合自己的营销渠道和方式。

发力年轻群体聚集地，创始人亲自下场"单挑"送鞋。随着电商的崛起，重构"人货场"成为一个热门话题。而"人货场"里最重要的是"人"，也就是核心用户。

基于对核心用户的洞察，有志者在2020年选择抖音与得物作为品牌的线上宣传"主阵地"。拥有数亿日活跃用户的抖音，不仅是品牌无法忽视的巨型流量池，也是品牌与年轻群体沟通、引爆社交话题的一个极佳传播阵地。而得物是一个汇聚了大量热爱球鞋、推崇潮流文化的年轻群体的潮流网购社区，非常契合有志者的品牌定位和调性。

有志者不仅会在这两个平台上发布新品资讯，还会宣传科普性的"老鞋分享"和趣味十足的"空袭球场"活动。在空袭球场系列视频中，杨孝儒组织了各种罚篮送球袜、球鞋的活动，有时还会亲自下场，邀请一位篮球爱好者单挑。

借助KOL和垂直媒体造势，放大品牌和产品声量。除了创始人亲自下场，有志者还邀请CBA某球员作为品牌代言人，并请他与众多博主KOL一起拍摄抖音短视频为产品引流。这些KOL的影响力不仅有利于快速吸引年轻人的注意力，也有利于将产品信息渗透到各个细分圈层，为旗舰店引流，放大品牌和产品声量。2021年，有志者在抖音的成交额已达1 000万元，在得物的成交额更是达到了2 100万元。

针对不同的产品，有志者选择的传播渠道也会有细微不同。比如，对于客单价较高的产品，它选择了垂类公众号作为传播渠道，因为这类垂直媒体的文章质量高，吸引的用户更垂直，更适合为偏高端的产品打出声量。

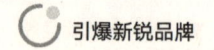

噢麦力：从"洋豆浆"到咖啡伴侣的高端逆袭

随着物质生活水平的提升、观念的转变，消费者对奶饮品的功能需求也逐渐升级，从基础的营养补充需求，转变为既营养健康又环保时尚的美好生活方式需求。

噢麦力燕麦奶正是顺应了这样一股奶饮品中的消费需求升级趋势，从理念、渠道、产品等多个维度革新，打破了人们对燕麦奶属于"洋豆浆"的固有认知，建立起与咖啡相匹配的精致高端形象，进而打开了植物奶饮品的想象空间，拓宽了功能边界。

在动物奶牛奶和植物奶豆浆之外，开创全新品类燕麦奶

要达到功能的升级，进而从同品类中跳脱出来，往往需要借助科技力量，从产品研发层面挖掘强化品牌基因。

噢麦力在产品原料源头和工艺上做功课，致力于满足消费者对健康营养的需求。首先，在原材料上，噢麦力选用的燕麦是生长在高纬度、长日照地区的优质燕麦。其次，在燕麦奶的工艺上，噢麦力通过酶解工艺令燕麦中健康天然的可溶性膳食纤维 β–葡聚糖恰到好处地保存下来，这是燕麦中极具营养价值的成分。同时，这种酶解工艺也能显著改善植物奶饮品的风味和品质。

正因为在产品层面的高品质与不断打磨，噢麦力甚至成为燕麦奶这一品类的"度量衡"。曾有报道指出，目前植物奶饮品行业在判断燕麦奶是否"好喝"时，均以盲测口味最接近噢麦力为标准。

第 7 章　第二类，新品类品牌
在变化的消费需求中寻求品类创新与升级

延展燕麦奶的应用场景，进入目标消费者的生活中

改变消费者对一个品类的固有认知，除了以上提到的从产品背书上升级这种方式，还有一种方式是营销升级。要让消费者认知到产品升级后的新功能，形成对品牌的新认知，就需要向消费者传达全新的品牌信息。这种传达方式应当走近目标群体，针对他们的生活圈层和习惯，使用他们的语言体系。

噢麦力想摆脱消费者对传统植物奶饮品的快消属性认知，因此它一开始就标榜燕麦奶是一个环保、时尚、健康的奶饮品类，代表的是人们对健康环保和品质生活方式的追求。为此，它瞄准咖啡加奶这一应用场景，从小众精品咖啡馆渠道突围，避开了传统植物奶的主战场——超市货架，将燕麦奶与咖啡绑定在一起，改变了大众对燕麦奶的低端认知，树立起品牌精致高端、品质时尚的基调。

在地域和人群上，噢麦力立足上海这个在国内代表时尚和潮流、有着浓厚咖啡文化的先锋之地，瞄准了精品咖啡馆中最懂时尚、追求品质生活的潮流引领者。因此，它更容易塑造高端的品牌形象，并可以更快地打开市场。

在产品应用场景上，噢麦力并没有局限于咖啡加奶这一种场景，而是不断突破创新。噢麦力曾特设应用研发团队，根据不同地区的口味文化、不同客户、季节等设计出咖啡、茶饮、甜品、轻食等不同产品方案。

例如，噢麦力曾与网红冰激凌达可芮（Dal Cuore）携手推出燕麦味、地球造型的冰激凌，还与奈雪的茶联合推出燕麦可可宝藏茶和燕麦雪顶。不仅如此，噢麦力还把场景拓展到餐厅、甜品店，其"咖啡大师"产品曾被米氏西餐厅（Mon the Bund）主厨用来特别制作健康素食产品——燕麦糊炸洋蓟、燕麦雪芭，也曾被满记甜品用来制作红豆甜心燕麦饮等。

这些应用场景的突破，既进一步塑造了噢麦力健康时尚、精致高端的品牌形象，也打破了传统植物奶的功能瓶颈，拓宽了植物奶的应用场景，让这一品类不再是功能单一的快消营养品。

在噢麦力的带动下，市场上多款植物奶饮品的应用场景得到延伸，出现了豆乳拿铁、巴旦木仁咖啡风味的蛋白饮料、核桃咖啡乳、燕麦拿铁平替等产品。

噢麦力也带动了消费者自制咖啡、奶茶等饮品的风潮。魔镜市场数据显示，仅 2023 年 4 月，热门社交平台上关于噢麦力的内容的互动量就接近 40 万。同年 1 月至 4 月，噢麦力仅在淘宝和天猫上的整体销量就有近 20 万件。从咖啡店、茶饮店等 B 端市场，再到消费者手中的搭配必备原料，噢麦力完成了从 B 端到 C 端的市场延展和心智建设。

新品类品牌，无论是通过传统品类创新还是专业品类的降维跨界创新，都基于对消费者升级需求的洞察。新品类品牌只有占据品类王者地位，才能获得品类中的首个规模扩张者优势，聚集更多资源，实现更快发展。

第 8 章

第三类，本土文化品牌
以中国文化为灵感

如今，人们在街头看到身着汉服的人时已经不会再感到奇怪，这是因为，一方面，这一代年轻人越来越敢于表达自我；另一方面，关于文化的消费行为越来越普遍。

在服饰领域，结合国粹与潮流元素的汉服品类已连续 4 年保持 70% 的高增长；在美妆行业，融入中国文化元素的花西子、故宫口红成为消费新时尚……这些源自中国优秀传统文化的强大文化基因，正推动着越来越多以文化为载体的消费品牌向前发展。

哈佛商学院教授道格拉斯·霍尔特（Douglas B. Holt）在《文化战略》（*Cultural Strategy*）一书中表达过一个观点："一些在世界上最有影响力与最有价值的品牌之所以成功，是因为它们能够提供创新的文化表述。"在霍尔特看来，品牌的核心在于文化。

以文化创造商业价值，反过来再以商业支撑产品的生产，这一商业逻辑早在 100 年前就已被可口可乐、高露洁等品牌一一验证了，而今这股风潮吹到了中国市场，典型现象就是近两年国潮消费在彩妆、智能手机、服装等多个领域迅速兴起。

我们将这类"从优秀传统文化中发掘创意、吸纳并融汇当代大众审美"的品牌，统称为本土文化品牌。**本土文化品牌，即在中国文化自信的背景下，挖掘东方文化内涵，作为品牌的核心竞争力，以文化创造商业价值，支撑品牌建设、产品打造，从而迎合新一代消费者，尤其是"95后"消费者的文化需求的新锐品牌。**

本土文化品牌诞生的背景是，数字化渠道年轻人群的浓度更高，使得本土文化品牌更容易与高感人群结合。本土文化是主流文化中的亚文化，本土文化品牌最开始不容易在线下渠道做起来，因为线下容易受到主流文化的压制，而电商渠道打开了渠道的裂缝，且年轻群体的浓度更高，因而本土文化最容易在电商渠道与高感人群相契合。当然，本土文化最终会发展为主流文化，会成为未来的一大趋势。

本土文化品牌的 3 大特征

历史底蕴：根植于中国传统文化

本土文化品牌的创业者或消费者都是在中国文化环境中成长起来的，在他们眼中，中国传统文化不再是过时的文化，而是一种国际化的文化，反映了一种新鲜的生活方式与自我表达方式。本土文化品牌既能坚守文化中的精粹，又能以中国传统文化为基础，结合当下的新潮时尚，从植根于本土的历史文化中寻找能引起当代消费者共鸣的创意，激发消费热情。

现代演绎：将精英文化创新转化为大众文化的审美产品

过去，大家普遍认为传统文化不可轻易改变，但传统文化要延续就必然需要结合现代的方式进行创新演绎。本土文化品牌对中国传统文化进行创新演绎，以消费品的形式走进消费者的生活中，在消费端产生蝴蝶效应，使原

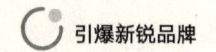

来的精英文化成为如今大众都能接触、享受以及产生互动的大众文化。

东方美学：基于五感六觉提升生活品质

本土文化品牌创新运用中国传统文化的同时，也精准地探寻到了潜在消费者的真实需求，并根据消费者的观念变化，全方位打造更有个性、质量更好的产品，使消费者的视觉、味觉、嗅觉等五官六觉得到享受，进而提升生活品质。

下面将以李子柒、花西子、观夏、梅见、稀物集和东边野兽这6个近年来迅速崛起的新锐品牌为例，来详细解读本土文化品牌。这些品牌都是从中国传统文化中汲取精华，且通过产品研发、品牌视觉、内容营销等形成品牌文化特性的。

李子柒：用中国传统之美治愈人心

传统文化品牌一般都采用"品牌—经销商—零售商—消费者"这样的经营模式，在互联网时代，多了一个模式：品牌—电商平台—消费者。为了促进触达消费者的进程，在这两个模式中，品牌做得最多的是"广告+促销"。但是随着生活方式的改变，消费者每天接触的媒介也发生了变化，品牌若是继续按照过去的模式开展营销工作，可能无法触及目标消费者。

品牌与消费者沟通的通用方法是先进入其心智，比如很多品牌广泛采用内容营销，在内容的展示和故事的讲述中建立消费者认知，以新鲜、高级、有使命感的形象进入消费者的视野，从而拉动产品的销售。

在中国的商业版图里，李子柒可以说是本土文化品牌的一个标杆案例。

第 8 章　第三类，本土文化品牌
以中国文化为灵感

李子柒品牌做的最关键的一件事，就是创新了文化价值的提供方式。李子柒先从自身所属的文化母体——中国传统文化中寻找品牌文化的灵感，再将抽象的文化以当下年轻人"秒懂"的形式呈现出来，从而进入年轻消费者的心智。

以沉浸式短视频的形式，创建消费者能读懂的品牌文化

一方面，互联网的发展为品牌提供了更多与消费者沟通的方式，投放广告的渠道不再局限于传统的纸媒和电视媒体，图文、短视频、长视频、直播等形式使得品牌与用户的互动方式更加多样化。另一方面，品牌也面临着更大的挑战，在碎片化信息泛滥之下，消费者越来越难以深度了解品牌所传达的文化价值。

因此，品牌必须进行传播再造，通过对消费者网络行为的深度洞察，不断提供消费者爱看的内容，并在这个过程中将营销内容化，让消费者在不经意间就记住并喜爱上自己。

李子柒在中国以及国际上迅速走红的重要原因是，她以年轻人喜闻乐见的传播形式传达出中国传统文化底蕴的美感与深意。大众对中国传统文化的认知往往停留在历史书、博物馆等较学术的场景中，距日常生活较远，但李子柒的每一个视频都让观看者得到中国优秀传统文化的浸润。

李子柒的视频内容从人物、服饰、配乐等方方面面传递出中国传统文化的底蕴。如七夕节制巧酥、端午节包粽子、清明节做青团等视频内容，在展现中国传统美食的同时，也弘扬了中国传统节日文化。李子柒视频中融合了中国传统文化元素的旗袍、斗篷等服饰，传递出中国传统服饰的古典韵味。节奏缓慢、悠扬舒缓的中国风乐曲，又呈现出中国传统乐器的独特魅力。观看者还能从李子柒的视频中看到"孝文化""乡愁"等诸多中国优秀传统文

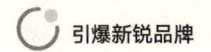

化的元素。

借助视频这种年轻人喜闻乐见的传播形式，李子柒及其幕后运营团队完成了对"李子柒"这个IP的内核构建：通过对"印象陶渊明"的表达，将现代人对田园生活的向往与现实巧妙地联系起来，通过返璞归真的内容获得了大众的深度认同，成功将东方美食、田园牧歌等元素注入IP，与观看者之间建立了深层联结。

让消费者为自己向往的生活付费

随着中国进入个性化消费时代，物质丰富的年轻一代消费者不再被刚需所困，他们越来越愿意为品牌的溢价买单，以满足自己的人设需求、社交需求或者内心疗愈需求等。

外界曾有一个评价可以很好地解释李子柒的商业逻辑："消费者的每一次购买，都是在给他们向往的生活投一次票。"从这样的理念出发，可以说，消费者购买某个品牌的产品，实际是购买品牌塑造的文化和生活方式。李子柒及幕后运营团队最终成功从东方美食文化中孕育出"东方美食生活家"这一品牌。

也正因先行进入了消费者心智，后推出的具备中国传统文化特色或地方美食文化特色的螺蛳粉、月饼、粽子、辣酱、面条、茶叶等各式各样的美食产品，才大获成功。

花西子：雕刻在化妆品上的东方美学

品牌定位呈现在品牌在消费者面前的每一个细节里。品牌名称、品牌故

第8章　第三类，本土文化品牌
以中国文化为灵感

事、品牌视觉符号、产品、营销广告等到达消费者的脑海后，消费者会对品牌形成一个综合印象。品牌要传递东方文化内涵，则更微妙，容易做到的是形似，难以做到的是神似。近年来，东方审美强势崛起，许多品牌开始用东方审美示好市场，但这并非生硬地套用中国风标签，不可忽略消费者对品牌的文化认同和情感共鸣。

在演绎东方美学的道路上，花西子做了一个优秀的示范。花西子基于年轻消费群体的兴趣点，将年轻人喜欢的中国风与彩妆融合，将品牌定位为"东方彩妆，以花养妆"的国风彩妆品牌。

对中国文化元素"再创造"

清华大学美术学院院长鲁晓波曾提出品牌构建方式的新变化，即"文化整合＋协同创新"。这两个词很好地说明了以文化输出为显著特点的品牌，应该在原有文化的基础上，结合现代消费者的需求进行创新，将传统文化精髓进行现代演绎。

花西子从更深层的立意逻辑出发，构建了富有东方美学的品牌内涵。它不仅仅是在打造产品，更是将传统文化与自身品牌故事融合，借力东方美学的同时，也在重新诠释东方美学。以品牌视觉为例，花西子一以贯之地在品牌标识、产品外观、产品包装等方面融入中国传统文化元素，坚持用中国文化塑造中国品牌。

花西子的品牌标识独具东方美学色彩，无论是花卉、字体还是颜色的设计，都具有特别的意义，暗含古建筑美学和古典文化意蕴，传递了东方神韵。

在产品外观上，花西子开创式地将雕花、浮雕等中国传统文化元素融入其中。以2019年推出的花隐星穹雕花口红为例，膏体采用了雕花和浮雕传统工艺，将凌云、仙鹤、佳人、杜鹃等具象地刻画出来，淋漓尽致地展现出东方式浪漫。

花西子在产品包装上也融入了东方文化元素，推出的礼盒独具匠心。"晨起对镜妆奁，晓妆点绛唇"着重表达了中国传统妆奁文化，一展"小轩窗、正梳妆"的精致与典雅。妆奁是中国古代女子收纳梳妆盒的镜匣，胭脂水粉、金银首饰等心爱之物皆可藏于妆奁中。花西子复刻古代妆奁工艺，定制了东方美人妆奁，展现出中国传统文化的绵延亘远与博大精深。

做一个"很懂"消费者的品牌

品牌想让消费者看到的是广告，消费者想看的则是内容。在品牌缺失的年代，品牌传达信息的典型形式是广告，由品牌单方面输出。如今是消费者主导的时代，他们会自动屏蔽自己不喜欢的内容，品牌唯有向消费者提供他们爱看的内容，将品牌广告内容化，才能有效输出，与消费者形成有效互动。

在品牌形象上，花西子本身精致显贵，但在传播时，花西子却很"接地气"，被许多消费者认为是"很懂"消费者的品牌。比如，花西子曾和人民日报新媒体共同推出探索苗族银饰工艺与文化的纪录片，在呼吁人们继承、发扬中国优秀传统文化、传播品牌东方文化理念的同时，赢得了消费者的好感。

再比如，花西子选择代言人时，首先考虑的是与品牌文化相契合的东方气质，而非只有流量。花西子在2019年签约具有古风气质的当红女艺人、2020年再签具有东方气质的超模作为代言人，既符合品牌调性又迎合了消费者的喜好。

花子西还曾邀请知名歌手和作词人一起推出中国风歌曲，以年轻人喜欢的音乐来传达东方文化，这说明其对用户心理有着深入洞察。当内容打动消费者，甚至还能被市场传播发酵时，就能扩大品牌的影响力。

观夏：讲述当代的东方香故事

随着年轻群体对中国优秀传统文化的认同感愈加强烈，越来越多的品牌想要赶上这个趋势，但很多品牌陷入了只学到表层而难以改变品牌基因的尴尬局面。如何打造品牌的传统文化调性，以及通过什么方式向消费者传递文化价值，是品牌必须解决的两个问题。

观夏对"东方香"文化和故事的表达独立且完整，无论是产品本身还是内容营销，都传递出浓浓的东方文化氛围，最终形成了品牌心智。

一体化的品牌传播，可视化传达东方香文化

上文提到，品牌的传播体系正在被重构。心流对品牌打动消费者来说十分重要。消费者的心流就是：不断被取悦、满足、反馈、激励。未来，品牌与消费者的沟通都将是为了更接近消费者的心流。这需要品牌以更强的冲击力、更沉浸式的体验在碎片化的时间中抓住消费者的心动时刻。

观夏，以景观美学传递品牌理念，实现了综合性的一体化传播，让产品具备视觉化和联想。因为出色的设计，观夏被称为"景观香水"，这是视觉化地表达味道，这种视觉化适合所有品类的创新。

在视觉层面，观夏将东方哲学提炼、创新后运用于产品的外观设计。依靠设计上的巧思，观夏形成了独树一帜的品牌调性，如在外观上的极简主义

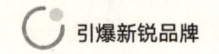

和留白，含蓄地表达出东方韵味。

在联想层面，观夏通过产品背后的故事来表达东方意境。中国的四季之美、《红楼梦》中的生活方式、魏晋南北朝的文人风流、宋朝雅士的泼墨品茶……都能成为观夏开发新产品的灵感。

以"颐和金桂"这款产品为例。"北京最好的季节是秋。微风，恰到好处的阳光，金黄的落叶，那是北京唯一一个可以在户外喝咖啡的季节，路过颐和园时，蓦然间闻到红色宫墙内传来淡淡桂花香"，这一场景就是"颐和金桂"背后的故事。北京城的大气磅礴，颐和园所传达出的中国传统文化，都被融入了这个场景里。

观夏从上海的城市文化中寻找灵感，推出了"福开森路"；从传统武侠文化中提炼出"昆仑煮雪"。通过故事构建出的意象和画面，观夏搭建起了消费者理解东方香的桥梁。

输出东方生活方式，激发消费者的精神共鸣

当前许多消费者已从追求纯粹的物质变成追求文化品位的体验，他们愈加关注品牌的深层精神内容。当消费者与品牌的精神理念产生共鸣时，他们自然会更长久地追随品牌。

观夏最核心的目标消费者是"90后"独立女性，除了产品本身的功能，她们也追求品牌所传递的文化内涵。观夏做产品的同时，更注重通过各个用户触点，去营造淡然自在的东方生活方式。

"千山隔书信慢，今日月明花香，与你共赏""风过松涛、心耳弥静""迎面风雨旧相识，遥知故园暮夏深"……观夏的产品描述中时常用这些带有东方诗意的文案勾起画面感，这进一步提升了消费者的使用体验。

观夏通过内容去渗透对认真生活态度的表达。观夏还开设了《我独自生活》栏目，采访了不同的消费者，挖掘他们独自生活的故事，目的是传达给消费者"在独处的时光中也能发掘到生活的闪光"的态度。这种认真生活的态度也反映到了产品设计的细节上，在产品上增加定制祝福语、像红酒封蜡一样在无火香薰的瓶口手工封蜡等细节设计，增强了消费者使用产品时的幸福感和仪式感。

另外，观夏推出的杂志《昆仑》，从内容和纸质阅读方式上倡导"无用之美"的东方生活态度。观夏通过产品和内容，勾起了用户对气味和认真生活的想象，还引发了消费者记忆深处对东方故事和文化的共鸣。而当消费者对观夏的情感依恋不断加深时，品牌内置的东方香文化也就自然而然渗透进每一个消费者的心智中，最终成为品牌标签。

梅见：复兴"中国梅酒文化"

随着"80后""90后"乃至"00后"逐渐成为主力消费群体，新消费品需要围绕这群有着全新特征的目标消费者重塑自身，以适应新的市场需求。新的市场机会一方面来源于针对新消费群体的特定品类，诸如专门针对三坑文化而兴起的"三坑"服饰；另一方面来源于创新老品类。但新消费群体的消费目标已然与过去不同，创新老品类的根本目的是满足和激发新消费群体的需求。

以酒水品类为例，中国的酒文化源远流长，青梅酒是其中始终不可或缺的一员。据记载，早在汉朝，中国人就已开始饮用青梅酒；再至宋朝，青梅酒成为无数文人墨客、风雅之士的助兴佳酿。但随着时代的变化，有着两千多年历史的青梅酒在中国市场的声量却越来越小。

梅见从传统文化中找到品牌内涵，并结合"新酒饮"理念，推动国饮的复兴。中国传统文化的当代转化和激活，为梅见提供了一个教科书般的参考范例。

重新诠释中国文化，满足年轻人的新需求

要创新传统品类，首要的是对新目标群体的特征进行研究，再推出全新的产品来解决他们的痛点，并以全新的方式传递品牌理念。比如喝酒，上一辈人喝酒讲究一醉方休，更注重酒的口感、酒精度数以及社交需求。一边熬夜一边养生的许多年轻人喝酒则追求微醺即可，更倾向于饮用低度健康酒，同时对产品的颜值要求更高。

近六成的国人会用当代视角来评判传承历史文化的品牌，他们认为，品牌既要传承传统文化的底蕴，也要有现代化审美的外在表达。

梅见的高明之处，就在于从博大精深的传统文化中挖掘出适配自身的那部分，将中国文化的底蕴内涵完美融入产品中。比如，在产品的外观设计上融入中国书法文化，"梅见"二字分别来自"大唐第一行书"陆柬之与"楷书四大家"之一赵孟頫的字帖。尽管他们是两个来自不同朝代、不同流派的书法家，但他们的字组合在一起有一种融合之雅。

用具象化方式还原传统文化场景，沉浸式传播品牌理念

信息碎片化时代，沉浸式的互动方式更能抓住消费者的眼球。沉浸式的互动能调动消费者的大部分感官，因此品牌需创建让消费者感到身临其境的场景，在产品和内容传播层面提供五感六觉的沉浸式体验。

梅见深刻地洞察到年轻人对中国文化的需求，并通过对传统文化元素的挖掘与再创，使自己的品牌融入中国传统的茶酒文化场景中。以其打造的"梅见夜宴"IP为例，在线上，梅见以视频《梅见夜宴》中的"视、音、食、雅"，复刻了我国古代工笔重彩人物画中的经典之作《韩熙载夜宴图》。在线下，梅见打造了梅见夜宴古风盛会，深度还原了中式传统宴会场景，在"夜宴文化"和"国饮复兴"的主线之下，将夜宴文化与青梅酒完美结合，为品牌积累了更厚重的文化底蕴。

梅见宣告了中国品牌可以向有着五千年历史的文化母体借力，中国品牌的高级质感和精神元素能形成全世界都认可的美的通感。

稀物集：匠造新中式柔性护肤品牌

热爱国货，是新一代中国人的底色，因为他们对于中国传统文化有着强烈的自信。当然，这不是年轻人的专属权利，在美妆行业深耕近30年的潮汕企业家黄楚杰，也对中国传统文化有着高度认同感，且内心深处始终对中国本土植物护肤品有着坚定的信心。

20多年来，黄楚杰从美妆行业终端做到渠道直供，但他心中那团要创造一个中国植物护肤品牌的火一直没有熄灭，他一直在等待一个最好的时代机会点。基于此，黄楚杰和他的团队于2021年正式推出稀物集品牌。

自上线以来，稀物集吸引了超200万粉丝，在短短两三年内，成为当代众多年轻消费者的护肤品质优选，并以来自香格里拉的珍稀松茸护肤牢牢占据了消费者的心智。

做品牌至刚易折，过柔则靡，刚柔并济，方为生存之道。从产品端的角度来看，产品品质是任何业务的底层基础。因此，所谓"刚性"，是品牌对产品品质和产品力的坚守；"柔性"则是为品牌铸就的内涵与灵魂，如打造品牌文化、故事等。

一个品牌想要走得长远，刚性和柔性缺一不可，唯有品质、内涵皆具的品牌，方能在营销推广的助力下持续破圈。

刚性法则：坚守原则、标准严苛，把产品做到极致

从一开始，稀物集就以差异化切入市场，定位中国原创高原植物护肤品牌，根植于极具中国特色的珍稀松茸成分，推出差异化的松茸菌菇全系列产品，并抢占香格里拉这一差异化的地域文化定位。

在产品开发上，稀物集坚持把一个产品做到极致，而没有选择产品重叠和概念化。它选用珍稀松茸作为产品的核心成分，不在产品中过多叠加成分，建立起从成分源头到核心科研的产学研体系，并不断加强对以松茸为核心的高原植物成分的基础研究与应用研究。

在推广上，稀物集实施以"稀物集菌菇水"为代表的大单品战略，强化输出"松茸＝珍稀＝有效"的概念，依托抖音和小红书的内容生态，在品牌初建期就打造出多个爆品。

在产品包装与设计上，也体现着诸多刚性法则：打破市场常规，坚持选用品质更高、价格更高的真空瓶作为产品包材；选用森林环保认证纸张，采用环保油墨印刷方式，在彩盒上印制盲文以体现人文关怀，包装减塑升级；在品牌上市期，就贴心对待消费者，如提供隐私贴、日期贴等。

正是在坚守这些刚性原则的过程中，这个年轻的品牌一路收获了众多年轻消费者的喜爱和认同，也应和了自然、纯净、珍稀的品牌内涵，传递出稀物集的态度与观念。

柔性增值力：中国原创、文化认同，构建与用户的情感联结

稀物集以刚性原则构筑坚实的产品力，实现品牌破圈，在品牌文化上的柔性增值力则收获了更深的用户认同。

黄楚杰始终相信：只有中国人才能深入了解中国文化、讲好中国故事。在讲好中国故事方面，稀物集以科技、文化、公益三条主线，逐渐勾勒出消费者眼中新国货护肤品牌的模样。

在本土文化的打造上，稀物集提炼出"东方禅意"并作为品牌文化，潜入中国传统文化与东方审美理念的更深处，为传统赋予崭新的故事，将东方置于国际视角。稀物集曾多次推出与非物质文化遗产的联名之作，如"卧虎藏茸""慢功出稀物"和《每一字，根植中国》等。不仅如此，稀物集还提出了禅意简约的生活、护肤方式，认同《道德经》中"少则多，多则惑"的观念，践行"少就是多"的品牌哲学。

在代言人的选择方面，稀物集要求与自己的价值观契合，不完全以流量为考量，而是以品牌调性为基础。2021年，稀物集邀请丁真为品牌代言人和高原植物保护大使，借助代言人自然、灵动、纯粹的突出特质，传达根植中国珍稀植萃的品牌价值内核。通过代言人与消费者的互动，在消费者心智中夯实品牌调性。

具备柔性增值力的品牌可以有多个标签。稀物集就有着中国成分、珍稀植萃护肤和高原植物等标签，无论外界从哪个角度施加作用力，它都会有所

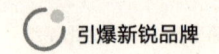

反馈。

"世自乱而我心自治",在永变的市场中,稀物集以不变的初心和态度,坚守着长期主义精神。它刚柔并济,守住品牌的根与魂,坚持用中国成分、中国科技、中国文化,讲好中国品牌的故事,从而获得了消费者和市场的认可,一跃成为消费者心中的"国货黑马"。

东边野兽:以东方草本塑造可持续的护肤与生活方式

当代年轻人的文化认同感持续助推近几年的国潮经济发展。京东消费及产业发展研究院发布《2023中国品牌发展趋势报告》显示,2019—2022年,从产业端看,以国潮为设计理念的产品种类扩充了231%,生产国潮产品的品牌数量增加了223%;从消费端看,购买国潮相关商品的消费者数量增长了74%,成交金额增长了355%。

除了"量"的增长,国潮经济也在"质"的层面升级。因为对中国文化的热爱,当代年轻人成为国潮消费的主力军,他们追求品质更高、形式更丰富的升级型国潮消费。在这类品牌中,2020年创立的可持续护肤与生活方式品牌东边野兽,是对东方文化现代演绎的典型例子。东边野兽大胆定位于国货护肤品牌缺位的高端化妆品赛道,开创了国货品牌的新可能。

以国际化审美演绎东方文化

在本土文化品牌特征中,现代演绎是很关键的一点。对本土文化的现代演绎,基于具象的可被感知的产品或内容,使得原来的传统文化成为如今大众都能接触、享受和产生互动的通俗文化。过往出现的本土文化品牌大都是对传统文化的极致演绎,但东边野兽是另一种类型的代表。

东边野兽的特殊之处在于，在东方文化现代演绎的过程中充分运用了国际化审美，让品牌视觉既具备中国文化韵味，又呈现出现代简约的国际化审美风格，打造出一种冲突的审美特色，改变了大家对东方文化的常规看法。这种具有东方美的文化获得众多新一代消费者的喜爱。

在品牌视觉方面，东边野兽沿用了极具东方代表性的红色，但在设计中通过大面积留白，在冲击力极强的红色和简约感中找到平衡，成就兼具东方韵味和现代化的风格。

在产品包装方面，东边野兽汲取具有代表性的中国元素，并结合产品特性，打造具有辨识度的产品外观，如全红瓶身的精华油、采用陶瓷材质做成蘑菇形状的菌王霜。同时，产品包装在风格设计上又兼顾现代简约。

寻找东方智慧背后的美肤解决方案

东边野兽在产品原料方面以灵芝、松茸、普洱等东方野生植物为核心元素；在配方层面，则以现代化科学技术来激发产品功效。

东边野兽首席医学顾问、中国医学科学院整形外科医院副主任医师石蕾在"2023医美前沿新品医学大会上"分享道："东边野兽的灵芝修护精华油以灵芝三萜为灵魂，这个成分具有良好的脂溶性，更适合作为油性配方；再辅以白池花籽油和山茶油，这两者具有良好的抗氧化作用，成为灵芝油的溶剂。这个简单的护肤品配方经过人体功效评估，证实了其科学合理性。在几百份问卷中，大部分消费者表示，连续使用一段时间后，水分流失、泛红、皮肤瘙痒情况都有不同程度的改善。"

东边野兽以东方草药为传承，用现代化科学研发方式实现创新，正迎合了当下的科学护肤大趋势，而科学的配方与可被验证的功效是获得消费者信

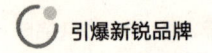

任的关键。

传递长期主义护肤理念：更健康、更快乐、更自然、可持续

　　抢占消费者在高端化妆品领域的心智，需要强大的品牌力支撑。除了商品力，品牌文化、品牌传播等要素也起到协同作用。在品牌文化方面，东边野兽不仅仅传递出东方文化，更透过文化传递了更健康、更快乐、更自然、可持续的生活方式。

　　东边野兽设立了"超级草本实验室"和"东边灵感实验室"。超级草本实验室主要以生物医药的理念和技术原则，探索中国草药活性之于皮肤的应用。在产品层面，东边野兽尊重生态多样性，取用自然原料，并在品牌计划中持续对成分所在地的生态和人文进行反向赋能。

　　比如，制定可持续的采收标准：采松茸要用木棍，只有木头不会"烫伤"或"冻伤"菌丝，采完后还要把土填回去；不能采幼茸；不可以在同一个地方过度采摘，要保障灵芝再次孕育的时间。

　　再比如，在香格里拉自建松茸采集合作社、在云南洱源高原建墨红玫瑰种植基地，在帮扶当地农民的同时，让产品的天然原料来源更加可持续。通过这些方式，东边野兽践行着可持续的护肤理念。

　　东边灵感实验室是一个实验性共创平台。东边野兽通过邀请设计师、艺术家、文化人、传统技艺承袭者、生活方式创想家等，共同碰撞出更多灵感，并将品牌的美与能量传递给更多人。

　　除此之外，东边野兽还通过举办展览、办杂志等方式，深度传递东方草药的故事，不断拓宽品牌发展的边界，并让用户更贴近品牌。

第8章 第三类，本土文化品牌
以中国文化为灵感

品牌既是一门生意，也是以文化为内核的艺术。本土文化品牌的核心优势是创新运用传统文化，最忌讳的是生搬硬套、浮于表面。只有自身文化内涵够深，品牌才能从根本上打动消费者。

第 9 章

第四类，新功能品牌
让产品功能可感、可知、可科学实证

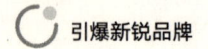

新一代消费者正变得越来越"贪心",他们大多成长于物质资源充裕的年代,成年后需面对来自工作和社交的压力,在吃穿用等方面对日用品的要求越来越高。他们不满足于产品的基础功能,而希望享受更多的附加功能,以在生活重压之下体验到幸福感和满足感。

新功能品牌,是指基于新一代消费者对产品的需求升级,通过科技及供应链的变革实现聚焦性的微创新,解决传统产品只能满足消费者基础生存需求的问题,并以可知、可感、可科学实证的形式建立消费者心智认知的新锐品牌。

新功能品牌诞生的背景,是数字化渠道中年轻人群的浓度更高,更容易激发新需求和新功能。新功能品牌在数字化渠道更容易触达目标人群。

新功能品牌的 3 大特征

功能新升级:满足原有品类无法满足的需求

物质生活水平的提升,自然会带来需求的升级。过去,由于物质匮乏,

第9章 第四类，新功能品牌
让产品功能可感、可知、可科学实证

消费者对产品的需求大多只停留在基础功能上，产品只需满足消费者的基本生存需要。

当物质资源变得充裕，消费者不用再考虑基本的生存问题以后，他们自然会对产品提出更多的要求，希望能从产品中感受到美好与快乐，而不再满足于基础刚需。

体量、制度等各方面因素，往往导致传统品牌转型缓慢，产品研发大多基于前几代消费者的需求，产品功能只可满足消费者的基础生存需求，较为粗放。这与新一代消费者追求高品质美好生活的进阶需求产生了冲突。

研发微创新：从科技及供应链层面进行变革与微创新

传统品牌研发产品时大多以利润和成本为主要考量因素，这意味着市场中充满了被忽视的用户需求。新功能品牌则从科技及供应链层面出发进行变革，以用户需求而不是利润、成本主导产品研发，建立了一套以用户为中心的产品研发体系。

新功能品牌大多不是以颠覆性的创新产品立足市场的，而是基于用户需求，聚焦某一核心成分或技术，对传统产品进行微创新升级，进而满足用户的进阶需求。如此，新功能品牌既可以调动用户心中已有的品类认知，又避开了与传统品牌的正面交锋。

功效具象化：以可知、可感、可科学实证的形式建立用户心智

在品牌形象的构建与塑造上，不同于传统品牌对"黄金配比"等概念的热衷，新功能品牌更注重以可知、可感、可科学实证的方式建立用户心智。

可知是指更加简洁清晰、可量化的表达方式，让用户对产品的功效或用法有更直接的认识，例如元气森林的"0糖0脂0卡"、拉面说的"煮3分钟偏硬，4分钟适中，5分钟偏软"等。可感是指品牌标识、产品外观更加具象，让用户能感受到品牌的理念或特点。可科学实证则是指品牌在产品研发和运营阶段，均以用户为衡量产品是否契合品牌理念的唯一标准，并且只推广经过大量用户数据验证的产品。

下面将通过元气森林、万益蓝、蕉内、静韵、海洋至尊和幼岚这6个新锐品牌来解读新功能品牌，这些品牌均基于消费者的痛点对产品功能进行了升级，颠覆了消费者对传统品类的认知。

元气森林：兼顾好喝与健康的"饮料哲学"

新功能出现的意义在于解决老功能没能解决的痛点，这可能表现在消费者需求的升级上，也可能表现在矛盾化需求的解决中。因为新一代消费者的生活本身就是一个充实与孤寂并存、稚嫩与自尊同在的矛盾结合体。在生活上，新一代消费者对自我的关注度远超上一代消费者，对健康、品质美好生活的追求也更高，更注重享受生活。这种进阶的需求投注到饮料上，就是从追求好喝到追求喝好。

由于传统饮料的高糖属性，尤其是以可乐为代表的碳酸饮料，显然无法满足消费者喝好的新需求。因此，如何把无糖饮料做得好喝，成了满足消费者喝好这一需求的关键。元气森林可谓新功能品牌的范例，它解决了传统饮料无法兼顾的好喝与健康的需求。

解决需求矛盾，为年轻人提供无糖又好喝的饮料

在高压的生活环境之下，年轻人更需要甜味解压，但同时又分外注意自身的外在形象，胖、糖化都是他们无法容忍的。矛盾的个性和更高的追求，让他们想要的越来越多。对于饮料，他们希望既好喝又健康，还要有个性。

在这种背景之下，无糖饮料出现了。在元气森林出现以前，饮料行业早已开始了对无糖饮料的探索，可口可乐早在1982年就推出了第一款无糖饮品——健怡可乐。不过，传统饮料公司在减少或者去除产品中的糖分时，会为了兼顾产品的成本和口感，而使用价格低廉的甜味剂（即代糖）。但这些代糖的甜度过高，难以还原蔗糖的口感，且含有热量。而元气森林在产品研发和供应链上下功夫，通过变革供应链，找到了成本比甜味剂高100倍的代糖——赤藓糖醇。

公开资料显示，元气森林曾耗时三个多月，找来所有它能想到的代糖，逐一鉴定，再列出几十种组合方案，不断调整剂量配比、收集反馈、调整复配方案，终于找到了最接近蔗糖的自然口感，剂量配比也更符合人体肠胃接受度的赤藓糖醇，解决了无糖饮料的口感问题。并且，赤藓糖醇几乎不含热量，满足了新一代消费者对喝好的需求。不仅如此，为了保证气泡水的口感，元气森林每年的物流成本还增加了5%～6%。

聚焦"0糖0脂0卡"，强化用户对品牌心智的感知

前文解析了新锐品牌如何做到需求产品化，即以用户需求为研发产品的最高指向，最终体现在产品上，即要满足可视、可知、可感、可传、可查等特性。其中，品牌成分、工艺等硬件上的背书，对强化品牌的专业形象至关重要。

传统饮料行业公司研发产品时，遵循的是一套自上而下的研发逻辑，多站在企业的角度，将利润、成本作为最重要的考量因素。元气森林则遵循用户至上的研发逻辑，把满足用户需求作为研发的最高标准。

从元气森林的组织架构能看出其执行的是产品优先策略。在元气森林内部，产品部门是话语权最大的部门，以产品推导研发，产品部门向研发部门反馈用户需求，并推动研发部门提供相应的解决方案，销售及其他营销等人员都要围绕着产品开展工作。

元气森林建立了一套以用户数据为标准的运营监测体系，通过线上线下多个渠道的小范围投放来测试产品零售数据，以了解产品是否受用户欢迎，并根据调查结果做出调整和应对。据了解，元气森林曾"砍掉"过多款销售数据未达预期的产品。这种用户数据至上的运营体系，真正做到了以用户喜好为标准，也更加直观和可验证，避免了企业在研发产品时对市场的误判。

洞察到年轻消费者对兼顾好喝与健康的需求后，元气森林针对性地研发产品并提炼出简洁清晰、易传播的"0糖0脂0卡"这一核心理念。元气森林还通过多种方式来强化用户感知：元气森林旗下的产品几乎都以"0糖0脂0卡"或减糖为基础标准；无论是产品包装设计还是广告物料设计，都从视觉上突出"0糖0脂0卡"字样，不断强化元气森林好喝又健康的用户心智。

万益蓝：年轻世代的新营养解决方案

在个性化消费成为主流的时期，众多新一代消费者更关注自我满足与提升，其中就有管理个人健康与体态的需求。这促使更多品牌进入个人健康护理领域，比如万益蓝。

2018年，万益蓝从代餐奶昔起盘，并在2019年做到了代餐奶昔品类第一，而后又拓展品类，在2020年成为益生菌品类头部品牌。这个过程中，

第9章 第四类，新功能品牌
让产品功能可感、可知、可科学实证

万益蓝基于新的市场洞察，不断调整，并定位为新世代的新营养品牌，以益生菌为核心品类，专研可循证的益生菌和营养补充剂。

无论是代餐还是益生菌营养补充剂，万益蓝都基于新一代消费者的需求，赋予了产品新功能，并通过具象化的表达提升了品牌在数字化渠道的传播效率。

代餐不枯燥，喝着奶茶来减肥

传统代餐食品大多以五谷杂粮或高蛋白食物为原料，具有高纤维、低热量、易饱腹的特点，但它们的口味和包装往往都没有新意、缺乏个性，使用场景也相对局限，大多只能居家食用。然而，众多新一代消费者较排斥严肃与枯燥。万益蓝洞悉到他们的需求，并找到奶茶这样一个易让人发胖却又难以戒掉的品类，以此为切入点，将奶茶与代餐这两个原本不相关的品类融合在一起，推出了奶茶口味的代餐奶昔，并不断升级产品的口味和口感，突破了传统功能食品的口味天花板，让消费者在喝奶茶的过程中实现减肥这个目标。

为新一代消费者提供可科学循证的新营养解决方案

在代餐市场大盘下滑的过程中，万益蓝围绕健康领域拓展了益生菌等品类，万益蓝小蓝瓶益生菌逐渐成为爆款和超级符号，在各电商平台拿下品类第一的成绩。

益生菌产品的走红，也让万益蓝逐渐明确了品牌的方向。新一代消费者对健康生活方式的追求是持续增长的，但作为高知的一代，他们希望产品具有可科学认证的功能，同时希望维持健康状态成为一件时尚、不枯燥的事情。

2023年，万益蓝宣布品牌焕新，并正式官宣品牌中文名"万益蓝"。首先，小蓝瓶鲜明的蓝色是万益蓝的代表色。这意味着探索、无边界与日常陪伴，这就是万益蓝一直以来想要与用户建立的关系模式。

其次，蓝色代表专研和科技。品牌焕新后，万益蓝的定位更集中在益生菌和营养补充剂上，"以科学循证的研发理念，持续探索创新原料和技术"，为年轻消费者提供新营养解决方案。

基于用户对健康的具体需求，万益蓝针对肠道健康、肠胃蠕动不足、便秘、女性健康管理、清新口气、儿童成长等问题推出了对应的产品，并强调其"科学可循证"的特点。

功效具象化，健康"看得见"

具有高知特点的新一代消费者拥有计算食物热量的习惯，针对这一点，万益蓝在营销层面将产品功效具象化。比如在代餐奶昔品类上聚焦"喝不胖的奶茶"这一核心概念，以"一瓶等于一顿营养餐""1顿少摄入约500千卡"等宣传语，在益生菌产品的内容传递中，让用户对产品的功效建立起更加清晰具体的感知。

蕉内：实现体感、美学的极致平衡

过去，女性消费者由于自我意识还未崛起，并未过多关注内衣这一品类，并且在大多数人眼里，内衣不过是一件穿在外衣里面的衣服，并没有作为衣服的独立属性。甚至，在男性审美主导的社会中，内衣一度被当作性感的代名词，在设计上以男性视角下的性感为主要卖点，忽略舒适度和体验。即使市场上出现了一些主打舒适感的内衣产品，也容易忽视产品设计和穿着

第9章 第四类，新功能品牌
让产品功能可感、可知、可科学实证

者的审美体验。

如今，伴随着女性消费者自我意识的觉醒，她们对内衣的需求也不再是男性视角下的好看或者缺乏设计感的舒适，而是希望作为贴身衣物的内衣能够具备独立属性，那就是舒适贴身的同时，还有着独特审美风格。

蕉内突破了传统内衣装饰性大于实用性的设计理念，让内衣真正地成为一种既有装饰性又有实用性的独立服装品类，打造了"体感美学"这一独特的品牌标签。

聚焦"无感内衣"，提升内衣的舒适度

随着消费者需求的升级和市场的细分化，越来越多原本属于大品类的产品受到重视，甚至升级成新品类。这种品类机会也来自品牌对消费者痛点的挖掘。

蕉内从消费者的需求出发，敏锐地捕捉到传统衣物的内印标签刺激皮肤这一痛点，将舒适内衣的概念落脚到无感内衣上，并在此基础上独创无感标签技术，让无感标签成为品牌的标签。

之后，蕉内围绕体感这一核心原点，精细洞察用户在每一个生活场景所遇到的体感问题，不断进行技术上的钻研与深挖，相继将航天员级别的银皮抗菌技术、无感印技术以及秒吸降温技术应用到内衣上，还联合日本东洋纺（TOYOBO）研发出热肤纤维、"热皮"（AIRWARM）等新材料。

借助科技变革与创新，蕉内升级了内衣的舒适性，既达到了体感上的舒适效果，又将产品特殊的材质和技术外显化，让产品呈现出科技感和未来感，塑造了一种全新的体感美学，为内衣注入了作为独立服装品类的属性。

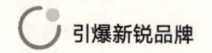

而这种科技力的加持，也重塑了消费者对内衣的认知，让他们意识到，内衣也是有科技含量的品类。这在无形中提升了内衣产品的竞争壁垒。

品牌视觉多维度革新，让品牌的科技性可知可感

随着科技的发展，信息传播的主要渠道媒介从纸媒、电视媒体发展为如今的互联网，消费者主要的社交场景变成了各个社交平台，在这样的信息交互场景下，未来审美将呈现3个特征：显著、显酷、显贵。品牌也从社交场景的变化中获得了出圈的关键——产品的成图率，即产品是否具有以上视觉特征，能否方便消费者拍出好看的图片，激发消费者主动秀图的意愿。

蕉内，就是一个用视觉创造流行的典型品牌。在品牌视觉呈现上，蕉内主要通过店铺、模特等方面，让消费者对品牌建立起基于科技感和未来感的体感美学印象。在店铺的视觉呈现上，无论是线上旗舰店还是线下体验店的装饰都是简约、工整、色系统一的工业科技风，色调也基本以充满未来感和科技感的银灰色为主。

此外，在产品的介绍与陈列中，蕉内也注重以消费者更能理解的表达方式来诠释产品功能。例如，在蕉内天猫旗舰店的首页，关于热皮保暖技术，蕉内用"+"表示产品适合穿着的温度，其中"+"代表适合5℃～15℃穿着，"++"代表适合-5℃～5℃穿着，使产品的保暖功效一目了然。

蕉内的模特留着齐刘海、锅盖头、不露眼睛且不直视镜头的统一形象，且他们的动作和站立角度也仿佛机器人，具有机械感和工业风。这种风格弱化了模特的人格属性，将消费者的目光从模特的长相、身材转移到产品本身，也让消费者选购时能够重视内衣的功能和效果。

在组织能力的创新上，蕉内设立了用户体验部门，建立了一套以用户体验为核心的产品评价体系，通过关注、跟踪、改造，把用户认可的体感美学作为产品最关键的衡量标准。

静韵：在"柔软"上做到极致

"想要舒服，就留在家穿你的睡衣。"意大利设计师多娜泰拉·范思哲（Donatella Versace）的这句话，便是宅家的人们的真实写照。"宅经济"的发展，让睡衣这个并不是刚需的品类销量大幅增长。

对于与睡衣很接近的内衣品类，如文胸，消费者随口就能说出很多品牌，如 ubras、内外、蕉内、奶糖派等新锐品牌，它们分别从不同的维度做到内衣细分领域的第一。

相比早已竞争激烈的内衣赛道，睡衣赛道好像被品牌们遗忘了，稳占睡衣品类的代表性品牌心智尚未出现。但中国的睡衣产业链已经相当成熟，有着"中国睡衣之乡"之称的潮汕地区，一年能产出超 10 亿件内衣与家居服，并销往全球。

一年生产出 10 亿件产品的"睡衣王国"为何没有出现一个睡衣界的头部品牌呢？主要原因是还没有品牌抓到消费者最核心的价值点。相比内衣，睡衣对许多消费者而言，目前还算不上刚需品。不过，一旦人们养成了穿睡衣的习惯，就很难再改掉了，所以睡衣仍然具备成为强势品类的潜力，但品牌要找到那个最核心的价值点。

那么，对消费者来说，睡衣品类的核心价值点到底是什么？其实每个品类都对应了消费者某个具体的需求，且对消费者来说刚需越大的品类就越强势。从消费者购买睡衣的真实需求来看，"我要一件舒适柔软的衣服来穿着睡觉"是最核心的。

找到睡衣"柔软"这个核心价值的，是成立于 2011 年的家居服品牌静韵。沉淀多年，静韵一直在探索用户对睡衣的核心需求，终于抓住了柔软这一品牌核心，强势崛起，到 2021 年实现亿级爆发性增长，成为柔软家居服品牌第一，且排在天猫头部睡衣品牌及小红书睡衣推荐第一位。截至 2021 年，静韵的种子用户已经突破 100 万个。

静韵创始人肖锦鸿的最终愿景，就是通过超柔软睡衣，使静韵成为睡衣品类的代表品牌。舒适是个很抽象的概念，表达的方式多样，几乎等于舒适的柔软则是一个非常有代入感的特性。在抢占用户行为的每一个关键阶段，在对睡衣柔软的心智感知上，静韵几乎全部做到了极致。

搜索期：在视觉上营造柔软代入感，在搜索环节打动用户

消费者搜索睡衣时，在一堆产品中会不会点击品牌的产品链接？进入页面后，消费者对品牌的第一感觉是怎样的？对于这两个问题的答案，视觉肯定是关键影响因素之一。

在这一点上，静韵很聪明，它不只在品牌标识上呈现"舒适眯"，还用不同的色彩来代表不同的舒适瞬间，并在产品的外包装上加入提手设计、增加包装袋的柔软度等。这些都是在用心展现柔软这一核心概念。

在静韵的线上店铺页面，消费者几乎看不到模特窝在床上或沙发里的画面，但每一张海报上模特的放松状态都在传达着睡衣的舒适感。

犹豫期：抢占标准制高点，建立信任背书

消费者进入链接看完产品后，会退出吗？在静韵的明星单品超柔软睡衣的链接中，可以看到很明显的几个信息：累计售出 20 万+件，好评率 99.3%。这是静韵的信任背书，为了抢占"柔软"这个关键词，静韵邀请第三方权威机构对产品的柔软值进行测试，并证明其产品运用了"每 1 平方厘米的面料中，有 1 万根以上微棉绒"的面料技术，从而收获了口碑，抢占了品类的价值观。

决策期：按需开发，推出强特性、强功能产品，提供解决方案

能让消费者下定决心购买的，一定是能满足其需求的东西。柔软舒适，就是静韵针对消费者关于睡衣的基本痛点的解决方案。如何让消费者穿上就脱不下来？除了基本盘夯实外，静韵还很擅长通过挖掘消费者的睡眠场景和季节特点，推出强功能产品。

睡衣是季节性品类，除了要带给穿着者超柔软的穿着感受，还应根据季节变化来做一些功能升级，比如夏天的睡衣要有凉感，冬天的睡衣要能锁温、抗静电。静韵推出的夏日凉感睡衣，就是在柔软的面料中加入了亲水凉感的原材料，可以让皮肤与之接触时感受到清凉，这个产品入选了 2021 年天猫"6·18"凉感家居服爆品名单。

全周期：持续精准触达，强化品牌心智

相对而言，睡衣是低频次的消费品，如何触达更多消费者，并提高复购率是品牌需解决的两大难题。品牌的目标受众如果是年轻人，就应通过内容去捕捉消费者的情绪，让消费者产生共鸣与品牌价值认同。

静韵选择了推出联名 IP 的路径，强绑品牌基因，无论是跟迪士尼还是国际设计师的联名都是因为对方有"柔软"的一面。但同时，静韵会在包装上强调产品面料的独特之处，并弱化 IP 的存在感，因为静韵要做的是借力 IP，而不是成为 IP 的附属品。强品牌性表达，才是建设长期品牌的正确道路。

海洋至尊：专注"绿色"护肤

前瞻产业研究院预计，中国男性护肤品市场规模在 2021—2026 年的年均复合增长率为 15.88%，2026 年整体市场规模有望达到 207 亿元。保湿、控油、清洁是男士护肤品的主流功能，但 Z 世代、千禧一代等新生代男性逐渐成为男士护肤品主力消费群体，除了这些主流功能外，他们的需求在不断进阶。很多新生代男性追求"在社交中成为受欢迎的人"。在社交场合悦己且悦人的需求，让他们更需要能满足特定场景需求的产品。

梦尔达科技集团旗下的海洋至尊品牌是专为这一类男性群体推出的绿色功能护理品牌，它致力于通过科学技术提取高纯度的海洋精粹，更高效地解决目标消费者在控油、醒神、香体、防脱发、美白遮瑕等方面的进阶需求，帮助他们在社交场合"见面更精神"。自 2020 年成立以来，海洋至尊的香水、沐浴露、洗发水等单品多次蝉联天猫类目榜单第一。海洋至尊天猫旗舰店 2021 年上市后，多款产品在 2 年内的商品交易总额突破了上亿元。

为新生代男士的全新需求而生

从 B 站起盘的海洋至尊，其目标群体正是活跃于 B 站的 18～25 岁男性用户。海洋至尊区别于初代男士护理品牌的定位，正是基于对这一代年轻人的心理洞察。

从前几年的"躺平"到近些年的"摆烂"，年轻人似乎找到了对抗社会高速发展带来的精神内耗的"完美自洽"。在极具自我的年轻人的世界观中，唯有见"重要的人"，才值得好好展现自己的状态。

海洋至尊提出，新生代男士的精神面貌应具备 4 大指标：头发清爽、面容净透、皮肤干净、身体清香，即"让我看起来更显精神"。海洋至尊希望通过帮助当代年轻人获得更好的精神面貌，推动他们对抗"躺平"和"摆烂"，鼓励他们主动社交，释放男性自信魅力。

区别于过往男士护理品牌保湿、控油、清洁的基础功能，海洋至尊通过护肤、洗护、香氛等多品类广覆盖，全面解决新生代男士的护理需求。基于B站流量红利，海洋至尊成为众多新生代男士认知功能护肤的启蒙品牌，积累了用户心智。

根植于"绿色"护肤，打造未来男士护理品牌的"Clean Beauty"

海洋至尊与中科蓝智科技公司共同组建了海洋生物科技联创实验室，专研海洋生物在护肤品方面的应用，研究更适合亚洲男性肌肤的成分。

基于对男性肌肤样本的研究，海洋至尊发现"皮肤油脂过多"是大部分亚洲男士的护肤痛点。为此，海洋至尊将中国科学院青岛生物能源与过程研究所研发的海洋生物成分"安诺因"作为产品的核心成分，有效解决了这一痛点。相比其他成分，安诺因分子小、渗透能力更强，能更好地起到保湿、舒缓修复、皮肤抗衰等功效。

在功效之外，安诺因天然、安全、稳定，更契合科技自然养肤的趋势；同时，产品具有多重护肤功效、能同时解决多种皮肤问题，满足了男士简单护肤的习惯，迎合了精简护肤趋势。

海洋至尊自2022年7月升级上线天猫以来，累积了几十万名青年私域忠诚用户，并获得2022年天猫金妆奖、2022年天猫男士护理行业超级新秀奖、2022年B站年度突破品牌等奖项，并在2023年入选福布斯中国新锐品牌TOP100榜单，等等。由此可见，海洋至尊已经成为男性护肤领域势不可当的新锐品牌。

幼岚：重新定义童装的舒适机能

一代人有一代人的生活观念，一代人也有着一代人的育儿观念。消费者观念的不同，将影响消费的方方面面。以"80后""90后"为主的新生代父母，大多拥有较高的文化水平，他们的育儿观念里有个关键词：精致养娃。关于孩子的消费，他们不只是要好的，而是要通过自己的学习汲取更多育娃知识，在自己可承担的范围内向孩子提供更好的。

以童装为例。提到童装品牌，早几年可能大家只能想到巴拉巴拉以及一些运动品牌的童装子品牌。而近几年，新生代父母对童装的多样化需求催生了一批新锐童装品牌。

童装品牌幼岚，在品牌初期以关键词"柔软"作为品牌特点，这个词既可以形容产品的品质，还可以表达情感。2022年，品牌进一步拓展边界，以"让孩子自由，让妈妈也自由"为使命，充分理解童装"双重使用者"的特殊属性，将衣服还原到家庭的生活场景中，专注于从设计、材质、版型到工艺的每个细节为孩子和妈妈的使用体验服务。不仅希望穿着幼岚的孩子可以无拘无束做自己，同时也希望对妈妈来说，买衣服能变成一件"小事"——不用担心舒不舒适、耐不耐穿、好不好打理、可不可以机洗这样的问题，提供更多确定性，让妈妈有更多时间做自己。

重新定义童装舒适度

中国的童装市场虽大，但有百亿体量的超级巨头占据了较大的市场份额，各个小品牌间竞争激烈。但普通的童装品牌的定位大多为"快时尚"，更关注服装的款式、上新速度等。对宝妈们来说，童装的选择虽多，但各品牌间的差别却不大。新一代父母希望他们的宝宝能穿着舒适、安全、健康的服饰，但A类、全棉和颜色鲜艳，并不能定义童装的舒适和时尚。

同样是宝妈且心思极为细腻的幼岚创始人九月洞察到这个需求。童装不是成人衣服的缩小版，儿童的身体尚处于发育当中，他们易出汗、皮肤敏感，需要更高品质的服装。幼岚通过对版型的改良和面料的选取，强化童装的柔软度和舒适性，因此，幼岚以"柔软"出圈。

幼岚天猫店铺的买家评论里出现得最多的关键词就是"软"，很多消费者甚至盲摸就能认出幼岚的产品来。幼岚服装的软，一方面得益于选材，另一方面则是因为其在面料开发环节的创新，比如幼岚推出的第一款爆品——"撸猫感有机棉 T 恤"，因为对工艺的要求较高，所以导致产品开发阶段的不良率曾接近 50%。再比如为了做出一款吸水性很强又很柔软的无捻纱，幼岚与供应商一起开发了 3 个月，因为无捻纱容易断，纺织时间要比普通纱多出 70%。

从柔软的亲肤需求向更多需求延展，幼岚基于儿童生活场景的研究以及用户在该场景下的核心需求，开发出亲肤、速干、保暖、防护和舒弹 5 大核心面料技术以及撸猫棉、桉树皮等 20 余种核心材质。

开创儿童友好工艺体系，舒适再升级

除了在面料上下功夫，为了让产品更具舒适性，幼岚还应用了"儿童友好"（Kids Friendly Tech, KFT）工艺，在每个细节上都考虑了孩子活动场景的特殊性和穿着舒适性，针对衣服领口、拉链、纽扣、缝纫方式等多个维度升级和改良工艺标准。比如领口，考虑到很多家长给小朋友脱衣服时容易出现领口勒到耳朵的情况，幼岚的大部分上衣的领口围比国标标准长 3 厘米；而裤子的腰部橡皮筋的拉伸度高于国标 A 类标准，以避免勒腰或下滑等问题出现。从面料和剪裁设计上的种种细节，幼岚用自身的标准重新定义了童装。

总结可知，新功能品牌的核心是通过微创新升级产品的功能与性能，从而满足消费者的新需求。非常有意思的是，具象化的功效要想成为品牌的亮点甚至卖点的前提是可感、可知、可科学验证，要让功效落地，而不是让功效仅成为一个概念。

第 10 章

第五类，新消费场景品牌
创新与拓展消费场景

一名精致的上班族需要多少"装备"？开始工作前，打开一袋速溶咖啡，快速让头脑清醒；午休时，戴上轻巧时髦的肩颈按摩仪，即刻给颈椎来一次放松；下午茶时，与同事分享蜜桃乌龙口味的袋泡茶；晚上回到家有些累了，打开一份自热小火锅享受"一个人的狂欢"，并打算周末再好好做顿饭犒劳自己——就用那个摆在厨房里也好看的多功能料理锅。这是很多上班族日常的一天。

新一代消费者走上了时代的主舞台，他们追求新奇有趣，喜爱展现自我的鲜明性格，且乐于交流、挖掘和追逐心中理想的生活方式。膨胀的需求在消费市场撕开一个裂口，大量传统消费场景被解构，无数细分的新消费场景在裂口中涌现。爆炸式出现的市场机会中有一批抓住机会的品牌，被称为新消费场景品牌。

新消费场景品牌，是基于新一代消费者未被满足的细分场景需求，对产品的使用方式进行创新，为消费者提供新体验，让消费场景变得多元化，增加消费者的生活便捷性与品质感，并最终影响消费者生活方式的新锐品牌。

新消费场景的诞生背景，是数字化渠道下的年轻人群浓度更高，其新需求被激发,从而诞生了更多新的消费场景。

新消费场景品牌的 3 大特征

场景新升级:满足新场景下的新需求

过去,人们想吃顿大餐需要去饭店,想喝杯高品质咖啡需要去咖啡馆,想放松一下疲惫的身体需要去养生场所。如今,紧张的工作节奏,使得年轻一代更需要得到治愈,他们希望通过购物让自己高兴起来,他们的压力越来越需要释放。这种变化为新消费场景品牌提供了生长空间。

新消费场景品牌诞生于没被传统品牌覆盖到的新场景,或者延展出的更多新场景,通过市场教育,可以让消费者体验到更多可能性。

传播圈层化:场景即身份,品牌即暗号,用圈层共识打通营销传播链

新消费场景品牌在启动阶段的营销方式往往不是广而告之地"喊话",而是聚焦于目标人群浓度高的场景,与他们进行精准且有深度的沟通,让产品背后的故事渗透目标人群。

具体而言,就是在适合讲故事的场景里聚起一批想要听故事的人,然后让这群人用品牌的表达方式将故事传播出去,从而影响更多人对某个品类或某一市场的固有认知,掀起一场新的风潮,让品牌成为这个场域中的社交新话题。

生活有态度:适配用户在不同场景中的个性化需求

满足温饱需求已经不是新一代消费者需要考虑的事情了,高压的现实生活让他们更想通过购物来填补内心的空虚。在他们理想的生活场景中,产品能够适配不同场景的个性化需求；品牌能够跟随消费者的喜好灵活变化，能够回应消费者变美、变好、变轻松的愿望，将新消费场景和理想生活接轨。

在新消费理念中，即便是一人居、一人游或一人食，也可以通过提高生活用品的质感、改善生活场景来感受生活的美好。新消费场景品牌，要让产品具备实用价值的同时，也能为消费者提供情绪价值，如消费者喝的不仅是咖啡，也是一种精致感；泡的不仅是茶，还是高品质的健康生活；享受的不仅是智能按摩仪，还是一种对自我的关爱。

下文将从近两年涌现的新消费场景品牌中挑选出三顿半、茶里、自嗨锅、摩飞、abyb charming 和贝瑞甜心作为案例，这 6 个品牌的机会均来自新的消费场景。

三顿半：装在包里的"精品咖啡馆"

人们生活方式的改变，促进了商品的更新换代，一些品类逐渐被淘汰，一些品类则强势崛起。比如咖啡，进入中国市场后，咖啡文化在当下尤其是年轻消费群体中越来越流行，很多人都养成了每天喝咖啡的习惯。咖啡爱好者上班、见客户、写文案、犯困时想喝咖啡，有时甚至只是突然想喝。消费者对咖啡的需求变得越来越频繁，但去咖啡馆不够便捷，而速溶咖啡的品质又无法满足消费者对仪式感和口感的需求。兼具高品质与消费便捷性的新锐咖啡品牌三顿半，就在这种新的消费场景下诞生了。

让随时随地享用高品质咖啡成为可能

新消费场景为品类的发展提供了新机会。新的消费场景促使消费者产生了新的痛点，当市场上现有产品无法迎合消费者全新的消费场景习惯时，市场空缺便出现了。以咖啡品类为例，雀巢速溶咖啡帮助中国消费者建立了对这种新型饮料的认知。而后的 30 年间，本土市场相继出现了上岛咖啡、两岸咖啡、雕刻时光等连锁店，咖啡馆一度成为商务会谈及文艺青年聚会的场所。后来，星巴克门店在中国市场大范围铺开，并提出"家与办公室之外的第三空间"概念，让更多消费者走进了咖啡馆，并建立了一种"喝咖啡就是享受生活"的认知。

然而，当新一代消费者对咖啡的需求变得越发高频和日常时，咖啡馆显然已经不足以满足他们了，而外卖咖啡的等待时间过长，"三合一"速溶咖啡的品质较差并添加有不健康的植脂末。三顿半的出现，对消费者喝咖啡的场景进行了强势补位——无论是差旅路上、开会之前还是在家休息的周末，在任何需要一杯咖啡的场景中，只要撕开一颗即溶冻干咖啡，再加入水，就能品尝到一杯和咖啡馆的咖啡有着相似品质且风味十足的咖啡。

让喝咖啡成为一种生活方式

一个品类渗透的过程，也是市场逐渐成熟的过程，消费者对品类的认知会越来越强，并逐渐形成消费偏好。这个过程中，品牌通过市场教育让消费者养成一定的生活习惯，是成为品类代表性品牌的策略之一。三顿半从口感、价格、产品设计等方面，祛魅高品质咖啡，让喝咖啡成为消费者的生活习惯。

当外资咖啡品牌进入中国市场时，为了让产品的口味更容易被消费者接受，他们通常会主打奶咖产品，比如星巴克等咖啡连锁店都会将拿铁、生椰拿铁等产品作为主打。

在口味方面，三顿半迎合并引导了咖啡的口味趋势。随着对咖啡认知度的提升和咖啡知识的增加，越来越多的消费者开始尝试和欣赏不加糖、不加奶的咖啡、美式黑咖饮品等，更能突显咖啡豆自身特有的风味。同时，从健康角度出发，黑咖饮品也具有低热量、低脂、少糖等优势，因而受到年轻消费者的青睐。

在产品设计方面，三顿半的数字系列设置了6种风味，可以做成包括热美式、冷萃、拿铁、燕麦拿铁在内的多种咖啡饮品。并且，不同风味咖啡的包装颜色也不相同。在三顿半之前，市面上还没有这种包材设计的速溶咖啡产品，这种富有设计感的外观迎合了新消费者对高颜值的追求。

在定价方面，每一颗三顿半咖啡的价格不超过10元，这让大众消费者对咖啡祛魅，让高性价比的精品咖啡触手可及。

除了通过技术创新做出口感和味道接近现磨咖啡的便携产品，三顿半还希望通过产品来传达品牌的精神内核：一种轻松休闲、简单时髦的生活理念。正如品牌创始人吴骏对咖啡的定义："一天三顿正餐外，还需半顿精神食粮，就是咖啡生活方式。"

重视消费者深度沟通的私域场，激发优质 UGC 创作

前两年的新锐品牌大多因抓住了一波或几波流量红利而兴起，但流量会越来越贵，对流量的投入是无底洞，对资金薄弱的新品牌而言尤其如此。只有让产品内容化，激发 UGC 传播，方能让用户口碑带动品牌传播。

三顿半在冷启动阶段便找到种子用户所在圈层，实现精准沟通。三顿半将自己的产品送给下厨房 App 上的美食爱好者们，因此收获了大量的用户自产内容和创意分享。随后，更多用户在小红书、微博、B 站等平台上二次分享。在这个过程中，三顿半迅速累积了大量人气，成功破圈。

这种精准沟通的成效显而易见：不需要花大力气教育消费者，只需对产品做出清晰的诠释，专业且热情的"圈层专家"便会主动传播相关内容。

三顿半还吸引了热衷于"玩小杯子"的消费者，他们纷纷在社交平台上展示自己用三顿半的咖啡杯壳种多肉、做钥匙链等，使三顿半挖掘出了无数与用户互动的触点。

更重要的是，三顿半还定期举办"返航计划"：与不同城市的本地咖啡馆、潮玩店等开展合作，回收冻干咖啡的杯壳包装，参与活动的消费者可以用一定数量的杯壳兑换限量品牌周边。这传达出品牌精神中的环保理念和社会责任感。

为此，三顿半也设计了一个"领航员"角色，即从各渠道挑选出优质的内容生产者，他们不仅有着KOL的身份，同时也会将自己对产品的想法和意见反馈给品牌方。

三顿半将沟通的主动权交给用户，不仅大大提升了品牌和用户的交互参与感，而且能够借助领航员们的影响力，将品牌理念辐射到不同的圈层。

茶里：让喝茶变成时髦的社交方式

部分传统品类因消费人群的更新而获得了新机会。比如茶，不同于咖啡，中国的茶文化历史悠久，茶产量多年来稳居世界第一。但正因中国的茶文化有着厚重的历史感，在相当长的一段时间里，喝茶，特别是去茶馆喝茶，被年轻人看作上了年纪的长辈才会有的爱好。而用更加便捷的茶包喝茶，却少了些饮茶的仪式感与品质感。

因此，想喝茶却不愿去茶馆、想买好茶却不会选，同时还想尝到更丰富口味的新消费需求涌现。茶里洞察于此，将产品定位为高端茶饮，主打原叶三角茶包，并通过创新与年轻化的茶叶口味、茶叶品类的品牌化运作，以及紧跟潮流的营销方式，对"品茶"的定义和场景进行了全新演绎。

让喝茶像喝水一样日常，打开品茶场景的边界

去茶馆品茶是一种传统消费方式，但新一代消费者工作日忙碌、闲时"宅"，并没有去茶馆消费的习惯。新的茶饮，需要满足他们"简简单单就能来一杯"的需求，还要契合他们"精致懒"的特点。

不少"80后""90后"消费者对茶叶的品牌化认知，是从立顿开始的。1992年，立顿在中国市场推出碎茶茶包，从此成为消费者心中袋泡茶的代表。立顿因价格低、口味标准化，成为会议、酒店、餐厅等场景的第一选择。但是，对茶文化深入骨髓的国人来说，"碎茶不如整叶好"这一看法几乎是无须普及就能获得一致认同的结论。

茶里以袋泡茶的形式解决了便捷性问题，并以袋泡茶为原点发散至茶冻、茶粉、奶茶棒等时下流行的饮品品类，基于茶的提取物研发出更加便利、更多玩法的产品形态。

在饮茶场景方面，茶里切中新一代消费者"精致懒"的特点，为他们安排好什么时间喝什么。茶里推出的"每日茶"系列，根据早餐配餐、午餐饭后、下午怡神这三个场景，设置了三个子系列茶饮，并针对消费者经常熬夜、压力大的现状，推出以普洱、金银花、罗汉果花等为主要成分的"关心茶"，旨在为常熬夜、压力大的消费者"消消火"。洞察到年轻人的失眠比例逐年增高后，茶里又推出了一款"晚安茶"，满足消费者安神入眠、有益脾胃的需求。

第 10 章　第五类，新消费场景品牌
创新与拓展消费场景

为了让口味更加年轻化、差异化和有记忆点，茶里在三角茶包中加入了蜜桃、金桔、菠萝、荔枝等水果干，让消费者在饮茶时能够多一些期待和新鲜感。

茶里主张"泡一杯有味道的水"，让喝水这件事变得更有趣，这提高了消费者对喝水的兴趣，同时也让他们感受到生活因为"多喝水"而变得更加健康。

通过对品牌调性和产品设计的升级，茶里融合了中国传统茶文化和新消费场景，打开了品茶场景的边界。

在目标消费者语境中讲述品牌故事，让年轻消费者享受喝茶

品牌与消费者沟通时，要走进他们的场景，运用他们的话语体系，以可视、可感、可知、可传、可查的方式让消费者更容易理解和认同品牌。

茶是一种历史悠久的品类，年轻人对茶深远的文化与消费方式都有一定的认知门槛，想让年轻人养成喝茶的习惯，建立品牌好感和产品黏性，甚至愿意带动身边人一起享受喝茶，本质上还是需要满足他们对美好生活的想象，回应消费者在使用产品过程中的情绪需求。

比如用更简单、专业化的语言将复杂的选茶、泡茶工艺传递给消费者。为了降低认知茶产品的高门槛，简化喝茶的程序，茶里推出了"7103"标准（7家核心茶园基地、1个自建茶学研究室、0添加天然完整原叶、3次冲泡口感依然纯正）：将采摘、制作、精加工等分级；制定各级标准，确保茶的品质更稳定，用标准化原叶袋泡茶产品，消减消费者对选择的畏难情绪。

同时，为了让喝茶更有仪式感，并成为健康生活的象征，茶里不仅推出

了流行的蜜桃乌龙、茉莉绿茶等口味茶包，还推出了口味清甜的桂花雪梨菊花茶、有助于健体的红豆薏米茶等养生系茶包。

针对消费者对颜值的高要求，茶里的包装盒上选择了缤纷但不浓烈的丰富色块，并运用了大量复古、国潮、几何的潮流元素。

茶里还通过跨界等方式，在年轻化的场景下传递茶文化。2018年推出蜜桃乌龙茶时，茶里就将该产品和电影《三生三世十里桃花》联名，两个星期的销售额超过180万元。再往后，无论是与《少年的你》合作，还是和《王者荣耀》推出联名款，都是茶里在借力高知名度IP，在年轻化的场景下强调品牌个性。

茶里的种种举措让消费者愿意主动将产品分享给身边的人，而其终极目标，就是要刷新新一代消费者对茶文化的认知。

自嗨锅：兼具方便和仪式感的一人食

新一代消费者需要出门社交，也享受宅在家里的独处时光，后者推动了一人居场景的消费。以"一个人也要好好生活"为主题的品类应运而生，比如适合一个人使用的家具、家电等。

一人居场景下还细分出一人食这个场景。"精致懒"的新一代消费者对食物的要求是既方便操作又好吃。在这种情况下，一人食的相关品类诞生了。方便食品新物种自嗨锅就是典型的一人食品类，解决了消费者想在家吃顿好的却又不愿开火下厨、不想等外卖的矛盾。自嗨锅聚焦年轻消费者的一人食场景，让他们在填饱肚子的同时，还能得到愉快而不孤单的情绪价值。

"精致懒",吃方便食品也要有仪式感

"精致懒"是对大多数新一代消费者的贴切总结。一方面,忙碌的生活节奏让他们更追求效率、省时、简便;另一方面,具有高知特性的他们对产品的要求更高,而时常感到焦虑的他们还希望产品能带来愉悦感。比如吃饭这件事,他们既怕麻烦,又想得到"好好吃饭、好好爱自己"的宽慰。

方便食品是为解决消费者怕麻烦的这个痛点而出现的,过去几乎所有方便食品的制作方式全是简单的开水冲泡。2020年初,人们的居家时间变长,却又不愿舍弃享受生活的体验感;或者在内卷的社会环境下,还想保有一些吃饭的仪式感。自嗨锅戳中的就是消费者在这类场景下的情绪:只需动手拆包、加水,等待一会儿后再打开盖子,就能得到一顿食材丰富、美味的小火锅。

针对更加细分的用餐场景,满足随时"吃口热的"需求

再细分一人食的场景,可以挖掘更多新的拓展机会。除了一人宅家,现代人还有更多其他的一人食场景,比如在出差或旅游途中、在办公室加班时等,都是除自己做饭、外出用餐和叫外卖之外的新消费场景。

自嗨锅用"麻辣牛肉火锅"这一爆品打开了市场格局,之后持续渗透一人食场景,继续挖掘中国人随时随地都想"吃口热的"这一需求。与此同时,除了空间维度,自嗨锅还从时间维度上对一人食场景进行细致切分:早餐场景,有自热粥;午餐场景,有自热煲仔饭;宵夜场景,有自热牛肉粉、过桥米线等。

多维度攻占年轻人的社交场域

要让消费者感觉到自己被理解了,就应站在他们的角度说话。这个道理运用在品牌建设上,就是品牌要用消费者的表达方式去跟他们沟通。对于想

要改变品类惯有认知的品牌,要到消费者习惯的场景中,用消费者喜欢的方法传达信息。

自嗨锅就想一改大众对方便食品"是廉价的、不健康的"这一认知,建立品牌意识。为此,自嗨锅在营销手段及消费者沟通的场景选择上高举高打,在B站、小红书、抖音、快手上均有内容布局。

除此之外,2020年,自嗨锅曾邀请流量女艺人作为品牌代言人,并在《中国新说唱》《明日之子》等大型综艺,以及《王者荣耀》职业联赛中植入广告,多维度攻占年轻人的社交场域。在年轻人的语境下,自然更容易讲一个年轻的品牌故事,实现品牌力的裂变。

摩飞:小电器成就理想的精致生活

新一代消费者对精致生活的追求,同样投射在他们对家用电器的需求上。新一代消费者不仅要求电器品类有使用功能,而且更希望电器成为家居装饰的一部分、自己的身份和喜好的代表,以及社交话题。

即便家电市场竞争激烈,通常也会有细节上的新机会出现,越大的市场越是如此。摩飞在中国消费者心中留下印象,就是从一款名为"摇摇杯"的便携榨汁杯开始的。

满足消费者对生活便利性以及高效率下厨体验的追求

对某一个品类来说,因为目标人群不同、使用的场景会发生变化,所以品类的新挑战或新机会也会随之而生。

摩飞推动便携榨汁杯的原因，就是消费场景的改变。早期的榨汁杯大且笨重，只能固定使用，不易收纳。但是，对追求健康的上班族和健身一族来说，喝鲜榨果汁的场景是在户外，榨汁这件事应该很轻松快乐，而不应花大力气去清洗用具。

在这样的背景之下，摩飞将传统榨汁机的体积和零件缩小，把空间留给果汁杯；为了便于外带，用无线充电取代电源线；搭配一冲即净的刀头，解决了清洗麻烦这一痛点。对小家电这种"好不好用，一试便知"的产品而言，实际使用的体验感非常重要。如果产品功能可以满足使用者的需求，且使用时的顺畅感和愉快感超出他们的预期，他们就会自发地将这款产品推广出去，实现裂变传播。

多功能料理锅，就是摩飞对小家电的极致发展。都市年轻人的小厨房大多略显逼仄，摩飞的多功能料理锅可以实现早餐煎蛋、制作晚餐、制作章鱼小丸子等功能，也可以实现在周末和朋友聚会时烤肉或者涮火锅的功能，一台机器能大大提升生活的便利性。

塑造理想生活的模样，为生活带来更多可能性

区别于上一辈人为刚需而消费，新一代消费者更关注产品的品质和内涵。他们将自己对理想生活品质的期盼投射到日常消费中，通过产品和服务来接近自己理想的生活。

摩飞在提升生活品质方面做了研发创新。摩飞的热卖产品中，还有可以保温的折叠暖菜板、三合一的刀具砧板消毒机、制作"快手"早餐的轻食早餐机以及多功能绞肉机等。在使用这些产品之前，消费者也许不会认为这些是生活必需品，但在使用之后，消费者多会真切地感受到生活品质的提升，并会打开对理想生活品质的更多想象。

这些产品不仅让消费者拥有了使生活更加便利的用具，而且与他们之前没有被照顾到的生活需求相配合。这些产品不是在家用电器的产品数量上做加法，而是为生活减负。摩飞准确抓住了年轻消费者希望提高生活品质、提升电器使用效率、丰富生活仪式感以及追求高颜值的诉求，用妥帖的精致感，让使用这些产品成为消费者的一种生活方式。

让消费者在拍照分享的过程中增强满足感

过去，家多数时候属于私密空间，但如今，家也成了秀场，漂亮有品质感的家中环境成了社交话题。从室内装修的角度来看，新一代消费者越来越重视整体风格。因此，可作为社交话题与出镜素材的家电的外在形象、风格变得尤为重要。

摩飞产品的外观设计极具颠覆性，精致的工业设计、流行色彩的搭配以及风格鲜明的时尚造型，使它们从一众小家电中脱颖而出。外观时尚而不出格，并且能与当下流行的房屋装修风格相呼应，提升生活品质。许多消费者在社交媒体上分享自己的生活照时，都愿意让摩飞小家电出镜。这类象征美好生活的 UGC，吸引并影响着更多人认识摩飞乃至成为摩飞的用户。

abyb charming：赋予日常饰品"高光美学"

放眼当前配饰市场，时尚珠宝配饰品牌如施华洛世奇、潘多拉、apm，均以紧跟潮流的设计闻名，受众群体也以追逐时尚的年轻人为主。其中风格强烈的饰品众多，但对那些渴望在社交日常中既彰显自我又不夸张的消费者来说，"日常款"饰品却并不常见。

新锐饰品品牌 abyb charming 就是诞生于日常社交场景的品牌。它洞察到很多消费者在日常社交中缺少合适的饰品这一痛点，设计出"日常款"饰品。这些饰品很好地平衡了时尚设计与日常场景间的矛盾与冲突，能帮助新一代女性在日常社交中更自信地表达自我，拥抱高光时刻。

饰品不只是"潮人"专属，日常穿搭需要日常配饰

abyb charming 发现，中国有很多新一代女性会通过佩戴首饰来表达自我，但在日常穿搭中，很多漂亮的饰品并不适合佩戴，因为它们大都设计夸张，匹配日常造型会显得突兀。

大众对日常饰品有哪些需求呢？第一，要易于搭配：无论你是素颜还是化了妆，是穿 T 恤还是着正装，饰品都很容易驾驭。这就要求饰品具有高适配性，并且要有设计感，又不能太夸张。abyb charming 不会给人难以驾驭的感觉，使佩戴者不会有搭配困扰，从而把佩戴饰品变成一种日常习惯。

第二，要款式独特、不易撞款。近几年配饰行业的抄袭行为层出不穷，一款饰品火了之后，马上会出现无数跟风者。但如今的消费主力——"95 后"和"00 后"，坚持个性，尊重品牌理念，不会为"山寨"买单。正因如此，abyb charming 非常重视产品的设计感，强调必须坚持原创。

日常不等于普通，让饰品成为日常中的"高光"

abyb charming 发现，消费者并不满足于基础款首饰，并不希望日常意味着平凡或普通，她们渴望在日常中也能彰显自我。2022 年，abyb charming 深度思考了饰品的意义：饰品不能脱离于佩戴者而单独存在，要让佩戴者驾驭饰品，成为主角，传递出独有的饰品风格和自己的生活态度。

2023 年，abyb charming 完成了品牌理念与视觉方面的升级，定位"日常高光首饰"，致力于帮助新一代女性在社交日常中更自信地表达自我。它推出了"每日高光计划",打造从周一到周末的创意穿戴解决方案,帮助用户拥抱每个"未知的今日"。这让用户形成了对饰品、品牌的记忆点。

进入年轻人的视线,多渠道作战抢夺心智资源

打磨好产品之后,接下来需要考虑的问题是如何走进消费者的视线中。在这个兴趣分散、注意力粉尘化的时代,品牌很难用单个渠道去吸引消费者的注意力,尤其是处于从 0 到 1 阶段的新品牌。只有采用多渠道、多阵地作战的营销模式,尽可能多地出现在消费者的视野,才能顺利走进消费者心智中。

回顾 abyb charming 的品牌历程,就会发现这个新品牌没有放过任何一个可以利用的渠道。2020 年,abyb charmin 面市之初,正值新冠疫情较严重的时期,只能在线上铺设渠道。不过在短短一年内,abyb charmin 就合作了几百家线上店铺。

不仅如此,它也不放过任何一个线上曝光的机会。无论是在当红综艺还是各大热播电视剧中,都能看到它的身影。2021 年入驻天猫旗舰店后,abyb charming 再次抓住了新的流量红利,与头部主播进行合作。同年底,abyb charming 正式入驻抖音,用 30 天时间完成了冷启动,不到 3 个月时间,就成功进入抖普品牌榜单。

同时,abyb charming 通过私域等及时寻求第二增长曲线,并坚持长期主义,持续进行品牌建设。其创始团队称,abyb charming 在 2021 年就已实现年营收破亿。

贝瑞甜心:用情绪价值装满女性的酒杯

伴随着独居文化而产生的"小酌"社交新需求,推动了低度酒的发展,尤其是在女性消费群体中的发展。女性对饮酒的需求是"健康好喝，愉悦自己"，低度酒更符合当下女性对口味和情绪价值的双重需求。

贝瑞甜心（Miss Berry）洞察到这一需求，通过聚焦于女性多元化的饮酒需求，推出适饮于各种场景的微醺酒，主攻女性低度果酒市场。

贝瑞甜心 2020 年 4 月首推的甜心小方瓶系列果酒，上线后便成为爆款，连续 3 个月稳居天猫果酒类目销量第一，并在当年天猫"双 11"拿下果酒类目销量第一。截至 2022 年，这款果酒一直在天猫低度酒类目中稳居前三，在果酒类目中持续位居第一。

专为女性的饮酒场景需求而生

闺蜜聚会、独居小酌、社交分享，这些饮酒场景对酒产品的口感与颜值提出了更高的要求：要符合女性的口味和口感，还要喝不胖，如酒精度数低或"0 糖 0 卡无添加"等；要有高颜值，满足消费者拍照分享的社交需求；要满足情绪放松的需求，营造悦己和社交氛围。

在诞生之初，贝瑞甜心便瞄准了年轻女性的酒杯。这一群体的消费特性是爱喝奶茶、果茶、咖啡，喜好具有高颜值和认同感的情绪消费产品。

为引起目标消费群体的共鸣，贝瑞甜心推出了甜心小方瓶系列瓶装果酒、罐装气泡果酒，并与其他女性消费场景里的品牌，如每日黑巧、元祖食品等品牌联名，推出巧克力酒、蜂蜜果酒等新口味创意酒品。

其中，甜心小方瓶系列因为高颜值被不少女性消费者作为花瓶使用。贝瑞甜心借势随产品附送香薰补充液，使小方瓶成为香氛瓶，装点女性消费者的生活。这不仅满足了她们追求内心愉悦的需求，而且为她们带来了很高的情绪价值。

与消费者共情，饮酒是场景的恰到好处，也是生活的仪式感

对于女性消费者而言，饮酒极具生活仪式感。就像香氛、香薰一样，饮酒也是让生活充满仪式感的点缀。轻饮酒文化追求的是朦胧慵懒的微醺状态，不贪杯、不买醉，为陪伴或生活仪式感"助兴"。

贝瑞甜心诞生之初便提倡，女性消费者饮酒应脱离场景束缚，让微醺成为对生活及仪式感的追求和享受。贝瑞甜心坚持"自然、陪伴、乐趣"为品牌理念，主张想喝就喝，醉或不醉，只听从自己的情绪，用微醺的状态疗愈自己和生活。

为此，贝瑞甜心摒弃传统的酒文化，用新工艺、新风味、新饮法，帮助年轻女性消费者追求真实而多面的自己，让饮酒更加日常、无身心负担，为她们的生活点缀乐趣和增添新鲜感，陪伴她们点亮生活中"冒着泡"的灵感。

贝瑞甜心的出现戳中了当代女性消费者的内心，通过喝酒、放松的生活场景驱动她们的情感释放和价值认同。

从这些案例中不难发现，新消费场景品牌诞生最关键的前提，是抓住被解构、细化的新消费场景的机会。而要占据一定的市场份额，就要解决新消费场景中的消费者痛点，而不是创造伪场景、伪需求。只有能为消费者带来愉悦感受与美好生活向往的品牌，才能走得更远。

第 11 章

第六类，新人群品牌
与特定人群共创、共鸣

随着新消费行业的进一步发展，如今的新消费品牌不再仅把目光聚焦在品类升级方面，也将关注点放在产品的用户、使用场景及功能上，以求抓住核心消费者，提供深度服务，并基于这些场景和功能不断创造新需求。

新消费行业趋向于出现了更加专注于某类人群的品牌，并在产品成分、产品卖点、品牌路径、渠道构建等方面呈现出不同打法。传统的主流消费者的定义被打破，全年龄层消费开启，消费者圈层化兴起，并且随着消费观念的变化，消费需求也演变为追求品质、性价比、健康舒适、美观等。新消费行为将进一步演变为不同圈层的消费者为满足自身需求，通过线上与线下的多种渠道来购买有更高品质和更高性价比的产品的行为。新人群品牌由此诞生。

新人群品牌，是专为某类拥有共同特征的人群提供服务，极致挖掘细分人群的需求与兴趣爱好，满足他们的特有需求，并与他们深度共创，让他们产生强烈情感共鸣的新锐品牌。

新人群品牌的诞生背景，是数字化渠道更容易实现人群聚合。曾经在线下被隐忍、压抑的需求在线上得到释放，小众需求聚合在一起。新人群品牌

第 11 章　第六类，新人群品牌
与特定人群共创、共鸣

和本土文化品牌在线上兴起遵循同样的逻辑。同时，数字化渠道天然适合做用户深度运营，因为这些用户的行为轨迹更容易被记录和分析运用。

新人群品牌的 3 大特征

精准化

随着消费者需求升级，新消费人群有着固定的圈子与强烈的认知欲望，以及自我分享欲望。后疫情时代，越来越多的人开始思考生命的意义和目的，他们更需要获得精神世界的满足来充实自己。

容易被忽视的小众爱好可能正在孕育着下一个"独角兽"。比如十三余，凭借"红人加电商"的模式，以及对汉服爱好者这一群体的独特理解，以原生内容和用户诉求为出发点构建品牌的护城河。

共创性

互联网引发的不可思议的创新之一，就是通过连接打破地理、年龄、阶层、价值观等边界，形成一个个液态群体。这类液态群体还能根据组成人员所处的时空、场景喜好和体验等的不同，随时变换身份，自由流动角色，不断形成、创造各种社群、圈层、部落。

马蒂·纽迈耶（Marty Neumeier）在《品牌翻转》（*The Brand Flio*）一书中指出："在这个极易形成圈子的时代，衡量的基本单位不再是细分市场，而是社群。"以品牌承诺矩阵为中心，建设品牌的社群、部落将成为新一轮市场竞赛的关键。

新人群品牌多通过粉丝、社群等联结消费者，以求精准地满足消费者的

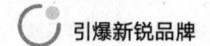

需求。在社群、圈层之下，品牌不再单向地输出产品、价值，而是与消费者共创，即消费者参与品牌和产品的建设，与品牌成为一体。

共鸣感

因精准人群而兴起的品牌，更应注重与消费者之间的情感联结。这些品牌除了要向消费者提供有基础功能的产品，更要关注消费者在感性层面的消费需求，并应通过创新的产品设计与营销方式，与消费者产生情感共鸣，加深情感联结。

如以精致妈妈为目标受众的袋鼠妈妈，便关注到女性在孕期的特殊情感需求。袋鼠妈妈以"孕期就要鲜护肤"为品牌定位，切入孕期美妆这一细分赛道，致力于研制出适合孕期女性使用的原生态护肤品，让每位女性在孕期仍可追求美好状态。

下文将通过奶糖派、十三余、Babycare、袋鼠妈妈、小猪托尼、豪贝（Hey Better）这6个品牌来详细分析新人群品牌。通过这6个品牌我们会发现，新人群就像新市场机会一样，并非固定的，而是对一类人群特征的总结，是品牌基于洞察做出的定位选择。

奶糖派：最懂大胸女性人群的专业解决方案

过去商品的品类划分不像现在这么细，如今，更多的细分品类出现、更多的品牌寻找到发展的机会，都源于消费者的自我意识逐渐加强，他们为了获得更好的品质和体验，愿意去寻求更合适自己的产品。

比如，女性内衣市场以往大多根据风格来区分品类，但每位女性的胸型都不一样，所以仍有很多细分的需求未被发掘。2014年，天猫发起"寻找E罩杯"活动，活动数据显示，23.7%的女性用户需要购买D罩杯以上的内衣。当时中国成年女性人口约为4.38亿，按这个比例估算，国内大杯文胸的客群总量超过1亿人。这个数值已经超过英国和法国两国女性的总和，但国内却一直没有出现成熟的大胸内衣品牌，大胸女性群体仍处于难以买到舒服又美观的内衣的困境。

基于此，奶糖派洞察细分人群的特殊需求，为大胸女性群体提供专业解决方案。

以大胸女性人群为中心进行产品创新与人群代际拓展

对品牌来说，以人群为划分依据是始，基于特定人群的需求去提供服务或产品是终。品牌之所以要注意人群划分依据，是因为特定人群有着共同的特质和痛点。市面上现有品牌难以满足特定人群的需求，一般是因为对这群人的需求研究还不够细致。奶糖派以大胸女性群体为目标受众，针对她们选购内衣时的痛点，做了细致的产品规划。

奶糖派围绕大胸女性群体的细分需求，创新性地提出分胸型、分场景的设计理念，为不同胸型的大胸女性群体在不同场景下提供舒适得体的内衣、背心、T恤等产品。并且，由于大胸具有一定的遗传特性，奶糖派还在探究从Z世代到银发族大胸女性群体的代际拓展。

围绕人群痛点，除了分胸型、分场景的设计外，奶糖派还对产品进行创新；创立七维数据测量法，分别通过松量和紧量来测量下胸围，直立、弯腰45度、弯腰90度测量上胸围，再加上左右两侧横围数据，让产品尺码更加精准；通过光影原理而非物理挤压实现大胸显小的效果；运用三角平衡支撑结构与特殊的剪裁方式，让内衣的最大尺码升级至K。这些能够提供C～

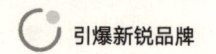

K 共 54 个尺码、49 个大胸专属杯型的一站式内衣解决方案,重新定义了大杯文胸。

做内衣界的"科学派"、专注大杯文胸的奶糖派花费数年时间,逐渐建立起与"大有不同"这句口号相呼应的品牌和产品逻辑。

员工即用户,体察大胸女性人群的痛点

如今,创业公司中团队成员呈现年轻化的趋势,"95 后"员工的占比逐渐增加,有些公司甚至连创始人与管理层都是"95 后"。年轻人更懂年轻人,这样的品牌在组织上就能走近用户。

还有一些创业品牌的员工就来自他们的用户,奶糖派正是如此。曾有一位不具名的投资人讲述了一个有趣的现象:当奶糖派第一次实现月销量 100 万件时,她去奶糖派公司调研,发现女性员工几乎全是大胸女性,大家因为痛点而聚集,都热情地做着手头的工作,并相互帮衬。

奶糖派超过半数的员工是从社群中转化而来的,这是因为奶糖派解决了她们的痛点,并促使她们加入品牌团队,心甘情愿地为品牌的信念和使命发光发热。这样的团队使得奶糖派能更深刻地体察到大胸女性群体的痛点,并以此为基础设计产品。

持续提供走心服务,鼓励用户拥抱多元审美

特定人群的诉求难以被满足,或市场的错误引导导致他们对自身诉求的认知不够,所以他们往往更需要情感上的认同。

因为之前的市场空白以及一直以来内衣市场主流的引导,大胸女性群体普遍缺乏对大胸内衣的专业认知,以及对自我的审美认同。在用户教育相对空白的大胸内衣市场，用户的专业知识尚显贫乏，大胸女性非常需要专业人士帮助她们测量数据、分析胸型，并教她们如何正确穿戴文胸，以及如何在不同场景下穿戴不同的文胸。

奶糖派始终基于用户需求做内容营销，通过为大胸女性提供知识讲座、售后等一系列专业便捷的服务方式，向她们传递积极向上的态度，并帮助她们更好地欣赏自我。

奶糖派与新世相合作拍摄的短片《我有一个"大麻烦"》，聚焦大胸女性不为大众所知的现实困扰，并进一步解构这一"麻烦"，旨在挖掘这个群体自我悦纳的另一面，鼓励所有女性不再畏惧外界的凝视和声音，拒绝身材焦虑，拥抱多元审美，定义属于自己的性感。

十三余：激发汉服圈的兴趣与共鸣

新消费浪潮与Z世代消费者的崛起息息相关，Z世代有着更强大的文化自信和天然的民族认同感，对本土品牌有着较高的认可度，近几年的国潮便是最好的佐证之一。

近年来，随着"三坑"服饰的大火，这个产品赛道逐渐进入大众的视野，这类产品具有较强的文化属性。2020年5月，腾讯发布的《"00后"研究报告》指出：当前JK制服、汉服、洛丽塔洋服"三坑"是Z世代话题中的热度前三。越来越多的消费者接触并进入"三坑"。

第一财经商业数据中心的统计数据显示，2017—2019年，线上汉服的销售规模成倍增长，约1 800万名消费者购买过汉服，且汉服的潜在受众已超 4 亿人。

为国风少女打造人生中的第一套汉服

Z 世代消费的一大特点就是为兴趣而消费。兴趣圈层文化的发酵，让年轻人"独而不孤"，也扩展了其生活的宽度和深度。

十三余洞察到，汉服人群大多对中国传统文化有着深度爱好。十三余希望能够从中国文化中汲取灵感，让品牌更具历史韵味。"十三余"这个名字就取自杜牧的诗句"娉娉袅袅十三余，豆蔻梢头二月初"，描绘的是美好的豆蔻少女，而十三余的目标受众恰好就是喜爱国风的十六七岁少女。

为了让汉服的美以全新的、年轻的、少女感的形式来到国风少女的眼前，十三余在产品设计上切中 Z 世代对"国潮"的情有独钟，基于传统形制创新设计汉服。比如制作马面裙时，十三余在保留核心的风格和审美的基础上，设计出更适合日常穿着的款式。在创新服饰的同时，十三余也与目标受众分享历史悠久、博大精深的传统文化，让更多人穿上人生的第一套汉服。

以汉服深度用户为核心的创业团队，让品牌自带用户思维

在个性化消费蓬勃发展的时代，消费者越来越愿意为情感层面的需求买单。一个品牌的初衷和创始人或创始团队的出发点，往往比生意模式更重要。创始人或创始团队对该领域有深刻感悟，甚至是该领域的意见领袖，这会大大有益于产品研发及用户沟通。

十三余的创始人小豆蔻儿既是品牌代言人，又是一个有着千万粉丝的网红，她将自己对汉服的热爱注入事业，自带流量粉丝效应，为品牌吸引了大批流量。小豆蔻儿创立十三余的过程让我们看到了新一代创业者对创业的颠覆性认知：创始人自己即重度爱好者，自洽自乐，悦人先悦己；始于文化，尊重传统，但又基于时代和自我爱好对汉服进行改良；将兴趣做成生意，满足消费者的精神需求。这些特点让十三余这个品牌天然与Z世代贴近。

十三余的设计团队以"95后"为主，他们自己就是中国传统文化的热爱者，也是汉服的消费者，对用户需求有着很深的体会。深度用户的身份，让他们在做品牌时更具用户思维。

以真情实感产出内容，激发兴趣，引发共鸣

消费者的兴趣是串联产品从诞生、销售到售后服务整个消费过程的关键。品牌需要通过产品与营销，帮助消费者在日常生活场景中挖掘出更多兴趣点，加入更多情感体验与生活感受，在属于自己的圈子中找到共鸣。

十三余发布新品之前，都会通过"豆蔻的新衣"栏目发布预告，向消费者展示新品，并讲述每一件服饰背后的历史元素、故事和价值观，让消费者感受到，汉服及其代表的中国传统文化也可以与当今时代紧密相连，引发消费者共鸣，使他们最终为热爱和价值感买单。

《当汉服遇见世界》系列宣传片承载着年轻一代想让汉服走向世界的美好愿望，在小豆蔻儿的B站和微博账号陆续发布后，均获得高播放量和高赞。十三余还联合游戏《江南百景图》《王者荣耀》以及动漫《魔卡少女樱》等新一代消费者熟知的知名IP推出联名款，引发消费者的兴趣与共鸣。

Babycare：与新生代妈妈形成精神共识

新人群品牌是市场细分的结果，同时，它也会推动品牌的品类延展。某些特定的产品或品类积累了消费者心智后，可以针对特定人群的需求，向他们需要的关联品类逐渐延展，进而向更大领域的全品类发展。Babycare 就是一个通过新人群进行品类拓展，由单一爆品到母婴一站式布局、全品类拓展的典型案例。

消费需求升级是母婴市场增长的主要驱动力，母婴产品的细分领域挖掘、产品品质升级都孕育着新的发展机会，母婴赛道的前景广阔。

精准化：专为新生代妈妈服务的、普适性的全品类母婴品牌

聚焦特定人群，使关联品类得到拓展，本质还是洞察特定人群的需求。先以单品突破，建立消费者心智，而后根据这群人的消费特征去拓展关联品类。

几年前，Babycare 便切中了年轻化的母婴用品受众。根据艾媒咨询的统计数据，随着"90后"及"00后"逐渐进入母婴用品市场，中国母婴用品受众的年轻化趋势越发明显，2021年"90后"及"00后"群体所占母婴用品受众的比例为53.9%。根据采集数据，Babycare 的用户以"90后"为主。随着开放二孩、三孩政策，"80后"也成了 Babycare 的目标用户，这些目标用户大多集中分布在一线、新一线、二线城市。

与上一辈人不同，新一代高知宝妈崇尚自由，讲究性价比，有着追求高品质生活、精致养娃的观念，这为母婴行业带来了新的发展机遇。

2014 年，Babycare 以第一款爆品婴儿背带腰凳切入母婴用品市场，这类产品以极高的性价比打破了原先只有一线城市或有海归背景的人群才用婴儿背带腰凳的市场格局，收获了第一批用户。

之后，Babycare 通过辅食类目、湿纸巾爆品拉动二次增长，再切入市场集中度较低的纸尿裤赛道，目前已将业务扩展到童装类目。Babycare 以单一爆品起家，再横向发展母婴全品类，打造出多种爆品高频出新继而成为心智品类冠军，建立起以母婴用品主线为原点的大快消生态。

与目标用户建立情感联结

好产品只是让用户热衷于并无限回购一个品牌的基础，更重要的是品牌能得到用户精神层面的共鸣和认可。母婴用品的用户是一个非常特殊的群体，她们既要扮演好社会角色，又要扮演好家庭角色。相对于其他群体，初为人母的她们需要承担得更多，付出得更多。

Babycare 洞察到这一群体真实的精神和心理状态后，不仅为她们提供了优质产品与服务，还从社会价值层面鼓励和帮助她们。2021 年，Babycare 关注到"背奶妈妈"后，便针对这个群体的痛点，携手妇幼精准医疗帮扶援助项目发起"爱的 2 平方"母婴室共建公益项目，号召企业为背奶妈妈设立母婴室，并率先捐助一整套母婴室所需的基础设施。

此外，Babycare 还在其官方微信公众号发起"故事博物馆"征集活动，开启"爱的 icon"系列，收集用户的故事，与用户共创，加强情感联结。之后，Babycare 又上线了取材于 250 万名社群用户真实故事的品牌视频《为这世界上唯一的你》，以母亲和孩子的双视角呈现彼此之间双向的爱。

走到这一步的 Babycare，真正将自己打造成了一个能与用户形成精神共识的品牌，让用户购买 Babycare 的产品的原因不仅是产品的品质好，还是这个品牌理解用户。

袋鼠妈妈：专为精致孕妈提供护肤产品

与过去女性大多忙碌于家庭事务相比，今天的女性大多加入职场，有着更广泛的社交需求，对自我形象的要求也越来越高。即便不是社交需要，随着女性自我意识的觉醒，仅仅是为悦己，女性也愿意为自己的颜值消费，包括处于特殊时期的孕期女性。育儿网发布的《母婴消费新"孕"势——2020孕妇人群"精致消费"研究报告》显示，随着女性独立自主意识的觉醒，颜值经济不再局限于年轻未孕的女性，而逐渐向孕期女性圈层渗透。

第一财经商业数据中心的统计数据显示，中国女性消费市场的规模正在不断扩大，在业态迭代快速的新消费场域，有着1亿人规模的精致妈妈群体凭借巨大的购买力，促进了社会消费格局的转变，并带动家庭消费理念不断升级。并且，第一财经商业数据中心发布的《精致妈妈的生活"三重奏"——2021精致妈妈生活及消费趋势洞察》显示，精致妈妈在消费上主打悦己态度，在颜值、健康、业余生活等领域的悦己消费尤其集中。她们对产品的品质也有着更高的要求，且对美妆潮流有着自我见解。而这一趋势，袋鼠妈妈早在9年前就已洞察到。

尽管深受新生人口下降的挑战，但袋鼠妈妈在2023年取得了双位数的增长，很重要的原因就是袋鼠妈妈的这一洞察，且这个洞察极具中国文化特点：在亚洲家庭中，孕育宝宝是极其重要的事情，孕妇在这个阶段也会受到诸多重视，甚至有"女人怀孕时是皇后"的说法，这让孕期女性也更加珍爱自己，因而在消费上更追求悦己。

为精致孕妈提供高品质的产品

处于孕期的女性对护理的要求比非孕期女性更高。精致孕期女性对护肤用品和彩妆用品的消费需求不断提升，且"孕期专用"意识不断加强。一方面，她们希望维持自己精致的形象；另一方面，随着角色的变化，她们也要为肚中宝宝的安全考虑。

调查显示，60%的孕期女性会使用孕期专用护肤品，并对护肤品的功效有着更多样的需求，孕产消费已成为母婴行业的一大增量市场。

洞察到孕期女性的需求后，袋鼠妈妈切入孕期护肤市场，注重产品的品质与安全性。这首先体现在袋鼠妈妈对原材料的选择上，一般的化妆品原材料有上万种，而袋鼠妈妈只用其中的400多种，并且只选择澳大利亚最安全的农场作为原料产地，由澳大利亚袋鼠妈妈公司提供原料、技术、研发和检测支持。袋鼠妈妈对配方检测也非常严苛，产品均经过全球顶级的SGS认证[①]。

此外，袋鼠妈妈还搭建了专业化、体系化的产品矩阵，产品涵盖孕纹修护、护肤品、彩妆、个护棉品、产后护理用品等，其中护肤品系列以小麦、燕窝、羊初乳、豆乳为主打成分，分别聚焦补水保湿、抗衰老、亮肤、弹润等细分功效。

与孕妈群体构建情感纽带

如果说功能诉求的满足让一个消费者产生购买行为，那么情感诉求的满足便能让消费者对品牌心动，乃至形成强忠诚度。对品牌来说，洞察用户的情感诉求比洞察功能诉求更重要。

以孕期女性群体这个特定人群为例，新时代女性十分关注自己的心理和情绪状态，孕期女性的情感大多更丰富，需要得到更多的关注和关爱。袋鼠

---

① SGS 是 Societe Generale de Surveillance S.A. 的简称，可译为"通用公证行"，指根据标准、法规、客户要求等条目对目标进行符合性认证的机构。——编者注

妈妈洞察到这个现象后，为帮助孕期群体进一步得到全社会更多的关注，推出了《幸孕有你》栏目，邀请100位素人妈妈讲述怀孕过程中的故事，向新手孕期女性分享相关经验，同时呼吁全社会关爱孕产妈妈，多给予她们一些关怀和包容。

小猪托尼：专为小胖儿童提供全情景着装方案

有小胖儿童的家庭可能都会面临一个问题，即很难给孩子买到合身的衣服。买码数匹配的，穿脱时易卡头，袖子容易勒胳膊，孩子的肚子还总被勒出红印；买大一号的，孩子穿起来松松垮垮，显得毫无精气神；衣服质量不好……为了尽量避免以上问题，多数家长选择为孩子购买运动装或加大号的常规服饰，以实穿为出发点，不敢对衣服的版型与穿着体验有过多的期待。长期以来，童装行业也都对此习以为常。

很多人或许想都没想过，在这些被忽视的小胖儿童的背后，正潜藏着一门生意。认清这一点后，小猪托尼的创始人叶天赐决定填补这一市场空白，满足长期被忽略的小胖人群（8～14岁的偏胖儿童）的着装需求。

小猪托尼成立于2014年，专注研究肥胖儿童对服装的需求，不断精研与优化产品，并提供全情景解决方案，如今已成为天猫胖童服饰类排名第一。

与成人服饰品牌不同，小猪托尼的目标用户不是能自主购买服装的成人，它要面对的是双重决策群体，父母是前端购买者，孩子是最终使用者，两者的需求与体验共同决定了消费行为。如何给出一套既能打动家长又让小胖喜欢的解决方案，是小猪托尼作为一个儿童服装品牌首先要回答的问题。

创新面料与工艺：没有现成的，就自己造一种

儿童比成人易出汗，小胖儿童则更甚，所以针对这一群体的服装面料一定要透气。并且，考虑到这一群体对服装的显瘦需求，面料虽要柔软亲肤、有弹力，但不能黏在身上没有挺阔感，黏在身上不仅会使穿着人感到更热，还会更显胖。

当时市面上还没有专门的小胖儿童服装面料，于是小猪托尼自建面料实验室，找到了最适合小胖儿童的五大系列童装面料，每个系列都能针对小胖儿童穿衣的痛点给出解决方案。其中最具代表性的有：专用于制作小胖儿童夏季服饰面料的"凉感+"系列，超薄、自带凉感；吸湿、助排汗的"呼吸+"系列；以及更适合肌肤敏感和对亲肤度有要求的小胖儿童的"体感+"系列。

版型创新："三不"设计

小猪托尼并不是唯一一家专注于为小胖儿童群体制作服饰的品牌，但是其他涉足这一领域的品牌大多数只是凭借惯性思维，仅把衣服的码数做大。小猪托尼认为，小胖儿童服装绝不是单纯地给标准童装升码那么简单。想要让小胖儿童们穿得舒适，除了讲究用料，还要在版型的设计上照顾到大量细节。

比如，小猪托尼在上衣的版型方面创新地提出了"三不"设计。不卡头设计，根据人体工学进行领口和肩线设计上的创新，避免卡头、勒脖问题。不勒臂设计，上装的大袖夹增大弧度，衣服上身后不易出现勒臂问题。不勒肚设计，T恤、卫衣等采用"O"形版型，增大服装的腰部空间，衬衫采用前片加宽、后片减窄的设计，达到收拢时后片不翘起的效果；外套则采用了A字版型，既不勒肚，也更利落、显瘦。

在裤装的版型设计方面，小猪托尼又进行了"一前一后一整体"的创新设计，以达到前不勒肚、不堆裆、后不露臀部、整体更显瘦的穿着效果。

不止于尝鲜：与客户建立深度联结

对品牌来说，吸引消费者购买一次不难，难的是能被消费者持续认准。小猪托尼的创始人叶天赐就是一名小胖儿童的爸爸，极了解家长和小胖儿童对童装的附加需求。

针对8～10岁的小胖儿童的用品多以父母的审美为主导这一现象，小猪托尼在服装的图案和配色上多遵循父母的审美。而针对以自我审美为主导的11～14岁群体，小猪托尼在衣服的配色上更加大胆，并且多用动漫或影视IP的元素为主图案，让服饰看起来更加潮酷，能够彰显穿着人的独特个性。

小猪托尼还做了其他童装品牌几乎不会尝试的校服定制：以小胖儿童的原有校服为复刻样本，基于小猪托尼的面料和创新设计进行改良，根据多年来积累的小胖儿童体型体重数据进行放码，甚至根据小胖家庭当地气候定制加厚版，以实现在版型上更合身、不卡裆、不勒腰、运动自如，在面料上更舒适、更耐穿、更亲肤的效果。尽管这样的业务可能难以成为"爆品"，难以做大甚至难以满足盈利标准，但客户的正向反馈让小猪托尼认为，这是与客户建立深度联结的有意义的事情。

除了产品，小猪托尼还基于对用户心理需求的洞察来提供情绪价值。比如，孩子也有社交圈，会在意玩伴们对自己的评价与态度。叶天赐留意到，小猪托尼以前的英文品牌名中"pig"这一单词会让穿着小猪托尼衣服的小胖儿童遭到嘲笑，于是优化品牌名和品牌口号，并去掉衣服上的相关字样。小猪托尼还通过广告等形式传达品牌理念，呼吁家长给孩子的成长留足空间，放下焦虑与盲从，选择更适合孩子的养育方式。

第11章　**第六类，新人群品牌**
与特定人群共创、共鸣

从穿着舒服到穿着好看，再到提供情绪价值，小猪托尼完成了让目标人群从愿意尝鲜到认准自己的心态转变，为小胖儿童带来了全情景的着装解决方案。

豪贝：为2～12岁儿童成长设计

母婴行业是很典型的以人群为基础的行业，新人群、新圈层在不断形成。其中，儿童消费是一个高增长、高溢价的赛道。更重要的是，目前专注于服务2～12岁儿童的品牌尚属空白市场。豪贝就是专注于2～12岁儿童生活方式的品牌，专门为这个年龄段的小朋友打造更舒适安全、更功能创新、更自由有趣的产品。

专注于2～12岁儿童服装市场

中国儿童产业研究中心公布的数据显示，中国儿童消费市场的规模每年为3.9万亿～5.9万亿元，市场潜力巨大。其中0～2岁婴幼儿市场的品牌云集，而2～12岁的儿童市场却相对空白。

豪贝注意到，由于年龄段造成的生活方式的差异，2～12岁儿童在服饰方面的需求既不同于成人，也不能笼统地被规划到其他年龄段中。2～12岁正是儿童通过户外活动快速探索世界的年龄段，但他们对外界环境中可能存在的污染或风险还不具备自我判别并进行保护的能力，比如紫外线环境和容易接触细菌的环境，以及容易感冒的环境。因此，品牌需要站在孩子的角度做产品，满足他们特有的需求。

豪贝的理念是为儿童创造舒适安全、功能创新和自在有趣的生活产品，这体现了其陪伴新一代儿童成长的品牌定位。豪贝还坚持专为儿童成长设计的品牌主张。

与核心种子用户深度共创，从用户痛点出发研发产品

用户品牌[①]的产品思路是，首先要善于洞察用户的痛点，即先确定要解决什么样的问题；其次要站在用户的角度去思考如何解决。

作为用户品牌，豪贝是这样做的：除了参考市场数据、线上链接中的用户反馈，还组建了一支由核心员工和KOL的子女组成的调研小分队。他们是豪贝的核心种子用户，从需求的收集到产品评测，他们都会深度参与。

以核心单品防晒小红帽为例。这是豪贝的第一个爆款单品，于2022年2月正式上线，到2023年6月，全网累计销售2 000多万顶，并连续霸榜天猫儿童空顶帽热销榜。在洞察用户痛点阶段，豪贝把自己看作儿童，着眼于儿童在日常生活中对外界的真正需求：夏天防晒需要一顶重量很轻的帽子，戴上后不容易掉，还不勒。

国家规定不允许向7岁以下儿童销售带下巴固定绳的帽子，所以市面上普遍的解决方案是单独配一根绳子，"引导"用户自主使用。但豪贝解决用户问题的底层逻辑是拒绝取巧，要用难而正确的方式真正地解决问题。豪贝从内衣中获得灵感，将内衣的人体工学技术与帽子结合，将帽子的贴合度提升到极致，并采用100%科技回弹面料，儿童戴上后进行日常运动时不容易掉。

基于这样的产品开发逻辑，豪贝还打造出遇光开花的光变防晒衣、会自动排汗的T恤、保暖不闷汗的暖姜保暖衣等产品。

[①] 即以用户需求为中心的品牌。——编者注

第 11 章　第六类，新人群品牌
与特定人群共创、共鸣

在种草中传递品牌心智，激发用户共鸣

新人群品牌无论是在产品开发还是后续的品牌沟通环节，都应该与用户深度连接。豪贝就在种草的过程中，让用户体会到了其品牌价值。

就当下碎片化的营销环境而言，很多品牌对全域运营的理解会刻板地停留在"站外种草，站内收割"的层面。但豪贝认为，只要有内容曝光的地方，就能传递品牌价值和心智。豪贝将爱、勇敢和自由作为品牌灵魂的关键词，在博主内容、电商详情页内容中，会有意识地强化品牌的内涵和价值。

比如，豪贝除了展示产品卖点，还会展示一下背后的原因和初心。再比如，在品牌详情页上可以看到，即便是一件"秋衣"，也能体现满满的"爱意"。豪贝遐想秋衣系列，每个产品除了有面料功能介绍，还有一个名字及其背后的故事，例如"漫步原野"源于外婆的爱；"百解·正凉天"则想要表现冬天雪白透亮、梅香扑鼻的温柔。

服务好一群人，就做好一件事，豪贝的快速增长，不在于战术技能的提升，而在于本质初心的专注和聚焦。

以上便是新人群品牌的 6 个案例分析。新人群品牌是基于用户而起的，最终也应落脚到用户需求。新人群品牌是 7 大新锐品牌模式中最有人情味的，它专为某一类人群而生，满足这类人群专有的产品功能需求，最终与他们建立深度联结。

第 12 章

第七类，新设计品牌
将品牌的情绪价值融入设计

消费者的消费力与审美力不断提升，他们更愿为自己而活，更敢于去追求美好，更愿意为美好的事物买单，"审美红利"也随之而来。

颜值更高、品质更好的产品，既能使消费者在视觉上悦己，也能增加他们的社交话题。在社交平台上长大的新一代消费者，更习惯通过社交网络去分享好物，也更喜欢具有设计感的、能彰显自我品位、表达个性的产品。在这个背景之下，能满足消费者对悦己、社交和自我表达、情感寄托等需求的新设计品牌诞生了。

新设计品牌是拥有独创设计能力，能通过更具差异化、辨识度和高颜值的产品，满足目标受众尚未被满足的新需求，如视觉层面的悦己、社交、情绪表达或情感寄托等，形成具有完整视觉系统与独特风格的新锐品牌。

新设计品牌诞生的背景是，数字化时代线上渠道视觉冲击张力更强，数字化的设计表达更容易被放大，所以品牌更容易通过电商渠道形成强视觉表达。

新设计品牌的 4 大特征

放大幸福感：好设计满足美好诉求，放大幸福感受

人之所以追逐美好的事物，实际上是因为迷恋拥有时的治愈感和满足感。设计的根本是放大幸福感。品牌放大幸福感的方式，就是基于对消费者的新需求的深度洞察，通过提供能满足功能需求与感性需求的产品，促使消费者产生愉悦感。

箱包新锐品牌古良吉吉不以箱包的物理功能——装物品为主要诉求，而是通过独创的设计，强化箱包的装饰功能，从而满足消费者的感性需求。

拥有独创性：好设计应该更具创新性和辨识度

设计的独创性很重要，新设计品牌应该具有突出的产品视觉、品牌设计能力，从而让消费者更容易对品牌形成记忆。

主打少女心彩妆的美妆品牌花知晓，是国内彩妆中少有的开私模较多的品牌，它通过开私模将极富少女心的创意应用于产品，从而拥有极具辨识度且让消费者心动的品牌形象，甚至消费者只看到产品就能盲猜出花知晓。

自带传播力：好设计就是好内容，激发 UGC 自主传播

日本设计大师原研哉在《设计中的设计》一书中提到：设计师最高级的任务是提高信息的品质，增强传播的力量。而达到信息之美的 3 个途径是清晰、独创和幽默。

上文提到了独创的重要性，有创意的产品更能激发消费者的分享欲，促进他们为品牌提供更具传播力的营销素材，有助于品牌的销量增长与口碑传播。如当消费者将个人护理品牌 Rever 的彩虹云朵转转浴爆放入水中后，水

面上会划出一道"彩虹",这会让消费者觉得好看,想要拍照片或视频分享。珀莱雅泡泡面膜因"出泡越多代表脸越脏"的话题点,引发消费者拍视频分享,一度在抖音上疯狂传播。

传达品牌感:好设计让品牌资产得以更具象传达

创意的品牌视觉如产品、主视觉海报、营销活动、店铺形象等,能够促进品牌形成自身风格,使品牌感性层面的情绪被具象地传达给消费者,并助力品牌沉淀理念和精神。

童装品牌幼岚通过极致柔软的面料和创新设计的剪裁,打造出更舒适的产品,而衣服本身的柔软、更舒适的穿着体验、品牌的云朵标识、走心的营销活动等外在因素,加深了消费者对幼岚"柔然"的印象。并且,幼岚倡导"柔然"的家庭关系,提炼出"以柔克刚"的品牌精神,而使消费者对品牌有了更高的黏性。

下文将通过花知晓、moody、古良吉吉、BEASTER、致知、玺佳和彼诞(pidan)这7个品牌,详细讲解新设计品牌的特点与发展过程。这几个品牌都深刻洞察到新一代消费者隐秘的消费诉求,并将品牌情绪价值融入设计中。这也是这一代设计品牌的特点,设计放大的不只是产品的美学特点,还有消费者的心理治愈感。

花知晓:让用户具象化感知"少女心"

品牌创业者容易走入一个误区:认为市面上最多的产品就代表着市场的发展趋势。这句话不全错,但也容易使品牌创业者被蒙蔽。对初创公司而言,另辟蹊径也是一条生存之道。另辟蹊径并非闭门造车,对品牌来说,在众多的相关因素中，人群洞察和品牌初心是至关重要的。前者决定着品牌能不能走上一条正确的道路，后者决定着品牌能不能走得远。

在一众黑白、简洁的彩妆中，花知晓是可爱的那一个。花知晓是由在 B 站拥有 30 多万粉丝的两位 UP 主——"90 后"的包子和 Hana 创立的少女心彩妆品牌。创造人与品牌之间强烈的反差感可能会令人好奇，为什么他们要做少女心彩妆品牌呢？

治愈没被满足的少女心

"95 后""00 后"活得更自我，他们更勇于追求自己喜欢的事物，也更敢于表达自我，他们对自己的爱好有着极高的热情，并热衷于在生活中表现出来。因此，这个群体很容易带动一个个新兴文化的出现，并推动与之相关的消费。

比如，近年随着二次元文化的兴起，与之相契合的偏可爱系彩妆的需求也逐渐增加。无论是喜爱二次元文化，还是青睐于可爱系彩妆，都源于新一代消费者渴望被美好的事物治愈的诉求。这种治愈感是花知晓最想带给用户的，因为它想要制作出这样的彩妆产品：即使只是放在桌上看着，都会让人感到很快乐的可爱化妆品。

但国内主打可爱风的彩妆品牌并不多，已有的产品也因为设计、包材等各方面的投入不足而显得较廉价。实际上，很多消费者的少女心还未被满足，不是她们不想买富有少女心的彩妆，而是她们买不到既充满少女心又显得高级的彩妆。

花知晓敏锐地洞察到中国女性还未被释放的少女心，并基于这个洞察，拉提了少女心彩妆的品质，打造出更有质感和设计感，且能读懂少女心的彩妆。

打造差异化产品

在竞争激烈的行业，往往一个爆品出来，模仿者便会立即蜂拥而上，这导致产品同质化严重，令消费者产生审美疲劳。原创设计的一大优势就是让品牌形成自我风格，区别于其他同类品牌。

在彩妆产品高度同质化的今天，花知晓是显眼的异类，其产品有着非常强的视觉冲击和明确的品牌风格。"二次元彩妆""洛丽塔彩妆""角色扮演（Cosplay）彩妆"，这些都是花知晓被消费者赋予的标签。

花知晓的两位创始人沉浸角色扮演圈多年，深入了解动漫、日系文化，他们是花知晓最懂少女心的人，是品牌的超级产品经理，定下了少女心的产品风格。

在将设计元素变为实物的生产环节中，大部分彩妆品牌都会基于成本选择使用公模，这也是彩妆产品严重同质化的原因之一，而花知晓是国产彩妆中少有的开了非常多私模的品牌。以花知晓的"独角兽"系列产品中用到的贝壳纸为例。在花知晓之前，国内还没有彩妆产品使用过这一材料，但花知晓可以为此联结上游的贝壳供应商，找原材料、研磨、上色，再将成品提供给代工工厂，反推供应商创新。

为了打造出有着独特风格和质感的产品，花知晓在产品的设计、研发和生产阶段花了很多精力与时间，这也是为什么花知晓能与其他彩妆品牌拉开产品视觉差距。不只是产品，花知晓的每个系列从产品包装到礼盒外观与周边产品，都采用了统一的设计风格，逐渐在消费者心中塑造起品牌风格。

第 12 章　**第七类，新设计品牌**
将品牌的情绪价值融入设计

好产品成就强大 BGC

在目前的品牌内容营销类型中，PGC、UGC 都有做得特别好的品牌，但目前几乎没有品牌能将 BGC 做好，因为多数品牌看待问题往往是从自身的角度出发的，而非用户的角度。

这就是广告和内容的区别，广告是品牌想给消费者看但消费者大多不愿意看，只有契合消费者需求的内容才是消费者想看的。但花知晓发布的 BGC，甚至还会被消费者"催更"，这便是典型的好产品成就优秀的 BGC。

花知晓官方微博发布的与新产品相关的内容下的评论中最常见的评论便是"催更帖"，在花知晓内部，还有个说法叫"上新心智"——高黏度的老用户上新即下单。

可见对于好产品就是好的营销素材这个观点，花知晓的体会极深。花知晓把大量的成本投入到产品研发中，因为其认为只要做好了产品，营销前置，内容营销自然会水到渠成。好产品不仅为花知晓提供了好的营销素材，也让花知晓用更低的成本收获了更高的效益。

花知晓发布在 B 站上的视频数量庞大，几乎所有 B 站美妆频道有商业投放价值的 UP 主，都与花知晓合作过。很多人认为花知晓每月要在 B 站投入上百万元，实际上花知晓在 B 站的商业投放只占其总投放很小的一部分。这得益于花知晓成长于 B 站的先天优势，但前提毫无疑问是花知晓的产品优势。

moody："把情绪戴在眼睛里"

新一代消费者普遍需要处理各种各样的负面情绪：焦虑、抑郁、狂躁、无力。数字化时代带来的不确定性，让社会普遍存在焦虑，也让消费者对产品的心理诉求远超过对功能的诉求。这个时代，消费者的诉求升级体现在以下四个方面：更加美观、更多场景、更多抚慰、更多表情。越来越多的品牌开始注意强化自家产品的疗愈功能。

"moody"这个单词的意思是"情绪化"。正如其名，moody是一个强调情绪的国产新锐美瞳品牌，倡导尊重情绪，并鼓励用户用美瞳表达自己的情绪。

独创能表达消费者内心情绪的美瞳

有时，新一代消费者购买产品，实际上是购买了对隐性需求的满足。越是没有被满足的诉求，才越可能催生新的发展。

而moody发现的是美瞳用户不易察觉的"自然心机"。随着美妆的普及，美瞳已经成为眼妆的一部分。以往，美瞳的色彩有限，且相对夸张，因而佩戴美瞳的场景也相对局限，比如戴美瞳被大部分人认为是非主流的。

但如今，新一代消费者更希望妆容能帮她们达到多种效果，如日常上班需要自然一些的，约会想要显得可爱或是显得灵动俏皮的，等等。显然，过往的美瞳早已无法满足消费者多样化的需求。基于此，moody开发出各种各样的美瞳产品，以满足消费者在不同场景中的个性化需求。

在创立初期，moody就专门成立了用户运营部门，并邀请种子用户深度参与产品从概念设计到产品开发再到最终面世的全过程。

moody推出的第一个系列"HE DOESN'T KNOW"，就是一个典型的例子。"HE DOESN'T KNOW"这句话的意思是"他人不知道的（另一面）"。

moody 在洞察消费者的过程中发现了这样一种小心机：美瞳应该更日常，甚至不易被察觉。就像伪素颜妆会火，就是因为消费者有这样的小心思：希望别人看到我更好的状态，但不希望别人发现我化了妆。同样，有时候消费者并不希望别人一眼看出自己戴了美瞳，但又希望自己眼妆能更出彩。

为了满足"不被察觉的美"这一需求，在设计产品时，moody 通过自然的色彩、中小直径的设计来使美瞳更加日常、自然，这与普通美瞳夸张的效果形成了反差。当消费者佩戴了美瞳时却不易被他人发现，当与他人近距离对视时，又能使他人有眼前一亮的感觉，这便是 moody 洞察到的消费者的"自然心机"。

正如品牌名，moody 在各个层面强调情绪：moody 推出的每个系列都是基于对年轻消费者需求的深度洞察，从产品使用场景、妆容搭配需求、花色设计、宣传主题等各方面去传达各类情绪感与场景感。

比如 moody 的产品的色彩有心动粉、嫉妒绿、傲娇蓝、勿扰灰、霓虹排队、海底冒险等。moody 用品牌宣传文案引导消费者"尊重和享受情绪"，为每个产品取一个让人容易产生联想的名字，讲一个故事，比如经典系列中的伽罗棕（MIRROR MIRROR：我不需要魔镜告诉我"你是最美的"，我知道我本来就很美）、星夜蓝（3a.m：凌晨 3 点的天空是什么样的，我看到蓝灰色的天和金色的星，还有孤独的自己）等。

moody 通过与消费者联结的各个环节来强化情绪观，主张探索每种情绪的独特作用与意义，鼓励消费者忠于自我、拥抱自我。

差异化设计带来高成图率

目前，新锐品牌大多依靠投放 PGC 内容的方式来与用户进行沟通，但随着社交媒体的发展，流量只会越来越贵。那些基于某个社交平台而快速崛起的新锐品牌，部分是通过自身的产品力推动 UGC 的自主传播，实现了品牌从 0 到 1 的突破。

在"颜值即正义"、以网络为主要社交场所的今天，只有产品的外观与包装足够好看、成图率高，才能激发 UGC 的产生与传播。

2020 年，moody 的社媒 ROI 平均能达到 3 以上。要知道，美瞳品类十分特殊，既属于新型美妆，也属于医疗器械，生产门槛高、限制多，投放难度比其他美妆品类更大。在这一点上，moody 产品的高成图率起到了极为重要的作用。

比如，区别于普通美瞳的长条盒外包装，moody 产品的外包装采取了多色方盒，这些盒子摆放在一起就如同缤纷彩虹。再比如，其推出的小王子联名款产品—改美瞳常用的纸盒包装，使用了设计成多色金属收纳盒的外包装。

除了外包装，moody 的每个系列从产品命名、配色、模特妆容再到 KV 设计等方面都延续统一风格，让 BGC 与 UGC 更容易出圈。

古良吉吉：打造好看有趣的非功能包

随着新一代消费者的生活方式的改变，他们对某些品类的功能诉求也发生了变化，这促使产品产生功能上的迭代。

以服饰箱包品类为例，女性消费者更为关注自身的形象，社交平台上的 KOL 发布的穿搭分享视频更是推动了精致穿搭的日常化，很多人出门前都要从上至下"武装",从服装到饰品的颜色、材质都有讲究。

包,不再只是为了装物品,产品本身的物理功能在弱化,装饰功能占据了主导地位。在穿搭中,包如同饰品,需要与服装、鞋子、发型等相匹配,甚至能起到点睛之笔的重要作用。因而,很多消费者对更具设计感与特色的装饰包有了更高的需求。

原创设计师箱包品牌古良吉吉,以原创设计为重点,成为消费者的个性化选择。

不只是个性化的表达,更是消费者的情绪寄托

正如前文所说,设计最大的目标是放大幸福感。设计不只要注重外在形象上的美学,更要注重情绪的美学。品牌应通过不同的设计风格向消费者传递不同的情绪,给消费者带来愉悦、治愈、力量。

古良吉吉与旗下高端子品牌 i.jiji,将品牌要传递的情绪与设计风格相结合。在设计上,古良吉吉提出了"No Size"这一概念,不强调箱包的装物功能,而是通过对设计、造型、材质、工艺等进行创新,赋予箱包独特的美学风格。例如,古良吉吉独创的一体成形的卷卷包、从陶土中找灵感的陶陶包、以服装立裁为基底的共生包等都有着独特的风格。

多样化的风格也是古良吉吉这个品牌的特点。古良吉吉通过不同风格和款型的包包,传递品牌精神,鼓励用户保持好奇心。而 i.jiji 的包,则在设计上增加了对人的感性需求的探索。在设计上做减法,能增加产品的"质感",同时也更易满足人的感性需求。

古良吉吉的创始人古良曾说过:"每个人都能在不同场景下找到一款适合的

古良吉吉的包。当你需要独当一面时，外形霸气、容纳量大的陶陶包能带给你力量；当你需要被治愈时，圆润绵软的共生包、手拎兜能帮你忘记不开心。"

产品形态与商业化表达双管齐下助力传播

为了更快地传播产品的相关信息，有的品牌设计了超级符号，有的品牌策划了超级口号，有的品牌给产品取了昵称。以化妆品行业为例，很多人可能记不住产品的全称，但能记住如"小黑瓶""小棕瓶""红腰子"等产品昵称。这些更加简洁直白的昵称，减轻了消费者的记忆负担。而在互联网时代，产品昵称还能有效助力品牌实现卡位。

古良吉吉将视觉形象与产品昵称相结合，将价值表达与商业化运营结合得非常好。即使消费者并没有接触过古良吉吉的产品，他也可能会对上文提到的卷卷包、陶陶包等感到好奇。这是因为古良吉吉结合包的形状来给产品命名，比如叫作卷卷包是因为这款有着一体成形能卷起来的包盖，叫作陶陶包则是因为其灵感来自温润光滑的陶土陶器，叫作歪歪包则是因为其提手的形状是歪的。

古良吉吉采用这种命名方法其实是为了品类卡位，通过产品命名将包的特性、形态进行商业化的呈现，并尽量将产品的关键词做到可搜索化，这一点是非标品线上渗透的关键。这也是古良吉吉每次推出的新款单品都能成为电商和社交网络话题的原因之一，形象的名称更易得到传播，也更易在消费者的脑海中形成记忆点，有助于形成品牌心智。

BEASTER：塑造新锐国潮服饰的超级符号

新一代消费者，更敢于释放天性，表达自己的喜好，他们的这个特点往往也会投射到他们对产品的要求中，因而对于新一代消费者来说，产品其实是塑造自我的人生装备。消费者购买的并不是消费商品本身，而是这个产品或这个品牌帮助他们所打造的人设。

对于新一代消费者来说，包括诸如服装等外在的呈现也要能彰显个人特性。随着国潮文化兴起，中国消费者对国潮新锐品牌的喜爱程度不断升高。有着版型宽松、色彩鲜明、设计有趣等特点的国潮服装因能代表他们随性、潮酷、不羁的态度而被需要。

结合音乐、滑板、街舞文化等元素，传递青春活力、怪趣幽默街头文化的新锐国潮服饰 BEASTER 也是在这个时候，通过天猫平台迅速走红的。公开数据显示，2021 年 9 月 17 日，BEASTER 完成了首轮超 2 亿元人民币的融资。2019—2021 年，BEASTER 的平均年增速达 265%，一度成为天猫"双 11"期间的黑马品牌。

以鬼脸标识作为品牌超级符号

前文提到了超级符号、超级口号、产品昵称等对品牌传播的助益。以超级符号来说，优秀的超级符号，不止能助力品牌高效传播，更能表达出品牌的精神内核，是品牌资产的一部分。

在 BEASTER 的品牌视觉中，最具代表性的就是那个有着波浪形嘴巴的鬼脸标识。不是微笑的弧形，也不是难过的撇嘴，而是波浪形，与品牌名字 BEASTER 相呼应，表达出品牌的风格和定位。

以标识为主轴，BEASTER 逐渐形成了具有品牌特色的视觉识别系统，这个视觉识别系统贯穿了 BEASTER 所有产品，成为品牌的超级符号，传递"酷且有趣"的品牌精神内核。

其创始人 Beiye 曾表示，"在鬼脸标识诞生之前，品牌有段时间几乎坚持不下去了，是这个标识拯救了 BEASTER"。有调查显示，这个鬼脸标识，在很大程度上降低了 BEASTER 的传播成本。

BEASTER 的视觉识别系统使该品牌实现了将非标品化时尚服饰标品化。有资料显示，BEASTER 单款流通时间可长达 4 年。可见，好的产品自带传播力，能助力品牌增长甚至沉淀品牌资产。

影响更多年轻人，传递酷和有趣

对品牌创业者而言，最大的快乐应该莫过于看到自己的品牌帮助消费者的生活向好发展，这才是正向的情感联结。品牌与用户建立情感联结的方式，除了以产品作为纽带，还应该贯穿品牌的每个环节，全流程经营与消费者的关系。

BEASTER 希望成为更大众化的、受年轻人喜爱的品牌，能通过传递品牌精神内核来影响更多年轻人的生活，去传递生活中的快乐。

区别于国外潮牌，BEASTER 找到了中国年轻人较为感兴趣的现场音乐和户外休闲方式，通过联合举办快闪音乐节、采用相关元素装修店铺等方式来贴近年轻人，并尝试慢慢走进他们的内心。

BEASTER 曾经通过用户访谈发现，其"COOL&FUN"的口号与理念确实在慢慢地影响消费者，并为他们的生活带来了一些变化。比如，BEASTER 服装让原本着装风格相对保守的消费者敢于尝试色彩丰富、风格年轻化的服装。这便是 BEASTER 想要传达的品牌内核：保留初心、坚持态度、不畏探索。

致知：赋予国风服饰极致的东方浪漫

纵观中国服装行业发展的 30 余载，从销售渠道来看，经历了两次颠覆性变革，以行业 2008 年前后"触网"为分水岭，往前十几年是线下渠道为王的时代，往后十几年则看的是电商平台流量的"季候风"。

这数十年间，主流消费群体、消费者喜好、购物方式的变化推动着品牌竞争模式的改变。

《2018—2019 中国服装行业发展报告》指出，2019 年，中国女装企业转型升级，为了应对新一代消费者细分化的市场需求，女装企业开始通过研发设计、供应链管理、品牌升级等策略来增强产品差异化和品牌竞争力，一改过往粗放型、同质化的发展模式。

这一变化在后续几年的市场变化中得到验证。2020 年初突如其来的疫情，加速了行业洗牌。服装行业的消费主体已逐渐转变为 Z 世代和千禧一代，他们活跃在各大视频、直播平台上，更愿意为兴趣买单、为颜值买单、为个性化买单，这样的消费行为催生了设计师、达人、买手原创、小众/个性特质化品牌的破圈。

新锐设计师服饰品牌致知，就是以独特的设计风格和东方美学的品牌内涵在大量同质化的品牌中快速突围的。2018 年，致知在天猫开店第一年就完成千万交易额，即便是疫情期间，也依旧保持年均 100% 以上的增速，并先后荣获 2019 年天猫女装年度十大新品牌——年度宝藏新品牌；2020 年天猫潜力新品牌——最具热度新品牌；2021 年天猫女装"双 11"新品牌榜第二名；2022 年淘宝天猫服饰时尚中心——年度影响力新锐品牌等众多奖项。

将"东方文化"设计成可感可知的浪漫穿着体验

因风格独特的设计让品牌具备极强辨识度，是新设计品牌的一大特征。致知最初就因此被用户关注并记住。

比如，在市面上越来越多服装款式趋于雷同的情况下，就有消费者因为一件真丝棉盐缩印花上衣记住了致知这个品牌。不仅是因为盐缩印花这种工艺带来的独特的肌理触感，还因为致知的花型设计和细节处理，让一件纯白上衣变得有了辨识度。

致知将设计的独创性打造成品牌优势和技术壁垒。比如，致知的代表产品风铃裙，源于致知设计总监王娇几乎365天不断记录穿着感受，不断升级，历经4年，根据中国女性腿部特征及腰臀比特点，定制出极为精确的81厘米裙长数据。这种半裙形态，似春季盛开的风铃花般绽放摇曳，浪漫随性，这也是"风铃裙"的名称由来。

再比如，致知秋冬的大衣和打底衫也成为其标志性产品。致知为生产大衣，开设了专门的车间定纺定织，采用印花毛呢面料，区别于市面上素色毛呢，并形成了自己的技术壁垒。

立足东方，把握全球流行趋势，将东方文化转化为可感、可知的浪漫体验，创造专属情感记忆的穿着体验感，是致知创始人李三寿一直的追求。这也是致知品牌名称的由来：三寿钟爱宋代瓷器，其讲求格物致知的理念。致知将这种极简、自在的东方浪漫与现代风格趋势结合，打造出品牌的独特风格。

造就有情感记忆的服装，传递诗意、自在、浪漫的生活态度

人们之所以追求美的事物、精妙的设计，其实是心动于因美带来的美好体验感。致知在产品层面为消费者打造具有设计感的服装，也注重通过各个与消费者的连接点传递品牌精神。致知认为，设计不只是产品的设计，也是品牌内容等各个细节的设计。

比如，"风铃裙"的由来，是这种半裙形态，似春季盛开的风铃花；再比如，打底衫"纤云衫"，意为"纤巧若云，轻盈若风"。无论是服饰的设计细节，还是命名，致知都在传递东方美学的意境。

致知在与用户的互动中做了很多其他品牌不会关注或者不愿意做的事情，比如团队前往冰川地带为格物系列拍摄宣传大片，他们拍下了近千张拍立得照片，寄给用户；他们也会在寄给用户的包裹中放上花草种子，并得到了一些用户拍下的花草发芽照片；他们还会与用户面对面深度访谈，去了解用户的故事。

无论是融入服装中的设计细节，还是这些与生意不直接相关的小细节，致知都在传递品牌精神：倡导诗意、自在、浪漫的生活态度。这些事情让致知的用户感动，也让他们对致知形成更深刻的品牌印记。

因为是"知音"，所以主动为品牌传播

好设计就是好内容，会激发用户自主传播。而致知做到了更高的层级，甚至发展为品牌文化理念的相互传达与影响。用户不只是宣传了产品。

致知称粉丝为"知音"，这个词代表懂你的人，正如前文讲到致知为用户所做的各种细节让用户认可，让用户更懂品牌。因为认可和感动，用户也成了致知的传播者。

比如致知的用户在重要的场合穿着致知的服装，将优雅与浪漫的诗意气

质传递给更多人，博主们因为钟爱致知，在推广的时候会向粉丝传达品牌文化理念；严选好物会把致知衣服的设计新意或是匠心工艺也传达给粉丝。

从品牌到用户，从用户到更多用户，自发传播让更多消费者认识了致知，乃至成为致知用户，成为致知的"知音"。

玺佳：更多元的新一代穿搭利器

设计师腕表品牌玺佳的成长轨迹暗合了从内外部、更宏观、更顶层的视角来进行赛道选择和品牌战略配称的匹配，也就是以设计的核心竞争优势迎合了腕表在年轻消费群体中逐渐饰品化的趋势，以及新一代消费者对国货的自信。

《百度营销：2022年度奢侈品行业报告》分析道，爱表人士在手表的消费上呈现两极分化：既喜欢"复杂机芯 + 高保值"的昂贵表款，也青睐"实用主义 + 时髦搭配"的入门表款。

我们在很多公开报告中也能看到，"作为饰品"在消费者购买腕表的目的中所占比重较大。这一趋势使中国钟表业实现了多个"零的突破"，玺佳就是中国第一个获得"钟表界奥斯卡"日内瓦高级钟表大赏挑战奖的腕表品牌。它还获得海外多国年轻消费者的喜爱，产品远销100多个国家和地区。2022年"双11"跻身天猫国表行业销售榜第一，已在国内外收获近百万高黏性粉丝用户。

第 12 章　第七类，新设计品牌
将品牌的情绪价值融入设计

改写中国腕表市场格局，从跟随到创造

在玺佳获得日内瓦高级钟表大赏挑战奖之前，中国的腕表大多以瑞士表为参考风向。创始人张建民在接受《VOGUE 商业》的采访时提出了腕表的第一性原理已经由看时间的工具演变为时尚饰品。

玺佳将自己所做的产品定位为时尚饰品，真正贴合当代消费者对腕表产品的需求，在设计上更加符合当代年轻人时尚穿搭的语境。玺佳天猫旗舰店中的产品分类中有一项为"风格分类"，包含高端大气、时尚潮流、甜酷潮女、气质淑女、经典商务、户外休闲等，这透露出玺佳对消费者穿搭需求的洞察。

玺佳将技术与现代设计、趋势元素融为一体。以日内瓦高级钟表大赏获奖作品"蓝色星球"为例，表盘以蓝色星球为主题，融入陆地、山脉、海洋等自然元素，真实展现了地球原貌；采用玺佳独创的无指针非同步追随机芯技术，以及静态时钟盘和动态分钟盘呈现在同一表盘的创新设计。

玺佳的其他产品也从趋势元素或联名中再添灵感，或通过设计让一块腕表实现多种佩戴效果。凭借诸如此类的创意，玺佳以区别于常规手表的新颖设计和潮流元素，快速打开了消费市场。

通过设计与供应链的完美整合，实现设计平权

玺佳依托占全球手表产量 42% 的深圳地区供应链，以及设计优势，造就了亲民的价格和时尚的设计，成为更多年轻人的选择，真正实现了设计平权。

以瑞士表为代表的机械腕表价格昂贵，而玺佳转换思路后打造的机械腕表价格却只有高端机械腕表的 1/10。玺佳的早期代表作"大猩猩"就是其现代机械艺术美学的典型代表，玺佳希望每个人都能因机械美学腕表而增添一份独特的魅力。

设计不仅能满足功能上的需求，也能带来精神上的愉悦

玺佳用产品的设计主题、产品周边、品牌广告等形式传达着自己的品牌理念：鼓励用户表达自己内在的精神世界。比如可以一表多戴的 M 系列·魔术师，旨在赋予用户在不同身份、状态的切换中打破界限、探索的勇气。同时，可以多场景、多频率使用的特点体现了玺佳反过度消费的环保理念。"蓝色星球"系列也是如此。环保理念迎合了当下的主流趋势，赢得了用户的认同。

玺佳联合《智族》（GQ）于 2023 年五四青年节共同打造电视广告片《带节奏的人》，传递"时间由你，自带节奏"的品牌态度，引发强烈共情，不少人表示"文案看哭了""视频好有力量"。

从打磨产品到打磨品牌，玺佳在不断地拓宽设计的边界。

pidan：让养猫更精致

宠物经济之所以盛行，很大程度上是一人居的场景和当代消费者内心的孤独与压力所推动的。

《中国宠物行业消费白皮书》中就有数据表明，约九成宠物主养宠物是为了解压、缓解孤独或增添情趣。在这样的情感需求推动下，养宠人群不断扩大，宠物相关产业市场规模快速增长。很多宠物用品品牌在这种市场需求下诞生，pidan 便是其中之一。

第 12 章 第七类，新设计品牌
将品牌的情绪价值融入设计

"产品 + 设计"先行，让养猫像养女儿一样精致

品牌竞争加剧迫使品牌进行更细致的洞察，细分出更多机会。宠物用品市场也不例外，不但宠物有差别，而且养猫、养狗人士的心理活动都很不一样。因此，养猫、养狗会形成具备不同特征与诉求的人群。

曾有行业调研显示，时间成本、喂食成本、居住空间和城市化进程共同助推"猫经济"成长，养猫人群的数量快速增长，与猫有关的消费也表现出强劲增长态势，且养猫精细化为"猫经济"的发展提供了广阔空间。有调研结果显示，养猫人士和养狗人士在心态和消费行为上有很大不同，无论是在玩具还是食物的选择上，养猫明显精细化程度更高。

pidan 创始人马文飞也有类似观点，他认为人的本性复杂且多变，若在狗身上花费了很多精力就会想花少一点钱，但猫不同，养猫的感觉更像养女儿，猫一顿可能只吃 50 克猫粮，也不需要遛，猫主更乐意花钱打扮自己的猫或买玩具哄它。基于这样的洞察，pidan 选择以养猫人士为目标用户人群，切入宠物用品赛道，细分到专为猫咪设计产品，以猫砂品类切入市场。

为满足爱猫人士的颜值需求，pidan 采用"产品 + 设计"先行的模式，将设计部门作为中坚力量，直接由创始人马文飞管理。他给予设计部门相当大的自由度：设计师在创意阶段不需要考虑外界的大数据，可以更主观一些；到产品迭代阶段再逐步纳入市场反馈的声音。

在这个模式的指导下，pidan 的第一款主打产品是原创设计猫砂盆。这个设计的灵感来自极简风的因纽特雪屋，选择了符合猫咪气质的纯色半开放式球型结构，并在内部设置超长漏砂走廊，不仅能实际提升猫咪的如厕体验，还方便了猫主的清理工作。

pidan 的设计优势体现在每个产品的巧思上，如宠物隧道地毯（毛毡款）、宠物随行杯，分别获得德国红点设计奖以及日本优良设计奖。

以情感洞察消费者，加强宠物主与品牌的联结

深刻洞察消费者的情感诉求，能有效帮助品牌精准营销，为消费者提供能打动他们的产品和内容，从而增加消费者对品牌的好感度和情感联结。

宠物主对宠物的情感非常亲密，把宠物视作朋友甚至孩子，通过类似亲子的抚育关系来培养爱心。

pidan 以情感洞察消费者，比如与服饰品牌跨界合作，推出"人宠"礼盒或带有宠物元素的服饰产品，打造亲子宠物概念。pidan 曾携手野兽派家居推出新年限定虎头帽联名礼盒。这样的形式加强了"铲屎官"与宠物之间的情感联结，同时成为消费者与品牌之间的情感桥梁。

此外，pidan 发起公益音乐节，持续关注流浪动物，以公益活动提升品牌温度，比如 pidan 的品牌短片《破碎太阳之心》以"人类需要猫"为主题，创造了一个关于爱的童话故事；还通过与猫咖品牌、酒店等合作，打造"铲屎官"与宠物精致的共处平台。诸如此类的活动，使 pidan 与用户建立了更强烈的共鸣。

归结而言，对新设计品牌来说，其设计能力是核心，设计的内核是放大幸福感。品牌放大幸福感的方式是深度洞察消费者在感性层面的更高诉求，这也是品牌能长远发展的前提，促使新设计品牌最终形成精神内核并与消费者建立深度情感联结。

PART 3

第三部分

新锐品牌如何应对成长的烦恼

第 13 章

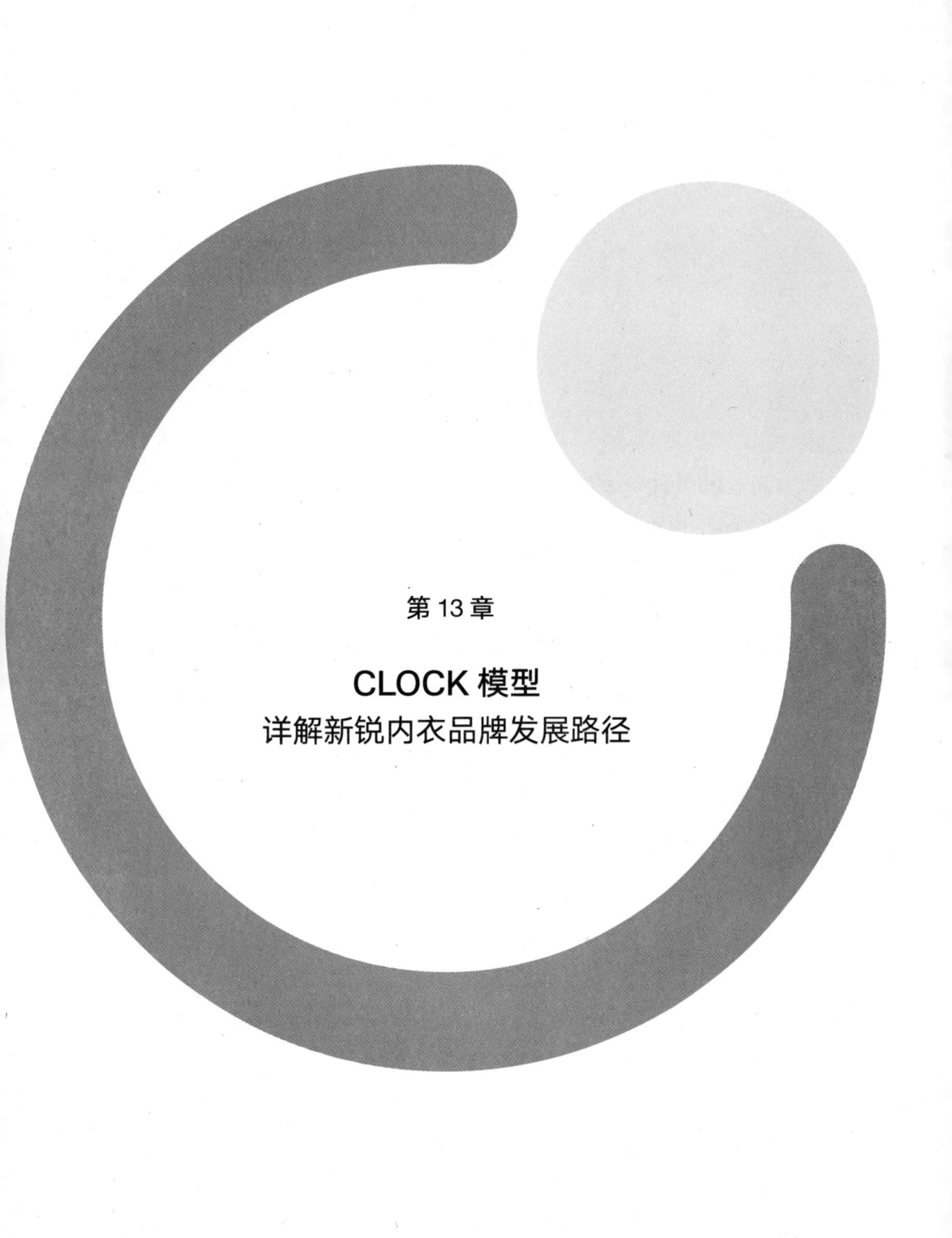

CLOCK 模型
详解新锐内衣品牌发展路径

2020年可以称为新锐内衣品牌的元年，ubras、蕉内稳居内衣销量榜前二，有棵树、内外、奶糖派等也迎来了快速发展。

2021年，以素肌良品、里性等为代表的一批创立于2018年前后的新锐内衣品牌，依托深度用户运营、创新功能升级、创新设计表达、创新消费场景等策略，获得了快速发展。

和它们的前辈相比，这些新锐品牌诞生于流量打法近乎成为历史的阶段，其成长策略除了要满足新一代消费者的"悦己"需求外，还要尝试洞察消费者的新痛点、新需求。它们也更明白，在物质资料极为充沛的时代，除了商品本身，消费者还会为塑造自我形象以及迎合时代潮流的理想人设而付费。

因此，这些品牌力求在功能、设计、场景等各个方面创新，开辟出越来越多的细分赛道，助推整个内衣行业的规模扩张。

在这样的背景下，2021年我们与天猫内衣共同提出《中国内衣新锐品牌成长方法论2.0》。相对于1.0版本，2.0版本主要是基于以下4点变化提出的。一是内衣线上渗透率的变化。1.0版本是基于30%左右的线上渗透率

第 13 章　CLOCK 模型
详解新锐内衣品牌发展路径

提出的，2.0 版本则是基于 45% 左右的线上渗透率提出的。二是消费需求的变化。2.0 版本所研究的消费需求，承接于消费需求的升级，以及新一代消费者产生的新需求。三是新锐品牌供给的变化。2.0 版本的研究对象主要为内衣行业新一代潜力新锐品牌，其中总结了这类品牌的典型增长模型。四是行业成熟度的变化。新锐品牌的成功经验正向传统品牌扩散，传统品牌的转型趋势渐显。

同时，2.0 版本首次总结出新锐内衣品牌成长的"原子钟"模型，突破了仅从品牌视角看品牌的局限，力图从产业周期、赛道选择、组织能力、品类抓手、品牌资产这 5 个维度，从外部到内部，从更宏观、更顶层、更本质、更实操、更长期的视野，看待所有新锐品牌的成长，我们称之为 CLOCK 模型：

- 产业周期（Cycle）。
- 赛道定位（Location）。
- 组织能力（Organization）。
- 品类抓手（Core）。
- 品牌资产（Known）。

CLOCK 模型既是新锐内衣品牌的关键决策因素，也是新锐品牌的创业指南，更是我们提出的以 C-PRO-B 增长飞轮为底层能力，通过心智品类、内容供应、一体化组织与整合营销这 4 大抓手完成品类进化的极佳案例。

C，新锐品牌入局的产业思维

这个时代充满了不确定性，生存于这样一个时代的企业大多既充满焦虑，又满怀信心。企业的焦虑源于经济结构的调整，内外部发展压力进一步加大；信心则来自每一次产业周期的迭代，都会带来新的机会。因此，品牌必须从过去的企业思维转向产业思维，才能在涨潮时抓住机遇。

在不同的产业时期，不同的线上渗透率能折射出完全不同的用户需求。就目前而言，品牌依然应该用从线下向线上迁移的产业周期视角看待用户需求。品类的线上渗透率直接决定了过去、现在以及未来主流的消费品牌形态。

可以说，产业周期思维是一种顶层思维，品牌创始人只有站在产业高度才能看清具体赛道、企业自身以及自己。品牌创始人只有拥有这样的格局和视角，才能避免陷入各种"内卷"，减少资源的浪费和无意义的消耗。

就内衣行业而言，我们将产业周期分为4个阶段（见图14-1）。

第一阶段	第二阶段	第三阶段	第四阶段
线上渗透率<20% 成熟品牌的线上收割期	线上渗透率 20%~40% 新锐品牌涌入期	线上渗透率 40%~50% 垂直品牌、细分品牌、高价值品牌的成长期	线上渗透率 50%~60% 线上线下融合期

图14-1 内衣行业产业周期的4个阶段

第一阶段，成熟品牌的线上收割期

在这一时期，整个内衣市场刚刚告别无品牌、弱品牌的情况，传统线下品牌成为绝对主导，德国的黛安芬、日本的华歌尔、美国的维多利亚的秘密等国际大品牌雄踞高端市场，它们的共同特点是尤其注重对品牌形象的塑造，并主要以高端商场的门店为主要销售渠道。

然而，此时互联网电商尚不成熟，消费者购买内衣的主流渠道是线下。但随着网购的兴起，消费者的购买渠道初次从线下转移到线上，其带着在线下培养的品牌认知和心智，自然会优先搜索自己熟知的品牌。由此，内衣的线上渗透开始。

第二阶段，新锐品牌涌入期

当内衣的线上渗透率为 20% ~ 40% 时，大量新锐品牌涌入，这既是结果，也是原因。

渗透率的提升，催生了一大批"网生"品牌，早期有歌瑞尔、螃蟹秘密等，后期有内外、ubras、蕉内、奶糖派等。同时，这些线上新锐品牌的出现，加速了内衣品类在线上的渗透。

第一代网生内衣品牌诞生的背后，是淘宝、天猫等传统电商崛起所带来的红利。它们通过品牌定位、价格、产品的差异化"甩开"传统线下品牌，极大地调动了消费者到线上购买内衣的欲望。

第二代网生内衣品牌的崛起主要是由于新人群、新需求、新内容、新社交媒体和新营销模式的出现，以及其满足了上一代内衣品牌未能满足的消费者需求。

其中 ubras 尤为典型，它洞察到女性在选购内衣时的尺码问题，以及对舒适悦己的追求，从而推出无尺码内衣，将内衣标品化。ubras 帮助消费者降低了消费决策成本，并通过技术及面料革新为其提供了更舒适的穿着体验，革命性地推动了无尺码内衣的发展。

在这一时期，产业的变化主要体现在以下 3 个方面。

第一，关注新人群、新需求。随着人群迭代，需求也变得更加多元化。其中，女性自我意识的觉醒是这个时代的特点之一，"她经济"到来，女性对内衣的理解和追求，从过去的悦人式性感，转变为悦己式舒适。同时，新一代消费者需要极致舒适、不束缚的产品来表达自我。

简言之，能一直关注消费者的品牌，相对不容易被淘汰。如果不想与顾客一起慢慢变老，就要不断发现新的消费者，永远做"年轻人"的品牌，避免沦落至"未老先过时"的尴尬境地。

第二，产品创新，去同质化。企业衰败与缺乏产品创新机制有关，优衣库之所以可以在中国市场占据稳定地位，主要原因便是有着良好的产品创新机制，它在面料纤维和新功能的研发上做了巨大的投入。

全球顶级内衣供应链公司维珍妮的负责人刘震强表示，每一次技术革新，都会为行业带来变革。3D开模、热熔机、RE MatrixPad 技术、环保海绵等新技术与新材料的出现，在提高了行业门槛的同时，也创造出新的市场机会。

第三，关注新一代主流社交媒体和销售渠道。抖音、小红书等新一代社交媒体的崛起以及直播带货的流行，改变了以往品牌的传播方式、内容形态以及销售链路，推动了新锐品牌的崛起。

第三阶段：垂直品牌、细分品牌、高价值品牌的成长期

当线上渗透率为40%～50%时，各个垂直类目会不断地被重造和细分，行业中会涌现出一批垂直、细分、高价值品牌，并迎来高速增长期。目前内衣的线上渗透率为45%左右，这也是所有品牌当下所处的产业周期。如主打基础舒适的内衣品牌有棵树、主打新性感的内衣品牌里性、主打

柔软舒适的家居服品牌静韵等。其中有棵树、静韵均呈现几何倍数的快速增长。

这背后的核心因素是消费者的成长迭代。在这一阶段，消费者心智更加成熟，主要表现出 3 个特征：

- 品牌心智进一步强化。随着品牌在微博、小红书、抖音等站外不断加强销售，消费者对内衣的品牌意识也不断提高。
- 高端消费需求的比重提高。持续的消费需求升级为内衣行业的一些高端品牌带来了发展机会，如高端家居服品牌曼尼陀（MANITO）、法式内衣品牌何识（HER SENSES）等。
- 需求更精细化，更加注重新功能和不同场景的搭配。例如素肌良品的崛起，是通过软支撑技术，实现产品在功能上的创新。

也就是说，内衣这一品类开始从功能品类赛道，转为消费者心智以及需求模式赛道后，自然就会有更多能满足新功能、新场景需求的品牌涌现。此外，"三高一强"（高附加值、高品质、高科技、强品牌）的品牌将有更大的机会得到发展。

第四阶段，线上线下融合期

当内衣的线上渗透率超过 50% 时，产业或将进入新一轮的线上线下融合。在这一时期，消费者的购物习惯和选品标准会再度升级，消费者的关注点会重新回到有着不同主题设计、风格调性的线下内衣门店。

在线下选购商品时，我们往往能切身体会到实体店带来的空间感。在门店的空间感上做得好的品牌，更能让消费者沉浸于购物体验，这就涉及每个品牌的美学输出，如内外、ubras、蕉内等纷纷开设线下实体店，就是这一趋势的体现。

其中，蕉内线下门店的表现尤为突出。2020年蕉内在深圳开设全球首家门店"000号"，凭借强体感科技风成为行业关注的焦点。2021年9月，蕉内在上海开设的首家门店，同样成为消费品牌的"设计先锋"。

不同于传统内衣店的是，蕉内将贴身衣物以档案馆的方式进行陈列，整体空间主打流线型，色彩元素丰富但相得益彰，形象招牌、指示牌、货架等的科技感和设计感并重，完美地呼应了"体感科技"定位和"重新设计"理念。

这一时期行业的机会点在于3个方面。

第一，线下店铺成为塑造品牌风格的体验空间。蕉内线下概念店极好地诠释了何为"技术与设计驱动"以及"重新设计"的理念；而内外的线下门店也凭借个性化的空间打造和场景还原，提供了更完整的品牌体验与产品体验，并争取到了更大的品类拓展空间和更多的发展机会。

第二，线下体验系统加深用户对品牌印象。门店内的氛围、装饰、沙龙主题、快闪形式等，都是品牌视觉系统的重要组成部分。通过创新的空间设计，结合美学打造出新型体验空间，能给消费者带来全新的线下购物体验。

第三，全面加强线上线下互动，提升运营效能，并通过品牌生态系统进行宣传引流与用户持续运营。

第13章 CLOCK 模型
详解新锐内衣品牌发展路径

L，新锐品牌入局的赛道选择

品牌明确自身所处的产业周期之后，便要找准赛道。这关乎品牌对品类选择和市场机会的识别、品牌冷启动的成功率以及品牌增长的天花板。品牌是选择竞争激烈的大赛道，还是选择尚在成长的细分赛道；是做品类创新，还是墨守成规，这些问题都是每个品牌必须思考和面对的。

通常而言，新锐品牌进行赛道定位研判时，主要从 3 个层面着手：

- 宏观需求层面，把握品类趋势、人群趋势、赛道走向，选择合适的细分品类赛道和原点人群。
- 竞争维度层面，从站内运营、竞争对手角度寻找机会。
- 用户关注层面，洞察用户的消费行动。

驱动新锐品牌 2.0 成长的品类、人群趋势和赛道走向

第一，品类趋势。

本轮新锐内衣品牌的成长，契合了年轻化、运动化、舒适化、泛潮流的流行趋势，同时也顺应了内衣 4 大品类发展趋势：需求人群分化、功能细分升级、需求场景多样化、产品升级及溢价。

通过淘系数据分析、专业调研机构的统计与产业趋势洞察，2021 年天猫内衣从功能、场景等方面对驱动新锐品牌 2.0 成长的细分品类趋势做出了阶段性总结（见图 14-2、图 14-3）。

需求升级下的功能材质升级

	生存与安全			情感与自尊	自我实现
	肤感	温感	安全感	美感	价值认同感
	舒适无痕 （亲肤感/柔软感）	冬暖夏凉 舒适恒温	应对衰老焦虑 应对健康焦虑	外在与舒适平衡 悦人与悦己平衡	社会责任感 价值认同感
代表性新趋势品类	无痕内裤 无缝内衣 无侧缝家居服	凉感内衣 发热内衣	抗菌内衣 防晒内衣	美肤内衣 轻塑美体内衣 内衣外穿 可外穿家居服	天然材质 可降解环保材质

图 14-2 内衣品类功能材质升级趋势

居家内衣 >>>>>> 户外外衣

	睡眠	居家	陪伴	运动	穿搭	旅行
	熬夜晚眠 睡眠质量 夜间呵护	居家时间长 居家场景多	约会、两性 关系陪宠 节庆、送礼	居家轻运动 户外轻运动 专业运动	隐形内衣 内衣外穿 搭配单品	便携 提效 美感
代表性新趋势品类	裸感睡衣 防蚊睡衣 助眠睡衣 睡眠文胸 睡眠袜	带胸垫睡衣 地板袜 背心式文胸	蕾丝、性感睡衣 陪宠家居服 圣诞袜 红品袜 本命年红品	轻运动家居服 可外穿家居服 运动防震文胸 速干内裤	可外穿文胸 美背文胸 光腿神器 JK袜 星期袜	便携文胸 （易折、易卷） 一次性内裤 抗皱睡衣 （抹胸、胸贴）

图 14-3 内衣品类场景化趋势变迁

第 13 章 CLOCK 模型
详解新锐内衣品牌发展路径

对应马斯洛需求层次论，在"生存与安全"需求下，内衣消费者希望得到肤感、温感与安全感上的需求满足；在"情感与自尊"需求下，她们更希望达到内在与外在的平衡感，如美肤、轻塑美体、内衣外穿等；在"自我实现"需求下，她们需要更多的价值认同感，核心体现为生产过程环保、材质天然。

文胸：①就功能赛道而言，背心式文胸、大杯文胸、凉感文胸为主导，3D软支撑文胸、美肤文胸、真丝文胸成为新趋势赛道。②就场景赛道而言，美背文胸、无肩带文胸、可外穿文胸的销量增长快速，内衣的内外边界逐渐模糊。③就心智风格而言，消费者对文胸的审美呈现多元化的趋势。

内裤：①就功能赛道而言，抗菌除螨内裤、舒适无痕内裤、凉感速干内裤、具有美体功能的塑臀裤是核心赛道，可降解材质等环保内裤、保健类内裤成为新趋势。②就场景而言，运动速干裤、安全裤、生理裤/经期裤、暖宫裤等细分场景需求是核心赛道。

家居服睡衣：①就功能赛道而言，抗菌防螨睡衣、冰丝凉感睡衣是核心赛道，美肤、助眠、环保类睡衣等赛道成为新趋势。②就场景赛道而言，可外穿家居服、居家睡眠睡衣、轻运动睡衣是核心赛道，陪宠家居服、带胸垫睡衣是新趋势。③就用户心智赛道而言，品牌跨界联名、明星同款、超级材质、设计师联名是核心赛道，高定睡衣和法式睡袍是新趋势。

袜子：①就功能赛道而言，抗菌除臭、凉感袜、防晒丝袜等占主导，压力瘦腿袜、燃脂袜、黑科技发热袜等成为新趋势。②就场景赛道而言，主要用于穿搭的光腿神器、中筒袜、JK袜、字母丝袜等占主导，符合年轻消费者购物方式的盲盒袜受热捧。③就用户心智赛道而言，时尚潮袜增长趋势显著，国潮、JK袜、洛丽塔袜等圈层赛道成为新趋势。

保暖内衣：①就功能赛道而言，具有抗菌、美肤、发热、美体等功能的保暖内衣是主流，用羊毛、蚕丝等高端天然材质制作的保暖内衣增长趋势显著。②就场景赛道而言，可外穿、轻运动、送礼型保暖礼盒类保暖内衣是主流。③就用户心智赛道而言，时尚潮酷、明星同款保暖内衣更受欢迎。

第二，人群趋势。

根据人生阶段和状态，可以对内衣市场的女性消费者进行分类，具体可细分为4类人群：未婚单身、未婚有男友、已婚无孩、已婚有孩。

与天猫内衣深度合作的数据分析科技公司HCR慧辰Q团队发现，女性对内衣品类的需求正在"悦己"和"悦人"之间不断寻求动态平衡，这一过程跟女性所处的人生阶段相关。女性选择内衣的出发点越来越偏向"悦己"，特别是未婚单身和已婚有孩人群，未婚有男友、已婚无孩群体则想要"悦人悦己两不误"。

根据女性消费者的年龄、喜好与所处圈层等进行细分，主要包括更早熟和强调自我的Z世代，二次元小众群体，40岁及以上的女性，中性风、中国风的爱好者，等等。具体而言，这些女性消费者群体的发展有以下5种趋势：

- "她需求"的多元化升级。一方面，更多女性愿意表达自身的需求，新性感内衣受欢迎；另一方面，社会女性的审美更加开放、包容，中性风内衣成为趋势。
- 随着我国国民文化自信的进一步增强，国风早已蔓延至美妆、服饰、建筑等领域，国风内衣的潜力也很大。
- 针对40岁及以上女性需求的内衣将成为一大趋势，这个年龄段的女性更关注内衣的面料和量身定制工艺等。
- 针对少女阶段的文胸近两年的增长也十分显著，这源于Z世代审美意识的觉醒；同时，她们也更注重表达自我，因此个性化、符号化内衣受到她们的欢迎。

- 随着互联网的深度发展，二次元文化步入主流视野，此类内衣的发展空间巨大。

第三，赛道走向。

赛道整体的发展趋势，也是品牌应该在入局前重点分析的外部因素，这不仅关乎品牌的竞争者是谁，也关乎品牌如何避开红海竞争，并选择合适的竞争策略。

在宏观层面，新锐品牌2.0入局内衣行业，需要考虑的整体竞争趋势有以下4点。

第一，线上竞争进一步加剧。一方面，随着社会基础建设的不断完善、新媒体的发展、人群迭代和供应链技术的升级，新锐品牌会持续发展，传统品牌将加速转型升级，或者推出针对线上的新锐品牌。另一方面，线上渠道消费需求的多元化、流量结构的变迁，催生了更多新锐品牌的诞生，但这些也都会加剧线上竞争，同质化严重、固守卖货思维的商家将逐步被淘汰出局。

因此，品牌需要具备体系化的能力，强化产品研发、用户运营、内容运营等能力，同时优化视觉系统，提升审美水平并强调差异化，提升用户体验。此外，品牌还需具备持续的产业链整合力、组织力等，做到没有短板，并且拥有一两个长板。

第二，更多垂直细分品牌涌现。随着消费需求的升级，需求一方面不断细分，另一方面也朝着更高端进阶，这为更多垂直细分品类的品牌创造了机会：从更细分的垂直赛道突围，或将原有的细分品类"重做一遍"。

因此，新锐品牌要关注其切入的细分市场中是否有新功能、新科技、新审美等新解决方案，同时关注目标消费者的消费习惯，充分做好竞争市场调研，提升超级单品的识别度，抓住用户心智。

第三，线下将成为新战场。当品牌的线上渗透率超过50%时，说明其正处于成熟期，需要拓展全渠道。其中，线下渠道能增强用户体验和用户价值，将成为内衣赛道新战场。这就要求品牌不能只关注线上，还应具备线下的渠道拓展和经营能力。

第四，各赛道竞争呈现高端化趋势。这就意味着品牌需要摒弃价格战思维，努力挖掘用户价值并提高自身的溢价能力，引领消费需求升级。

通过站内运营全面分析竞争对手

天猫已成为众多新锐品牌崛起的"第一土壤"，为品牌提供了健康、稳定的资产积累环境。一方面，天猫提供了各种相对精准且领先的数据分析工具，方便品牌全方位地了解行业和竞争对手；另一方面，相比其他电商平台，天猫能为品牌提供更丰富的用户购买标签、画像、触点等数据，且淘系用户销售规模最大，用户评价的真实性和可参考性最高，能够为品牌带来很高的参考价值。

因此，新锐品牌在站内的运营越精细，就越能从行业、对手、消费者中找到机会。品牌通过站内运营对竞争对手进行全面分析有以下3个步骤：

- 第一步，找到直接竞争对手。
- 第二步，分析竞争对手单品。
- 第三步，分析竞争对手整店。

洞察用户购买产品时关注的痛点、问题点

所有的赛道机会最后还是要落到消费者和产品上，因为品牌用来与消费者沟通的产品只有真正地满足他们的需求，才会带来更高的转化率。

因此，新锐品牌2.0在研判赛道时，首先要了解清楚消费者在选购此类商品时的主要关注点。消费者的痛点和需求背后，往往就是品牌的机会。当然，品牌也能通过消费者语义分析来发现竞品。具体做法可总结为两点。

第一，在天猫与淘宝上，大量搜集市面上本品类中热门产品的用户疑问，将同类型问题归类，并按数量由大到小排名，然后分析总结排名靠前的问题。以保暖内衣为例，搜索热门品牌保暖内衣类目热销产品页面下的用户疑问区，归纳总结后会发现"是否保暖、会不会起球、是否贴身"等问题的出现频率最高。第二，在站外内容平台，拉取本品类的话题榜单排名，搜集达人在平台上发布的相关内容，将用户在意的问题整理出来，再根据浏览量和参与人数进行排名，从而得出用户最关注的问题点。

O，不同阶段新锐内衣品牌的能力配置

组织力是每一个组织整合资源、焕发活力、实现目标的基本保障。对于品牌而言，组织力则是品牌跨越周期的底层能力，品牌需要根据其所处的阶段，找到适合的成长路径。

新锐内衣品牌的发展过程根据实际成长和规模情况可分为4个阶段（见图14-4）：模型确定阶段、模型放大阶段、品类延展阶段、品牌性增长阶段。横向来看，不同品牌都需要经历想得起、买得起、买得到、乐于买、还想买这几个关键"消费者考验"。其中，洞察是一切的起点，品牌是最终的归宿。纵向来看，根据品牌实际成长和规模情况，不同阶段品牌所具备的核心能力要素不尽相同，因此需要分别选择不同阶段的代表品牌，总结出相对

应阶段的核心能力要点。

第一阶段	第二阶段	第三阶段	第四阶段
模型确定	模型放大	品类延展	品牌性增长

图 14-4　新锐内衣品牌发展的四个阶段

第一阶段，模型确定（参考体量：5 000 万元以下）

新锐内衣品牌在发展的第一阶段的核心能力是一体化的组织运营能力（见图 14-5）。处于本阶段的品牌的核心目标是确定产品模型，这需要其深度洞察产业周期，找准人群和赛道，明确核心人群和定位，充分研究竞争者，找到突破口和赛道机会，还需要洞察核心受众的痛点和需求，推出具备差异化的产品，找到适配的供应链，也要尽量避免因为产品模型与实际供应链能力不匹配而导致产品在工厂的排期滞后。此外，品牌要能敏锐地探索站内外流量洼地，快速实现冷启动。

1. 洞察	2. 超级单品	3. 运营	4. 创始人	5. 差异化
洞察新人群需求 发现流量洼地 洞察突破口和 赛道机会	打造超级单品	实现产品、内容、运营的一体化	创始人具备强决策力，亲自拉动高增长杠杆	品牌需对外打造差异化形象

图 14-5　一体化的运营能力

总而言之，本阶段品牌在组织能力方面需要做到以下两点：

- 必须具备将产品、内容、流量一体化的运营能力。
- 组织架构需覆盖核心业务部门，可参考的基本组织架构为

"产品部 + 运营部 + 客服（销售）"。

2020 年入驻天猫的 THE BLENDER，切入明确原点人群——泛 25 岁的追求个性、经济独立且有决策力的时髦女性，创新采用无缝针织面料打造的撞色三角杯文胸超级单品打开市场，建立舒适、高颜值且具备极高可晒性的品牌及产品识别度，再依靠多场景（内搭、外穿、健身、聚会等）以及保暖衣、泳衣等延展货品，消灭全年淡季，拉升成交额及消费者资产的规模。其采用的无缝针织黑科技，加入了品牌对于时尚贴身衣服的审美理解与结构设计，打造出具有竞争力的新内衣产品。

目前 THE BLENDER 团队不到 20 人，日常运营由 TP 负责，品牌着重对精准人群的拉新触达，包括与明星、时尚达人合作，与知名 IP 推出联名款等，以精简的组织架构实现了巨幅增长。

第二阶段，模型放大（参考体量：5 000 万～3 亿元）

新锐内衣品牌在发展的第二阶段的核心能力是协调资源适配度及培养团队的能力（见图 14-6）。新锐品牌 2.0 的核心任务是通过对站内外人群和流量的运营，进一步放大品牌的影响力，以实现赛道卡位，成为品类第一。

因此，本阶段品牌组织能力的核心在于协调资源的适配度，具体为以下 3 点：

- 挖掘新流量的能力，特别是大流量获取能力，如内容赛道（直播 / 短视频）流量的加持。
- 用户运营团队要做好爆发后的流量承接。
- 创始团队无论是夫妻关系还是合作关系，都应该具备成熟的商业素养和职业化的配合。本阶段创始人还应将自身总结的成功经验快速传递给团队中的其他成员。

1. 洞察	2. 供应链	3. 流量	4. 创始人	5. 差异化	6. 管理
进一步洞察消费者需求，优化产品	优化供应链能力	大流量获取能力，特别是大主播合作的流量加持	创始人需要精准决策，进一步聚焦资源	强化品牌符号，高效传播，迅速扩大品牌知名度和影响力	具备成熟的商业素养和职业化配合，成功经验快速赋能团队

图 14-6　资源适配能力

在这个阶段，品牌与大主播建立合作，同时在小红书、抖音等社交平台都有持续的投放和不错的投资回报率。素肌良品就是本阶段的品牌代表，其凭借果冻条软支撑内衣成为软支撑内衣类的第一，以果冻条软支撑代替传统的钢圈之后的差异化解决方案，在内衣市场站稳脚跟。素肌良品的创始人麦纤千表示素肌良品之所以能快速从第一阶段进入第二阶段，是因为聚焦超级单品打造和品牌价值塑造，并开展了很多的团队培训工作，将创始人自身对品牌、产品、人群的理解快速传递给其他成员，自上而下地推动品牌实现增长。

第三阶段，品类延展（参考体量：3亿～5亿元）

新锐内衣品牌在发展的第三阶段的核心能力是品类延展的一致性能力（见图14-7）。

1. 洞察	2. 品类	3. 管理	4. 品牌	5. 持续	6. 创始人
多品类洞察，同时洞察不同人群的需求	品类化能力，品类扩张、延展能力	趋势性商品、新品研发能力，更强的供应链管理能力	品牌一致性表达	精准、及时的资源适配，持续的拉新、复购、留存	创始人具备大局观，专注于企业规划，同时需要做出关于目标和战略的高层决定

图 14-7　品牌延展的一致性能力

第 13 章 CLOCK 模型
详解新锐内衣品牌发展路径

新锐品牌 2.0 的单品已经完成赛道卡位，进入品类延展阶段，需要找到新的细分市场区间，总结单一产品的成功模式，并复制到另一单品上。因此，通常会面临两个挑战：一是拓品时面临的选品精准性问题，二是品类延展过程中品牌表达的一致性问题。

总体而言，本阶段品牌在组织能力方面需要做到以下 4 点：

- 具备成熟的产品企划能力及研发趋势性商品、新品的能力，具备更强的供应链整合能力，保证跨品类打品的存活率。
- 形成统一的品牌核心概念，保证品类拓展过程中品牌表达的一致性。
- 运营团队应具备多人群运营能力，找到精准流量；保证核心人群的可复用性，即核心消费者在店铺购买其他产品。
- 精准、及时地适配资源，解决品类延展初期因人群多元化、复杂化导致效率下降的问题。

奶糖派用 3 年时间成为天猫上销量最高的大杯文胸品牌，在第二阶段最核心的策略就是针对大胸女性人群市场进一步拓宽其产品体系，基于分胸型及专属尺码体系，以场景化为切入点，以大胸显小、露肩美背、舒适无感、无痕极简、安心防走光、运动减震等多系列满足消费者的多元需求。同时，奶糖派推出经过技术反复测试迭代的适合大胸女生的保暖背心、文胸打底二合一的保暖衣，并首次重磅推出定制联名款以提升溢价及品牌价值感。

创始人大白在积极补充关键岗位人才的同时，专注于企业的长期发展策略规划，2021 年通过并购开始向更多人群和趋势市场布局，并不断提升品牌研发能力为市场带来更多创新力。

第四阶段，品牌性增长（参考体量：5亿元以上）

新锐内衣品牌在第四阶段的核心能力是全域增长能力（见图14-8）。通常新锐品牌2.0在这一阶段会触达单一渠道的天花板，需要拓展更多销售渠道；同时，站内外拉新也会遇到瓶颈，需要进一步提高用户留存率和转化率，更重要的是，随着规模的扩大，对组织人员、效率、管理都提出了更高要求，企业各项支出也会增加，甚至出现暂时性的亏损。

1. 洞察	2. 商品	3. 运营	4. 人群
洞察内外部潜在危机，对品牌关键缺失有预判能力	强化有型、推动有感，打造品牌型、高端化的商品，强化复购和品牌心智	具备系统化的运营能力，做好全域、全渠道的投放和分销	人群深度运营能力

5. 创新	6. 组织	7. 创始人	8. 社会
持续创新能力	形成高效凝聚、价值观一致的企业组织	创始人需要确定性复利的能力，使一种扩张模式迅速复制到新产品线和业务部门	强化美誉度，提升社会责任感

图14-8 全域增长能力

总而言之，本阶段品牌在组织能力方面，需要做到：

- 不盲目拓品，搭建出一套合适的产品体系，进一步整合供应链能力以及库存管理能力。
- 提高多渠道运营能力，控制战略性亏损，同时提升各部门配合的协调度，进一步提升多部门一体化的运营能力。
- 强化复购和品牌心智能力。

- 洞察内外部的潜在危机，补齐短板并发现品牌缺失的关键能力；强化美誉度，提升社会责任感。

创立于 2018 年的有棵树以女士抗菌内裤为原点，将业务逐步拓展到男性内裤和内衣、孕妇内衣等，专注基础款内衣，依托强供应链和站内运营能力实现快速增长。就组织能力来说，有棵树特别注重提升组织内部的配合度以及效率，为此，其主要采取了 3 种措施。第一，将人力资源部门转化为效率部门，除了招聘其还需要参与到所有的具体工作中，并应及时发现效率下降的问题，提出解决方案。第二，采取轮席执行官制度，提升部门协作效率。具体做法是，每个部门负责人轮流担任 CEO，与不同部门对接沟通，换位理解多部门协作的难度，从而促进整体沟通效能的提升。第三，根据品类设置小组运营制，由 3 个负责同一品类的员工组成一个小组，并对这个小组设置一致的绩效目标，激励所有组员在工作中加强配合与协作。

C，超级单品运营

超级单品对品牌的增长作用极为显著，甚至能带来"一九效应"，即 10% 的焦点商品为品牌带来 90% 的销售额，提高全渠道销售效率。超级单品能最高效地助力品牌赢得心智品类，并实现赛道卡位，同时超级单品也是品牌最为核心的资产，为品牌赢得目标用户的同时，也使品牌更容易获得免费流量加持。

值得注意的是，超级单品不同于爆品。一方面，爆品是短时间内得以大量销售的商品，超级单品则是对品牌的线上生意增长具备战略性拉动意义的商品。另一方面，经过一次次营销战役的打磨，超级单品能根据消费者需求的进阶不断迭代、优化，最终形成品牌型商品。

品牌要明确超级单品在不同阶段的表现、作用和衡量标准。根据单品的职能、影响力级别、利润和拉新效率等，将超级单品的成长过程划分为以下4个阶段。

第一阶段：店铺级超级单品。这个阶段的超级单品销量在店铺内排名靠前，店铺级超级单品的核心作用和价值是为店铺实现快速拉新，带来高价值核心消费者增长。店铺级超级单品的典型代表有有棵树的抗菌内裤、袜子，奶糖派的微甜系列文胸等。

第二阶段：平台级超级单品。这个阶段的超级单品已经"冲出"店铺，实现细分品类赛道卡位，能为本类目吸引新流量，为品牌品类化以及品类延展打下基础。品类级超级单品的典型代表有素肌良品的"果冻条"软支撑内衣，以及茉寻与觅橘的"光腿神器"等。

第三阶段：行业级超级单品。这个阶段的超级单品无论是销量还是影响力都达到行业级别，其核心价值是一方面能扩大品牌的销售规模、拉动利润增长，另一方面能强化品牌心智，此外，还能推动行业发展，实现平台流量和店铺流量的共振。行业超级单品的典型代表蕉内热皮保暖产品等。

第四阶段：心智级超级单品。这类超级单品经过长期的心智传播与市场广泛渗透，确立了用户心智地位，成为心智品类，并为产品在各个渠道的长期运营带来自有流量与优质用户。比如ubras，在消费者心中形成了"无尺码内衣"的品牌心智，锚定了在无尺码内衣这个品类中的专属位置。

超级单品画像 & 选品逻辑

新锐品牌打造超级单品的路径通常是：一思考、二判断、三分析、四总结、五选择，即品牌要先思考自己想要什么，再判断创始人有什么，接下来

第 13 章　CLOCK 模型
详解新锐内衣品牌发展路径

分析平台的发展趋势，确定单品品类的趋势赛道、价位段以及目标人群落点，最后根据定位对标竞品并总结情况，选择最合适的时间上市，规划好费用占比，在适当的时间将产品投放到合适的渠道中。

品牌在打造超级单品的过程中需要明确两个基础要点：一是超级单品画像；二是超级单品的选品逻辑。超级单品画像是指品牌想要打造为超级单品的产品要有出身、有使命，有心智、有优势，有目标、有策略，有承接、有预警。

有出身、有使命。是指这一单品来自品牌的优势品类，有历史爆款特征；同时能承担品牌角色缩影、沟通品牌目标客群的任务。

有心智、有优势。是指这一单品要能占领行业核心趋势赛道，拥有品牌溢价能力，形式包括明星同款、IP 联名等。同时，这一单品还应拥有研发、供应链等品牌核心资源的保障，以及核心营销资源、项目团队保障。

有目标、有策略。是指品牌要做好这一单品的生命周期管理，应季、大促前上市新品快速孵化，借助大促成交爆发，并设置大促、每月、每周百万单品阶段目标。策略保障包括 GTA 人群拆解方法论、阿里妈妈商业化投入、直播、短视频、全域内容营销策略等。

有承接、有预警。是指品牌对这一单品做好势能承接（昵称、超级系列、品类延展），做好危险预警（产品更新迭代、二梯队货品培育）。

超级单品的选品逻辑与品牌的赛道研判逻辑有一定相似性，也需要考虑品类成长性和人群相关性。其中，品类成长性包括品类增长趋势、品类规模（即市场空间预期）、品类的竞争强度；人群相关性包括人群契合度、品类心理价值（即理想化人设投射）、产品连带性（即目标人群生活场景延伸需求）。

此外，品牌若想选对超级单品，还需要做好产品的动态评估体系，这个体系可分为4种：一是旗舰商品，表现持续稳定的热门超级单品，拉新能力强，应特别注意需要在热门款矩阵间的功能和定价上形成差异，才能抓住共同增长品类卡位的机会；二是机会商品，指销售规模非顶级但增速极快的二梯队商品；三是补位商品，其是核心承接行业未来趋势的落点，能对比竞品补齐当前商品体系短板，并吸引老客复购；四是淘汰商品，其是指数据表现差、需淘汰的商品。

不同类型的商品之间有着明确区分，品牌需要谨慎选品并做好数据复盘。

品牌打造超级单品的5大阶段

超级单品从企划、筹备到上市、站外蓄水、爆发……整个过程可划分为战略准备、战略定制、战略实施、优化增效以及战略升级5个阶段。

第一，战略准备阶段，决胜点在于产品。本阶段，新锐品牌的主要任务是选品和测品。其中，品牌的选品工作可从迎合市场热点和真正解决用户痛点两方面出发，并排除不适合长期运营的产品，重点做好产品定价、毛利控制以及供应链准备。此外，产品上市前，品牌可通过与老客户群聊、开展淘宝直播间等方式测试转化率，并关注物流、包裹、功能、体验方面出现的负面评价。

除此之外，品牌还应注意这个关键问题：测品阶段如何实现小批量供应链生产。一方面，这需要品牌建立自己的技术承接团队，赋能外部工厂形成柔性供应链；另一方面，品牌要测算清楚开料、打版的成本，掌握一定的话语权。

此外，品牌还要结合核心概念确定产品定位与产品企划，根据内容营销需求形成可查、可知、可视、可感、可传的内容，为产品增加传播机会，赢得更多与用户沟通的机会。

以 ubras 小凉风为例，在可查方面，先为产品设置一个方便搜索查询的昵称——小凉风；可知方面，采用创新凉感纱面料；可视方面，整体图片、视频都运用了夏日、水雾蓝元素，突出面料美学；可感，则突出夏日场景、穿着小凉风过夏天，增加小凉风扇子赠品等，让产品的"凉"可被感知；可传方面，通过欧阳娜娜拍摄的宣传片以及热搜话题"夏天的身体需要什么"，增强产品的影响力与传播力。

第二，战略制定阶段，目标及节奏需明确。接下来，打造超级单品的工作都以成为类目或细分趋势赛道第一为导向，搜索词必须拿下第一，并尽可能获得免费流量。同时，还要做好站内外流量的拆解分配，站外种草要做好站内的承接。目前头部品牌都有稳定完整的站外投入计划，以实现"双11"等大促活动以及年度的全面爆发。

在这个过程中，还要预留充足的资金。通常一个产品复购周期的形成需要 30～90 天，其间品牌要投入充足的资金，以养成用户长期购买习惯。

上市时间与节奏可参考产品有效经营周期，结合节庆大促以及超品日、会员日、新品日等开展品牌营销活动，优化推广节奏。

第三，战略实施阶段，要以内容营销为基础。本阶段的主要目标是通过天猫、淘宝站内以及小红书、抖音等社交平台夯实基础销量。其中，站内以直通车、钻展、超级推荐、万相台、淘客、淘宝直播等资源运营为主，如与大主播合作，则需要提前部署供应链，以及后续的流量转化、人群复购。

在与小红书达人进行合作时，要看到不同 KOL 带来的实际价值。其中，KOC 账号有更偏真实的口碑铺设、爆文率以及用户互动计费（CPE）；尾腰部账号有着利用素材抢占公域流量的效率和内容的种草力；头部大号有很强的私域黏性、人设背书和多平台分发能力。此外，大促前，提前抢占媒介资源比严苛筛选 KOL 更重要。

在与抖音达人合作时，关键要看达人与产品的匹配度，优先选择垂直类别的红人，同时也要考核数据，参考之前类似的合作，考虑是否拿下红人形象的商业授权。考量抖音达人是否值得合作的要点有以下 3 个：内容力，指达人的人设的真实性、独特性以及其视频表现力、每千人成本（CPM）、爆文率；商业力，指购物车点击率、评赞率、完播率以及种草指数；粉丝力，包括 24～30 岁人群指数、活跃度指数、涨粉指数等。

第四，优化增效阶段，要在爆发之后迅速迭代。 产品的销售与热度在爆发之后，品牌要与核心用户的需求、品类、使用场景等相关联，找到高效连带产品矩阵。同时，还需要加大私域运营，着手搭建私域体系。而在这一阶段，更重要的是做好产品迭代。只有不断地迭代才能保证产品拥有更强大的生命力，进一步夯实品牌在行业和品类内的竞争力。

第五，战略升级阶段，品牌心智渐巩固。 新锐品牌 2.0 的关键就是由（超级单品的）心智品类向品牌心智的进阶。

首先，要进行持续的投放评估。通常半个月没有效果都属于正常情况，最少要一个月才能见效，总结经验，保持优势和市场占有率，客观看待竞争对手，并与其联手把蛋糕做大。

其次，要适度打击山寨产品，往往一个产品成为超级单品后就极容易被模仿，常见的维权方式有：一是提前注册外观专利，二是配合天猫平台打假维权，三是与专业的第三方机构合作。

最后，超级单品将推动品牌成为超级品牌。在此阶段，品牌需要聚焦目标人群持续进行运营，形成品牌关联。当超级单品进阶为品牌性商品后，除了能拉动生意增长、聚焦目标人群、传递品牌价值，还能推动品牌渗透，实现更强的复购与连带。

K，新锐内衣品牌的资产构建

纵向了解完产业周期和赛道，接下来就要回归品牌自身。其中，构建品牌资产是新锐品牌的核心能力。品牌资产关乎用户的数量、心智和黏性，是消费者对产品产生购买联想的决定性因素，也是品牌力的基础。

数字化时代，缺乏品牌展现的确定性场景。新锐品牌建立用户认知的方式，不同于传统品牌追求确定的、宏观的、稳定的、物理形态的表达，而是不确定的、微观的、迅速变化的、数据形态的表达，这更多地需要通过用户愿意读取、平台方便推送的个性化资讯来完成，线上品牌资产将以更碎片化的方式存在于云端。

在此背景下，信息将按照用户的基本需求集合起来，形成超级联想，从而建构出用户对品牌的全新联想，这就是品牌联想的云图时代。

众多新锐品牌在品牌联想的云图时代的实践中，能让消费者产生持续购买行为的产品必须是"对我有用、令我有型、使我有感"的。有用、有型、有感构成了品牌联想云图下的核心品牌资产。

值得注意的是，不同的品牌资产对应着不同的目标和阶段任务。其中，有用意味着创造功能需求，形成品牌回忆与搜索优势，对应解决增长层面的新客渗透问题；有型意味着提升关系深度，形成用户黏性与份额优势，对应创造溢价、提升客单价；有感意味着提升社交价值，形成品牌再认与社交优势，对应解决复购问题。

因此，新锐品牌2.0要根据不同的发展阶段和营销任务，灵活配置品牌资产和相关团队资源。

基于功能的品牌联想——有用

有用的核心指标是第一提及率与品牌专属词搜索，例如ubras无尺码、蕉内热皮、内外无钢圈等。

本书第6章已经谈到了新锐品牌打造"有用"的4大要点。

第一，先选择品类，再选择品牌。这一点尤其适用于新型品类，因为这一品类特别强调品牌和品类的关联，需在高增长期锚定品类，稳定后锚定品牌的差异化。特别是在品牌发展的初期，比起强调差异化，更重要的是向消费者讲清楚品牌的定位。例如，奶糖派为大胸女性人群提供专业解决方案，独创全新尺码测量体系，分胸型设计内衣，让更多大胸女性人群能买到更合适的内衣，其品牌标识上也突出了"大杯文胸"，强调品牌定位。

第二，品牌需要带给消费者实际的新功效和利益点。例如，无论是蕉内无感标签内裤,还是 ubras 无尺码内衣,都为消费者提供了实际的利益点。

第三,强化新品类的支持点。例如,采用功能性面料或先进工艺。素肌良品就是这一要点的代表案例,其产品内置果冻条,找到了内衣舒适度和稳定性的平衡点。

第四,要有足够的背书、权威形象、第三方检测证明、销售数据等,为品牌提供强有力的信任状,以说服新用户,促进品牌类品牌的更大渗透。如代言人、机构、权威形象等,能提高品牌的影响力。

基于体验的品牌联想——有型

有型的核心指标是产品的价格水平与新品延伸的成功率。这一点比较典型的品牌,当属蕉内。消费者从蕉内的线上店铺页面就能充分感到其独特的视觉传达方式:配色、动画、海报等都实现了科技与美学、艺术与实用性和谐统一,模特都留着相同的蘑菇头造型;巧妙运用明暗层次和色调交错,增加视觉美感;将充满秩序感的圆形、矩形、多边形作为标签视觉系统,固定的排版设计、简洁明确的文案风格等,都构成了蕉内独一无二的品牌价值。

新锐品牌打造"有型"的方式有以下 4 大要点。

第一,借助文化母题,打造独特的品牌识别系统。这包括品牌标识、产品包装、主图、线上店铺的页面等。

第二,与文化关联,打造独特的、与传统领导品牌相区隔的品牌形象联想系统。这个系统由使用者形象、使用场景、生活场景(职场、约会、旅行、派对等)、购买渠道等组成,其关键在于品牌价格需要与品牌形象匹配,不能相去甚远。

第三，融入新的社交文化习俗，保证产品包装设计的成图率。产品包装的成图率对传达品牌感受起到决定性作用，应突出产品包装的四要素：信息层级、视觉的品类相关性、差异化的平面构成以及互动性。

第四，产品包装要兼顾显著、显酷、显贵。显著，是因为消费者审视品牌的视野在线上相对于线下更小、更聚焦、更饱和；显酷，则是因为随着线上消费者的年轻化、精英化以及社交潮流的扩散，"酷"成为吸引年轻人的重要特质；显贵，源自购物体验的分享不断升级，品牌需增强产品的"可晒性"，满足消费者彰显自我精英化的社交需求。

基于关系的品牌联想——有感

有感的核心指标是用户加深或可深度运营的用户资产与净推荐值（Net Promoter Score，NPS）。

品牌与用户的理想关系是，用户不仅喜爱品牌，还与品牌有着密切的关系，品牌应该成为用户生活中的一部分，是用户找到、达成"我是谁"的重要渠道。例如，奶糖派所有的价值宣导在于鼓励大胸女性人群自我悦纳，不惧外界的凝视和声音；内外则通过一系列营销策略不断鼓励女性接受多元之美以及勇敢做自己；ubras则在营销中反复强调"舒适关系"，建立与消费者的情感关联。

品牌可以从品牌主张和用户运营这两个维度来打造"有感"，品牌主张是外显、宏观的，用户运营则是微观、具体的。

第一，提炼、传播具有生活态度的品牌价值主张。品牌需要在创立之初提出清晰、个性化、差异化的品牌主张，并通过一系列品牌长期话题或事件来引发用户的情感共鸣。其中，对用户隐性需求的洞察是品牌与用户达到共鸣的关键，并且品牌要找到自己的"假想敌"——反对的是社会病、心理病。例如，奶糖派反对的是"大胸偏见"以及大胸女性人群的自卑和自我逃避；内外反对的是忽视女性自我意识而取悦男性的审美；ubras 则反对不舒适、不自在的穿衣。

第二，强化具有真实生活体验感用户运营。其主要包括品牌对用户体验、账号、会员、粉丝管理以及忠粉维护的运营。

- 体验 / 复购，包括物流包裹、交互体验、产品体验、服务、味道、触感、声音、文案等。
- 账号 / 关注，包括使用者形象、美学风格、品牌故事等。
- 会员 / 私域，包括会员权益、会员俱乐部、会员日、可信人设、创始人等。
- 粉丝 / 互动，包括品牌态度、社群维护、话题、事件、赞助、公益活动等。
- 忠粉 / 推荐，主要是指品牌从核心用户的峰值体验、文化信仰等方面与用户建立亲密关系。

新一代新锐内衣品牌的成长模型

2021 年 1 月发布的《中国新锐内衣品牌成长方法论 1.0》中总结了 ubras、蕉内、内外、奶糖派这 4 个典型品牌的增长模型，并发现在这一阶段，无差别化的解决方案是主导模式，ubras 的无尺码内衣、蕉内的基础款等，都是在向消费者提供线上线下无差别的产品，解决消费者线上购买内衣的痛点和顾虑。

到了 2.0 阶段，主要消费需求更迭，一方面，从 1.0 阶段承接而来的消费者进一步成长，需求也随之升级；另一方面，新一代消费者入局，带来了全新的需求。消费者的变化，使得当前的行业中挑战与机遇并存。

对传统品牌而言，对用户的运营和维护稍掉以轻心，就会被竞争对手迅速超越；而消费者的成长和结构性变化则能带给新锐品牌突围的机会，因为新锐品牌对新一代消费者有着更加精准的洞察，更擅长站外流量的运营和心智种草，能够使产品成为消费者的心头好。也就是说，行业和品牌都在代际更迭，不存在永远不被挑战的品牌。

在此背景下，基于对新一代新锐内衣品牌的研究提炼，总结出了 2.0 阶段的 4 种典型品牌模型。

创新消费穿搭场景品牌模型

能够通过创造性的设计，打破品类原有的消费场景和认知，为消费者提供新场景、新方案，甚至一种新生活方式，可以被称为创新消费场景品牌模型，典型包括高颜值时尚内衣品牌好奇蜜斯、潮袜品牌 PRIMEET。

随着消费的升级，内衣这个原本只"关乎于内"的品类，正逐渐朝着风格化、个性化的方向发展。其内外的界限也愈加模糊化，原有的消费穿搭场景面临解构和拓展，内衣也从原有的内衬、保护身体器官功能，进而拥有了新的角色和意义。无论是针对使用场景还是穿搭形式，内衣都变得更加多样化。

这类品牌模型的价值塑造点在于：

- 深度洞察消费者审美、生活方式等方面的需求，通过产品创新，拓展商品的使用场景。
- 利用风格化、个性化的设计赋予内衣在穿搭方面更多的可能性。

好奇蜜斯品牌推出的睡衣，无论是 IP 联名款、公主风珊瑚绒睡衣裙，还是夏季印花性感家居服，都因为高颜值的设计而成为"小区服""温泉服""旅行服"等，极大地拓展了家居服的使用场景。此外，好奇蜜斯还设计了美背抹胸、字母肩带文胸等，解决内衣外露的尴尬问题，满足女性消费者更多穿搭场景的需求。

PRIMEET 则通过甜酷、萌趣、潮流、艺术复古、宫廷新中式等不同风格，让袜子不仅成为日常穿搭的重要部分，还成为街头潮流、运动休闲等不同场景的穿搭"主角"。

创新功能升级品牌模型

在品类原有功能的基础上，注入和加持新功能，让产品的功能不断升级，满足消费者新需求的模式，为创新功能升级品牌模型，典型代表包括主打软支撑文胸的素肌良品、超柔软睡衣的静韵、抗菌内衣的有棵树。

这类品牌模型的价值塑造点在于：

- 不盲目追逐市场热点，专注于产品功能的创新与升级。
- 通过对产品注入和加持新功能，开拓出全新的细分品类赛道，赢得赛道卡位机会和品牌壁垒。

素肌良品是一家专注于研发有支撑力且舒适无感的内衣的高端内衣品牌，其从"兼顾舒适与功能"的设计理念出发，聚焦果冻条软支撑内衣，用内置素肌果冻条（半液态硅胶）+牛油果型胸垫，取代传统的钢圈，使内衣既能支撑不跑杯，又能有效防止下垂，上市后便跻身软支撑文胸市场的首位。

静韵主打超柔软睡衣，产品面料的制作运用了品牌独家研发的技术，这种独特的物理技术，能在每平方厘米的面料上产生10 000根以上的微棉绒。经权威机构检测，这种面料的单向传递指数为优等级，能满足人类睡眠期间热湿平衡的需求。另外，在无侧缝、无感标等友好工艺的加持下，静韵的睡衣变得更加舒适，助力用户拥有更好的睡眠。

凭借抗菌内裤起家的有棵树，研发出全新物理抗菌技术，其产品自带防螨、抑菌、远红外速干、除臭等功能，突破了传统的抗菌理念。

高端市场创新表达品牌模型

受消费升级影响，内衣市场呈现高端化趋势。一些品牌凭借高端的面料、极致的设计感，得到了高消费力人群的青睐。另外，它们也洞察到消费者未能表达出的自我感受，利用全新的设计和内容形成新表达，这类品牌被定义为高端市场创新表达品牌模型，代表品牌有北美高端真丝家居品牌曼尼陀、法式轻奢内衣品牌里性。

这类品牌模型的价值塑造点在于：

- 洞察消费者尚未得到满足的需求，通过独特的视觉设计、品牌内容、态度等形成新表达。
- 具有高颜值、设计感与高品质的产品，能进一步引领市场高端化趋势。
- 产品内容化、风格化可被描述和表达。

其中，曼尼陀发现很多具备高端消费力的女性，在选择睡衣时，最在意的不是舒适而是精致，睡衣成了她们的一种生活态度和方式。除了采用高规格的 6A 级桑蚕丝这样的优质面料，曼尼陀还注重细节的打造、设计的巧思，致力于提升睡衣的精致感和高级感，将简约优雅的生活美学体验通过产品传递给消费者。

主打"新性感"的里性，洞察到女性在悦己基础上还有追求性感的需求，通过新蕾丝面料、设计以及态度价值观重新定义性感。首先将 10 万份中国女性胸围数据作为研发基础，历经 29 次改版，采用弧形支撑和双层罩杯结构，打造高支撑强包裹的无钢圈版型，再以时尚化的蕾丝作为载体，提升内衣颜值，使舒适和性感实现统一。

此外，里性也强调"新性感"不只是穿在身上的性感，更是精神内核的性感，那些独立、自信、智慧、幽默、追求健康与美的女性，无一不代表着这个时代的"性感"。

细分人群创新解决方案品牌模型

从细分人群着手，围绕细分人群的痛点和需求开发产品、创作内容，提供全套的专业解决方案的模式，被称为细分人群新解决方案品牌模型，代表品牌包括大杯文胸第一品牌奶糖派、少女内衣品牌 like uu 等。

这类品牌模型的价值塑造点在于：

- 以服务某一类细分群体为出发点，通过聚焦人群运营、不断优化解决方案等方式提高人群复购率和黏性。
- 摒弃打造传统爆品的方法，坚持做深度人群运营。

其中，奶糖派自创立以来就致力于服务 C 杯以上群体，通过分胸型、分场景内衣解决其特定痛点。如今，奶糖派对大杯女性群体进行更广泛的年龄段拓展，成为针对大胸女性人群一体化的解决方案提供者。

like uu 为 ubras 旗下的子品牌，定位是专为 8～15 岁的少女提供舒适内衣，秉承了 ubras 一贯舒适、包容、安全的优秀品质，且沿用 ubras 开创的无尺码技术。其专为发育期少女研发的隐性无痕剪裁和防凸点椭圆杯垫，能防凸点、防掉肩带、拒绝勒痕，让每个发育期少女敏感的内心都能因为 like uu 的呵护更有安全感，身体不被束缚，自然成长。

后记

让新消费成为传统，新锐品牌迎战新消费的下半场

本书正式出版前，中国的新消费浪潮已然经历了"第一个五年计划"。新锐品牌如同所有新生事物一样，在野蛮生长之后必然会遇到"成长的烦恼"。

中国一线天使投资机构青山资本曾发表了一篇刷屏朋友圈的文章——《亲爱的消费创业者，请认清现实》，谈到当下众多新锐消费品牌的实际困境：产品突然卖不动了，库存无处可销，资本观望甚至撤资，节衣缩食，这已经是在求变，却仍捉襟见肘。创业者必须接受和认清现实：短期内不会再有流量和资本的红利。

很多人高呼，新消费即将进入下半场，网红品牌必然不会长久，短平快的流量模式也难以形成规模效应，无法为品牌带来优势，更不可能实现品牌的长效增长与长期发展。

所以，新锐品牌要放弃对短期机会型流量和爆款的痴迷，在产品与价值

层面重新回归长期主义，完成从"流量贩子"向真正的品牌心智的转变。因为时代、消费者、营销环境等虽然都在变化，但是底层的消费逻辑和消费者本质的需求并不会变。如同青山资本所说："靠消费拉动经济增长不会变、科技要通过消费转化不会变，总有新的心智留给品牌这点也不会变。"

所以，消费必然长红，这不是市场的选择，而是市场的必然，同时也正是可口可乐、宝洁、欧莱雅、雀巢等众多百年消费品巨头在穿越数个经济周期后仍然屹立不倒的真正原因。

而现代品牌的发展这件奇妙的事，同样历经了数百年的激荡嬗变，如同著名政治学家弗朗西斯·福山找到了类哲学价值的最高意义——自由与民主时，振聋发聩地喊出"历史已经终结"一般，品牌的价值也已经在传统与新锐的激烈交替变革中，找到了确定性的价值，品牌能够长期发展的奥秘也早已被破解。

新的品牌不断诞生，新的传播、新的营销、新生人群也在不断产生，品牌应该帮助人们发现、探索、实现更多美好的价值，指引人们走向美好生活的本质真谛是确定的。数字化时代，加速行进的一切令众多身处其间的品牌对不确定性充满焦虑与疑惑，这是这个时代的通病——不相信会发生的，只相信马上看到的。正如佛语中的思辨，到底是风动，还是幡动，其实关键还是心动。

所以，品牌要心定。品牌应建立长期认知，不要在短期确定性中迷失，要用基础原理去指导行动，相信该发生的一定会发生。品牌不存在要不要长期价值的问题，因为品牌一定会处于其中某一种情境：要么在为品牌创造正确的长期价值，享受长期、溢出的收益；要么根本没有想过创造长期价值，即使"一时欢愉"，也会随时走向死亡；要么走上一条根本创造不出长期价值的歧途，只会根据短期价值来配置资源，在消耗中逐渐走向消亡；要么本来拥有长期价值，但是不自信，在各种因素的左右下破坏了自身的长期价值，即使有投入，也会产生巨大浪费。

在躬身参与新锐变革 5 年，以及过往 20 多年的品牌市场营销工作经历后，我即将在下一本关于"品牌原本"的作品中，与大家探讨共享品牌的长期价值。

未来，属于终身学习者

我们正在亲历前所未有的变革——互联网改变了信息传递的方式，指数级技术快速发展并颠覆商业世界，人工智能正在侵占越来越多的人类领地。

面对这些变化，我们需要问自己：未来需要什么样的人才？

答案是，成为终身学习者。终身学习意味着永不停歇地追求全面的知识结构、强大的逻辑思考能力和敏锐的感知力。这是一种能够在不断变化中随时重建、更新认知体系的能力。阅读，无疑是帮助我们提高这种能力的最佳途径。

在充满不确定性的时代，答案并不总是简单地出现在书本之中。"读万卷书"不仅要亲自阅读、广泛阅读，也需要我们深入探索好书的内部世界，让知识不再局限于书本之中。

湛庐阅读 App: 与最聪明的人共同进化

我们现在推出全新的湛庐阅读 App，它将成为您在书本之外，践行终身学习的场所。

- 不用考虑"读什么"。这里汇集了湛庐所有纸质书、电子书、有声书和各种阅读服务。
- 可以学习"怎么读"。我们提供包括课程、精读班和讲书在内的全方位阅读解决方案。
- 谁来领读？您能最先了解到作者、译者、专家等大咖的前沿洞见，他们是高质量思想的源泉。
- 与谁共读？您将加入优秀的读者和终身学习者的行列，他们对阅读和学习具有持久的热情和源源不断的动力。

在湛庐阅读 App 首页，编辑为您精选了经典书目和优质音视频内容，每天早、中、晚更新，满足您不间断的阅读需求。

【特别专题】【主题书单】【人物特写】等原创专栏，提供专业、深度的解读和选书参考，回应社会议题，是您了解湛庐近千位重要作者思想的独家渠道。

在每本图书的详情页，您将通过深度导读栏目【专家视点】【深度访谈】和【书评】读懂、读透一本好书。

通过这个不设限的学习平台，您在任何时间、任何地点都能获得有价值的思想，并通过阅读实现终身学习。我们邀您共建一个与最聪明的人共同进化的社区，使其成为先进思想交汇的聚集地，这正是我们的使命和价值所在。

CHEERS

湛庐阅读 App
使用指南

读什么
- 纸质书
- 电子书
- 有声书

怎么读
- 课程
- 精读班
- 讲书
- 测一测
- 参考文献
- 图片资料

与谁共读
- 主题书单
- 特别专题
- 人物特写
- 日更专栏
- 编辑推荐

谁来领读
- 专家视点
- 深度访谈
- 书评
- 精彩视频

HERE COMES EVERYBODY

下载湛庐阅读 App
一站获取阅读服务

版权所有，侵权必究
本书法律顾问　北京市盈科律师事务所　崔爽律师

图书在版编目（CIP）数据

引爆新锐品牌 / 吴志刚著. -- 北京 : 中国财政经济出版社, 2024.6. -- ISBN 978-7-5223-3223-9

Ⅰ.F272.3

中国国家版本馆CIP数据核字第20245AP049号

责任编辑：王　飏　　　　　　　责任校对：张　丹
封面设计：ablackcover.com　　　责任印制：张　健

引爆新锐品牌
YINBAO XINRUI PINPAI

中国财政经济出版社　出版

URL: http://www.cfeph.cn
E-mail:cfeph@cfemg.cn

（版权所有　翻印必究）

社址：北京市海淀区阜成路甲28号　邮政编码：100142
营销中心电话：010-88191522
天猫网店：中国财政经济出版社旗舰店
网址：https://zgczjjcbs.tmall.com
河北鹏润印刷有限公司印装　各地新华书店经销
成品尺寸：170mm×230mm　16开　22.0印张　314 000字
2024年6月第1版　2024年6月河北第1次印刷
定价：109.90元
ISBN 978-7-5223-3223-9
（图书出现印装问题，本社负责调换，电话：010-88190548）
本社图书质量投诉电话：010-88190744
打击盗版举报热线：010-88191661　QQ：2242791300